AF546211

Imke Spilker

SELBSTBEWUSSTE PFERDE

VORSPIEL – AUF DER WEIDE

Es begann damit, dass ich mich fragte, wie es wohl wäre, ein Pferd zu sein. Mein Pferd. Was würde ich denken über die Menschen, ihre Wünsche, ihr Tun? Was würde ich denken – wäre ich mein Pferd – über mich, die es zu reiten begehrt? Nichts Schmeichelhaftes, so schien mir.

Ich legte den Sattel ins Gras und setzte mich unschlüssig daneben. Die Pferde betrachteten mich aus den Augenwinkeln und zupften weiter an ihren Grashalmen herum.
Mit welchem Recht tust du eigentlich das, was du immer tust? Strafst, was du Ungehorsam nennst? Versuchst, sie zu beherrschen? Beanspruchst ihren Leib? Was machst du hier? Warum tust du das? Ich fühlte mich schlecht. Ich hatte keine Antwort. Ich war müde. Als ich mich zum Gehen wandte, hörte ich jemanden kommen. Mein Pferd trottete mir hinterher.

„Ist ja gut, mein Junge. Bist ein lieber Kerl. Ich mag nicht mehr, weißt du. Ich wollte, dass wir Freunde sind, hab's leider irgendwie versiebt." Ich räumte meine Taschen aus und verfütterte, was ich an Leckerlis dabei hatte. Als ich gehen wollte, versperrte mir das Pferd mit seinem großen Körper den Weg. Halt.

„Du, es ist Schluss jetzt. Tut mir leid, ich hab' nichts mehr für dich." Geistesabwesend wollte ich um ihn herumgehen.

„Halt!" Das kommt davon, dachte ich. Jetzt hörst du schon Stimmen. Es war spät, der Sattel war mir von der Hüfte gerutscht, ich rückte ihn zurecht und bemühte mich, meine trüben Gedanken zu verscheuchen. Ich wollte nach Hause. Da wurde ich energisch abgebremst: „Bleib gefälligst hier!" Verwirrt blieb ich stehen. Fast hätte mein Pferd mich umgeworfen. Was...?

„Hör mir zu! So einfach kommst du nicht davon."

Wie verwandelt er plötzlich wirkte. Stark, lebendig, ehrfurchtgebietend. Ich schluckte. „Aber – was willst du von mir? Was kann ich denn schon tun?" stammelte ich endlich...

... und so entstand dieses Buch.

INHALT

Ich will alles daran setzen
und mein Bestes geben,
damit diese Pferde
in ihrem freundlichen Wesen
gut über mich urteilen
und damit Harmonie walte,
getragen vom Einvernehmen
zwischen zwei
Lebewesen.

Nuno Oliveira

ZU DIESEM BUCH

Wir Menschen haben uns angewöhnt, Tiere als stumme, untergebene Geschöpfe wahrzunehmen, und wir denken vielleicht über sie nach oder sprechen über sie – aber mit ihnen sprechen wir nicht. Genau das aber werden wir hier tun: Wir sprechen mit den Pferden. „Mit Pferden kommunizieren" heißt ein Projekt zur Verständigung von Mensch und Tier, das auf meine Initiative vor einigen Jahren entstanden ist. Die Pferde dort und in diesem Buch sind aktive, gleichwertige Partner, die den Kontakt und die Verständigung mit den Menschen suchen, die sie umgeben. Sie sind frei, ihre Gefühle uneingeschränkt zu äußern, und können wählen, was sie tun. Man kann mit diesen Pferden reden, und man kann von ihnen lernen.

Für dieses Buch habe ich kein starres Lehrbuchschema verwendet, sondern mich von vielen unterschiedlichen Quellen inspirieren lassen. Was hier so geordnet vor Ihnen liegt, entstammt einer Zeit voll verwirrender Eindrücke, explosiver Erfahrungen und anregender Diskussionen, die ich im Text zu neuen Mustern verwoben habe. Die einzelnen Kapitel folgen so aufeinander, wie sich ein Mensch zum Pferd in Beziehung setzt und daraus eine fruchtbare Gemeinschaft entstehen kann. Zugleich beginnt aber auch jede einzelne Begegnung zwischen Mensch und Tier immer wieder in ganz bestimmter Weise und trägt die einzelnen Elemente in sich.

Der Weg zu den Pferden beginnt in unserem Denken. Und als eine Art Spiel der Gedanken soll Ihnen dieses Buch einen Zugang ermöglichen zu jener anderen Welt, in der sie leben. Die leibhaftige Erfahrung wird es jedoch nicht ersetzen.

Denn für Ihre eigene, persönliche Kommunikation mit dem Pferd kann es auf Dauer nur zwei Experten geben: Der eine liest gerade dieses Buch.

Der andere wird spüren, dass Sie es gelesen haben.

„Dass der Mensch das edelste aller Geschöpfe sei, lässt sich schon daraus ersehen, dass ihm noch kein anderes Geschöpf widersprochen hat."

Georg Christoph Lichtenberg, 1772

»Die Sinne sind uns die Brücke
vom Faßbaren zum Unfaßbaren.
Schauen der Pflanzen und Tiere ist:
ihr Geheimnis fühlen.
Hören des Donners ist:
sein Geheimnis fühlen.
Die Sprache der Formen verstehen heißt:
dem Geheimnis näher sein,
leben.«

August Macke

EINFÜHRUNG: Eine Reise der Gedanken

Wer beginnt, durch die Augen der Pferde zu sehen, betritt eine andere Welt. In ihr gelten ältere Gesetze als die unsrigen. Das Dasein ist klar und einfach. Jeder Schritt hinein lässt uns tiefer spüren, weiter atmen. Ein ruhiger Rhythmus umfängt dieses Leben.

Das Pferd braucht uns nicht. Anders als der Hund, der Gefolgschaft und Nähe zu Menschen sucht, bewirbt sich ein Pferd nicht um unsere Liebe. Es findet bei seinen Artgenossen die Art von Schutz und Gesellschaft, nach der es verlangt. Die Zuneigung eines Pferdes geschieht nicht einfach, und man kann sie sich auch nicht erkaufen. Wer die Freundschaft zu Pferden sucht, muss warten, bis sie ihn dazu einladen. Ihre Gastfreundschaft ist ein Geschenk.

EIN WEG IN FREUNDSCHAFT

Ganz bestimmt haben Sie schon einmal in Ihrem Leben das Gefühl gehabt, im Einklang zu sein: mit der Sie umgebenden Natur, mit einem Partner, mit sich selbst. Es sind Momente des Glücks. Momente, in denen man sich zuversichtlich, stark und mit allem verbunden fühlt. Es sind Höhepunkte des Lebens, ohne jeden Triumph.

Was hier in diesem Buch vor Ihnen liegt, ist ein Weg zu den Pferden. Es ist ein innerer Weg, zu dem wir uns jetzt aufmachen wollen. Ich bitte Sie deshalb, das zu tun, was ich Sie auch zu tun bäte, wenn Sie gerade neben mir stünden und als mein Gast mit zu diesen Pferden kämen. Lassen Sie alle Erwartungen zurück. Gehen Sie frei zu den Pferden. In diesem Buch steht vielleicht nicht immer das, was Sie gerne lesen würden – vielleicht nicht einmal das, was ich gern geschrieben hätte.

Die nächsten Seiten sind eine Einstimmung auf die Welt der Pferde, Schritt für Schritt. Wenn Sie sich für die ganz andere Sicht dieser Tiere öffnen, geben Sie Ihrer Welt eine neue Realität. Pferdewelt, besucht von Menschen: Alles wird weiter, offener, freier. Mit Pferden auf freie Weise in Beziehung zu treten, heißt auch, ein Stück eigene Freiheit entdecken. Die Gedanken gehen eine andere Richtung. Sie orientieren sich neu.

IN FREMDEN HÄNDEN

Wenn wir Menschen heute harmonisch mit Pferden zusammen lebenwollen, so ist es wichtig, den Pferden größtmöglichen Freiraum zu lassen. Denn die Beziehungen zwischen Mensch und Tier sind nicht mehr natürlich und ausgewogen. Die Gattung Mensch ist übermächtig geworden und dominiert alles andere Leben. Unser Verhältnis zur Natur ist aus dem Gleichgewicht geraten, und viele Menschen benehmen sich so, als wären Tiere ausschließlich zu ihrem privaten Vergnügen und Gebrauch auf der Welt.

Pferde sind den Übergriffen der Menschen schutzlos ausgeliefert. Damit sie sich in unserer Nähe wohl fühlen können, muss die Beziehung so gestaltet sein, dass sie nicht von unserer Macht erdrückt werden, sondern sich gestärkt fühlen in unserer Gegenwart. Für unsere Zeit liegt die Herausforderung nicht mehr darin, ob wir alle anderen Spezies dominieren werden, sondern darin, ob wir, längst Sieger, zu einer Selbstbeschränkung gegenüber den Unterlegenen finden können. So könnte heute die Verbundenheit mit dem Menschen für Pferde bedeuten, dass sie die Möglichkeit erhalten, sich zu entfalten, ganz sie selbst zu sein, und an Freiheit zurückgewinnen. Statt durch den Umgang mit uns nur immer weiter zu verlieren, gewinnen sie so einen Raum, in dem sie ihre Eigenständigkeit bewahren können, obwohl sie in einer Menschenwelt leben müssen.

Für das Pferd ist der Mensch, den es auf angenehme Weise kennen gelernt hat, ein interessantes, freundliches, aber fremdartiges Wesen. Ein Pferd ist ein Pferd und will mit Pferden leben. Mit dem Menschen verbinden es nicht viele Gemeinsamkeiten.

STILLES EINVERNEHMEN

Befreundete Pferde lieben es, nahe beieinander zu sein. Häufig grasen sie Seite an Seite oder dösen einträchtig, jeweils den Kopf auf dem Widerrist des anderen. Sie stehen stundenlang eng beisammen, und der Schweif des einen dient dem anderen als Schutz vor den Fliegen. Ausgiebig widmen sie sich auch der wechselseitigen Fellpflege: Jeder schubbert den anderen so, wie er gerne geschubbert werden möchte. Pferde, die einander mögen, leben im Einklang. Sie stimmen sich aufeinander ein, beruhigen einander und ermutigen sich gegenseitig.

Solch stille Harmonie suchen Pferde gewöhnlich nur untereinander. Manchmal beziehen sie einen Menschen mit ein, der mit ihnen schon lange Zeit zusammenlebt. Doch jeder von uns kann auf solche Art mit einem Pferd kommunizieren, denn dieses Einvernehmen lässt sich erlernen. Sich auf die stille Sprache der Pferde einstimmen, voll und ganz im Augenblick da sein, auf den Rhythmus achten, den Einklang wahrnehmen, das „Dazwischen" – und ein intuitives Verständnis entsteht.

Pferde sind vielschichtig in Beziehungsgeflechte verwoben, und sie sind ständig bemüht, diese Beziehungen auszubalancieren und ein harmonisches Gleichgewicht herzustellen, sei es innerhalb der Herde, mit ihrer natürlichen Umgebung oder auch im Einflussbereich des Menschen. Schauen wir ihnen einmal dabei zu:

EINE ERSTE BEGEGNUNG

Schauen wir den Pferden einmal dabei zu, wie sie ein freies Treffen auf der Weide untereinander gestalten: An einem regennassen Herbsttag ist ein Neuer zur Herde gekommen. Es ist der kleine graue Hengst, der auf den Bildern noch das Halfter trägt. Die Pferde stecken die Köpfe zusammen, beschnuppern sich gegenseitig und brüllen dabei auch einmal nach Pferdemanier. Der Neuankömmling hat jetzt den Chef ausgemacht, bäumt sich imponierend auf, was den stärkeren Haflinger nicht sonderlich beeindruckt. Dann spielen die beiden Pferde ausdauernd miteinander. Sie zwicken sich und rangeln und sehen dabei ganz vergnügt aus. So lernen sie sich gegenseitig kennen und checken die Fähigkeiten des anderen ab. Ihr Kampfspiel ist eine Art Spiegelgefecht, das sie zueinander führt und sie zu Freunden macht. Sie stellen sich nach und nach aufeinander ein, und schließlich besteht eine auch von fern und in der Bewegung ersichtliche Übereinstimmung zwischen ihnen. Warum auch streiten? Es ist genug Futter und Platz für alle da.

Freies Treffen auf der Weide. Die Pferde prüfen sich im Spiel: Was bist du für einer? Wie souverän, wie ausdauernd, wie clever bist du? Drei Hengste sind in dieser Gruppe, dennoch bleibt die Begegnung frei von Aggression oder Konkurrenzkampf. Das zentrale Interesse dieser Pferde ist offenbar nicht die Herdenhierarchie: Der Haflinger überlässt nach einer Weile dem kleineren und jüngeren Isländer gerne die Führung. Er hat sich von dessen Qualitäten überzeugt. Der Wechsel geschieht ganz unauffällig und nebenbei, er ist für den Beobachter kaum zu erkennen. Im Mittelpunkt der Aktivitäten dieser Pferde liegt etwas anderes – es geht ihnen um die Harmonie untereinander. Auf den Bildern lässt sich ein Prozess verfolgen: Zuerst richten sich die beiden Pferde gegenläufig aus und agieren immer wechselseitig. Es geht hin und her wie bei einem Ballspiel – Tempo, Dynamik und Technik werden ausgiebig variiert.

Dann beginnen sie allmählich, sich parallel zu bewegen und nebeneinander zu spielen, Schulter an Schulter – bis sie schließlich wie langjährige Kumpel im Gleichtakt einträchtig zusammen davontraben.

Da stehen wir nun, ratlos. Jeder schaut in eine andere Richtung. Was kann ich tun, um mit meinem Pferd in Übereinstimmung zu kommen? Wie überbrücke ich die Distanz, die zwischen Mensch und Pferd liegt und die unser Zusammensein so schwer macht? Ist eine vergleichbare Freundschaft wie die zwischen Pferden überhaupt möglich? Sind nicht Mensch und Pferd allzu verschieden und die Interessen zu einseitig verteilt?

EMOTIONALE EXPERTEN

Sich in die innere Erlebniswelt eines anderen hineinzuversetzen – uns Menschen fällt das mitunter sehr schwer, auch wenn wir einen anderen Menschen lieben und es gerne möchten.

Pferde tun sich da leichter. Sie nehmen die Stimmung des anderen auf und „lesen" schon von weitem mühelos seinen körperlichen Ausdruck. Pferde fühlen beim Sehen. Sie achten weniger auf Einzelheiten, auf Gesicht oder Stimme, sondern auf die Ausstrahlung als Ganzes. Ein Pferd hat nur seinen Körper. Es hat nur die Bewegung, um seine Spannungen und Emotionen auszuleben. Selbst wenn es lautstark wiehert, weil es sich allein fühlt, wird sein ganzer Körper davon erfasst.

Mitspüren, sich hineinbegeben und sich einlassen, diese Modalitäten sind unter Pferden zu hochdifferenzierten Wahrnehmungsweisen geworden, wie sie in unserer Kultur nur bei besonders begabten Menschen anzutreffen sind. Pferde wissen auch über den Zustand ihres Reiters oft besser Bescheid als dieser selbst. Ihre empathische Wahrnehmung schließt uns Menschen durchaus mit ein. Das liegt auch daran, dass Pferde mit uns eine Sprache gemeinsam haben – die, welche anfänglich auch einmal unsere einzige war, die wortlose, universelle, die uns allen auf den Leib geschrieben ist – die Sprache des Körpers.

Dennoch ist die Begegnung zwischen Mensch und Pferd schwieriger als die zwischen Pferden. Bin ich, der Mensch, es doch allein, der dieses Treffen arrangiert hat und dafür verantwortlich ist. Wir wollen uns einmal gedanklich darauf einlassen, wie sich die Situation einem Pferd darbietet. Ein wirkliches Verständnis für den anderen – sei er nun Mensch oder Tier – ist ja nur möglich, wenn ich mir die Mühe mache, die Din-

ge aus seinem Blickwinkel zu betrachten. Wie geht es meinem Pferd? Wie verhält es sich mit seinen Artgenossen? Was kann ich tun, damit es sich auch in meiner Nähe auf ähnliche Weise wohl fühlt?

PFERDESPIEL

Für eine bestimmte Form von Verständigung gibt es interessanterweise in unserem Sprachgebrauch keinen Begriff: Innerhalb einer vertrauten Gruppe geschieht es manchmal, dass alle gemeinsam beteiligt sind und zugleich führen und folgen. Besonders beim Spielen, Tanzen oder auch beim Singen kann eine Eigendynamik entstehen, die weder einen Führer noch Geführte kennt – denn das, was sich zwischen den einzelnen Partnern ereignet, wird zum eigentlich wichtigen Ganzen. Die Gemeinsamkeit bildet eine Art Gefühlsrhythmus, den alle gleichermaßen mitgestalten. Die Kraft der Interaktion und das kollektive Handeln prägen das Geschehen – im Deutschen fehlen uns die Worte dafür. Beobachten Sie einmal den interaktiven Rhythmus der beiden Pferde auf den folgenden Bildseiten:

Als die jungen Hengste aufeinandertreffen, ist es zuerst der Braune, der den Kontakt aufnimmt. Dann, nach einem hitzigen Gefecht – geführt nach dem Motto: „Wie du mir, so ich dir!“ – hat der kleine Graue den Einfall, sich im Badeteich abzukühlen von all der Toberei. Sein brauner Kampfgefährte findet diese Idee richtig toll und begibt sich ebenfalls ins Wasser. Wieder stimmen die zwei ihr Tun aufeinander ein. Zurück an Land wälzen sie sich gemeinsam, sogar genau auf der gleichen, durch einen Ast eigentlich doch eher unbequemen Stelle. Jetzt macht wieder der Braune den Anfang, und sein Freund nimmt die Handlung auf. Das abschließende Staubbad wirkt wie ein Spiegelbild.

Zwei Junghengste vergnügen sich: Zuerst begrüßen sie einander. Sie tauschen sich aus. Sie spielen zusammen, Ringel- und Kampfspiele, immer im Kreis. Nicht nur das Spiel, sondern auch die nun folgenden Handlungen zeigen diese Übereinstimmung. Scharren, Baden, Wälzen...; die Initiative dazu wechselt, sie inspirieren sich gegenseitig. Ihr Handeln ist von Gemeinsamkeit geprägt, aber zugleich auch frei für eigene Bedürfnisse und Einfälle.

Pferde mögen es harmonisch. Sie haben eine Vorliebe für genau aufeinander abgestimmte soziale Verhaltensweisen. Jeder nimmt die Anregung des anderen auf, schließt sich dem Tun des Freundes an, und so entsteht eine körperliche Verbundenheit, ein einheitliches Bild. Pferde haben einen ausgeprägten Sinn für harmonische Bewegungsabläufe. Sie handeln gemeinsam, pflegen sich gegenseitig, motivieren einander und laufen zusammen – es ist das Prinzip der Herde.

BEREIT ZUM GESPRÄCH

„Hey, du, kleiner Grauer!" Der Mensch möchte die Distanz überwinden – doch wäre es respektlos, einfach so, ohne das Pferd zu fragen, in seinen persönlichen Raum einzudringen und es anzufassen. Will ich eine fremde Person von meinen Vorteilen überzeugen und ihr freundschaftlich begegnen, so warte ich, bis sie mich dazu einlädt. Oder ich spreche selbst eine Einladung aus. „Komm doch näher!" Ein Unbekannter, der sich nicht an diese Regel der Höflichkeit hält und die Privatsphäre verletzt, wirkt bedrohlich und aggressiv – selbst wenn er es nicht so meint. Wer den Raum eines Pferdes achtet, signalisiert ihm: „Ich komme als Freund!"

Kontaktpflege – nach den Regeln und im Rhythmus der Pferde. Ich bemühe mich, über alle Verschiedenheit hinweg meine Zuneigung zu zeigen. Mich dem Pferd als Freund anzubieten, als Gefährte.

Eben hat er noch gespielt. Jetzt biete ich ihm meine Gesellschaft an. Ich versuche, eine Verbindung herzustellen, ihm nahe zu kommen. Auf gleichberechtigter Ebene. So können wir ein Gespräch anfangen, den Kontakt aufnehmen. „Lass uns was zusammen machen."

KONKURRENTEN – das Wort bedeutet ursprünglich im Lateinischen nichts anderes, als dass die, welche man so benennt, gerade damit beschäftigt sind, zusammen zu laufen. Wie diese beiden Pferde: Der Schimmel ist dem kleinen Braunen an Kraft und Schnelligkeit weit überlegen. Doch der läuft auf der Innenbahn, so dass er leicht mit seinem Freund Schritt halten kann.

PFERDE IN RESONANZ

Da laufen zwei Pferde. Ein Wettrennen, Kopf an Kopf? Der braune Wallach an der Spitze ist schwächer, kleiner, rangniedriger und eigentlich langsamer – aber spielen diese Kategorien hier überhaupt eine Rolle? Ob jetzt oben oder unten, vorne oder hinten, diese beiden Pferde bewegen sich völlig einheitlich. Ihre Galoppsprünge fließen harmonisch ineinander, sie laufen im Gleichklang, synchron. Der gemeinsame Rhythmus trägt und stärkt sie beide, macht ihr Laufen leicht und mühelos. Aus der Akustik kennen Sie vielleicht seine Wirkung: das Gesetz der Resonanz. Wenn im Raum ein Ton erklingt und dadurch eine Saite im Klavier angeregt und in Schwingung versetzt wird, so klingt auf einmal auch vom Klavier her ein Ton. Auch Bewegung erzeugt Schwingung.

Was für den oberflächlichen Betrachter wie ein Wettkampf konkurrierender Tiere aussieht, ist in Wirklichkeit eine einheitliche Form, ein Ganzes. Pferde laufen sehr gerne so. Sie haben einen ausgeprägten Sinn für harmonische Bewegungsabläufe. Ob im Trab vor der Kutsche oder im freundschaftlichen Spiel wie hier, sie gehen miteinander, werden eins in der Bewegung: eine Art Bewegungs-Symphonie.

Haben Sie einmal den Flug der Wildgänse beobachtet? Jeder Vogel fliegt so, dass er mit allen anderen zu einer regelmäßigen Form verschmilzt. Dadurch steigert der Flügelschlag jedes einzelnen Tieres die Gesamtenergie der Gruppe. Übereinstimmung schont die Reserven. Die Gänse geben sich nicht nur gegenseitig Kraft in dieser Formation, sondern beziehen ihre Energie auch aus dem sie umgebenden Raum. Die Harmonie der Gemeinschaft gibt zusätzlich Kraft für den langen Flug. Die gleichförmige, abgestimmte Bewegung wirkt wie ein unsichtbares Netz aus energetischen Fäden, das sich von einem Tier zum anderen spannt, und sie schafft ein größeres, für alle günstigeres Ganzes.

SYNERGIE

Bewegung im Gleichklang, auf einer Wellenlänge: Viele Tiere vollbringen auf diese Art außerordentliche Leistungen und legen gewaltige Entfernungen zurück. Sie verschmelzen zu einer Einheit, die mächtiger ist als sie selbst.

Auch wir Menschen kennen solche Gemeinschaftserlebnisse: Die Mannschaft spielt plötzlich traumhaft, wie von einem besonderen Geist beseelt, ein Fluss durchströmt sie – alles geht wie von selbst, alle spüren den gleichen Rhythmus und leisten Unglaubliches. Das Team „hat einen Lauf", heißt es im Sport. Oder das Hochgefühl der Liebe: Zwei Menschen kommen in Übereinstimmung, fühlen sich beflügelt – verbunden und doch frei, einzigartig und doch gemeinsam, getragen von einer allumfassenden Melodie. Momente des Glücks, die man nicht mehr vergisst.

Das harmonische Zusammenspiel freier Wesen lässt etwas Neues entstehen. Ein Mehr an Energie, das für jeden plötzlich spürbar wird. Das an sich ist schon ein aufregender Prozess! Doch wenn die Beteiligten auch noch derart verschieden sind wie Mensch und Pferd... entdecken Sie es auf den folgenden Seiten!

Am besten, Sie lesen den nächsten Teil des Buches draußen. An einer Pferdeweide vielleicht? Nehmen Sie das Buch mit auf einen geruhsamen, sonnigen Spaziergang, setzen Sie sich in der Nähe der Pferde ins Gras und schauen Sie ihnen zu.

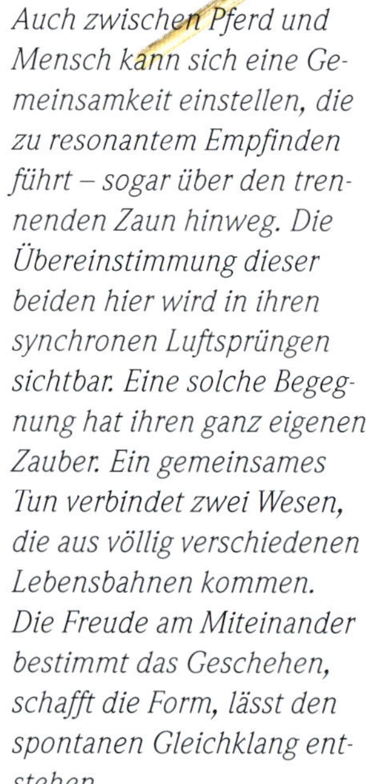

Auch zwischen Pferd und Mensch kann sich eine Gemeinsamkeit einstellen, die zu resonantem Empfinden führt – sogar über den trennenden Zaun hinweg. Die Übereinstimmung dieser beiden hier wird in ihren synchronen Luftsprüngen sichtbar. Eine solche Begegnung hat ihren ganz eigenen Zauber. Ein gemeinsames Tun verbindet zwei Wesen, die aus völlig verschiedenen Lebensbahnen kommen. Die Freude am Miteinander bestimmt das Geschehen, schafft die Form, lässt den spontanen Gleichklang entstehen.

PFERDE-PHANTASIEN

Ein Isländer auf seiner Weide. Es ist Herbst, und er durfte den ganzen Sommer so verbringen: unter freiem Himmel, auf weitläufigen Weiden, im Verband der Herde. Viele Pferde wären dankbar, wenn sie auch nur wenige Stunden am Tag solch eine glückliche Freiheit genießen könnten. Eingeboxt führen sie ein Leben zwischen Gitterstäben. Draußen zu sein ist für das Pferd von heute schon ein Privileg.

Dieser junge Hengst lebt mit seinen Freunden zusammen auf großen Weiden in naturnaher Umgebung. Ein schönes, unbeschwertes Dasein! Und doch ist auch das Leben dieses Pferdes eingeschränkt. Denn der Hengst muss in einer Menschenwelt leben. Das beeinträchtigt seine Freiheit massiv: Menschen sperren ihn zwischen Zäune, brennen ihm ihr Zeichen auf, bestimmen den Gang seines Lebens. Es liegt nicht an ihm, welche Nahrung er zu sich nimmt, welchen Weg er wählt, welche Gesellschaft er hat, welche Stuten er für sich gewinnt und ob er überhaupt je Nachkommen haben wird. Eigene Macht ist ihm genommen, sein Schicksal liegt in fremden Händen, er kann es nicht beeinflussen. Sein Leben regieren wir Menschen.

Aus unserer Sicht ist das notwendig. Aber aus der Sicht dieses Pferdes? Was fühlt ein solches Tier, dessen Vorfahren viele Millionen Jahre lang weithin über endlose Steppen zogen? Wo weilt seine Seele? Da steht es vor dem Zaun...

„Man kann das Licht nicht sehen. Es ist etwas, was uns sehen macht."
Henry Corbin

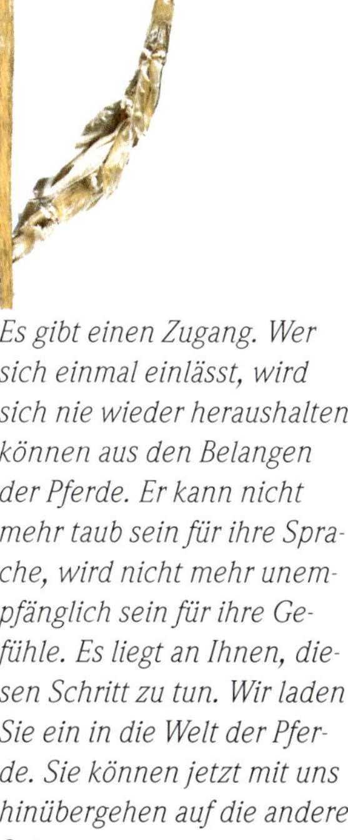

Es gibt einen Zugang. Wer sich einmal einlässt, wird sich nie wieder heraushalten können aus den Belangen der Pferde. Er kann nicht mehr taub sein für ihre Sprache, wird nicht mehr unempfänglich sein für ihre Gefühle. Es liegt an Ihnen, diesen Schritt zu tun. Wir laden Sie ein in die Welt der Pferde. Sie können jetzt mit uns hinübergehen auf die andere Seite.

»Und Allah nahm eine Hand voll Südwind,
hauchte ihm seinen Atem ein
und schuf so das Pferd ...
Ich habe dich gemacht ohnegleichen.
Alle Schätze der Erde
liegen zwischen deinen Augen.
Tugend soll eingeflochten sein
in das Haar deiner Stirnlocke.
Ich habe dir die Macht verliehen,
zu fliegen ohne Flügel
und zu siegen ohne Schwert.«

Aus dem Arabischen

Da sind Sie ja! Willkommen auf unserer Seite. Ich bin Reno of Stonebrook, Chef der kommunikativen Pferde, und freue mich, Sie hier zu sehen. Es ist nicht meine Art, viele Worte zu machen – das überlasse ich lieber ihr, der Autorin! Doch als Mentor und geistiger Kopf des hier vorgestellten Projektes werde ich im weiteren Verlauf des Buches ab und zu einen Blick herüberwerfen. Behalten Sie uns im Auge, achten Sie mehr auf Bilder als auf Worte und vertrauen Sie Ihrem Gefühl.

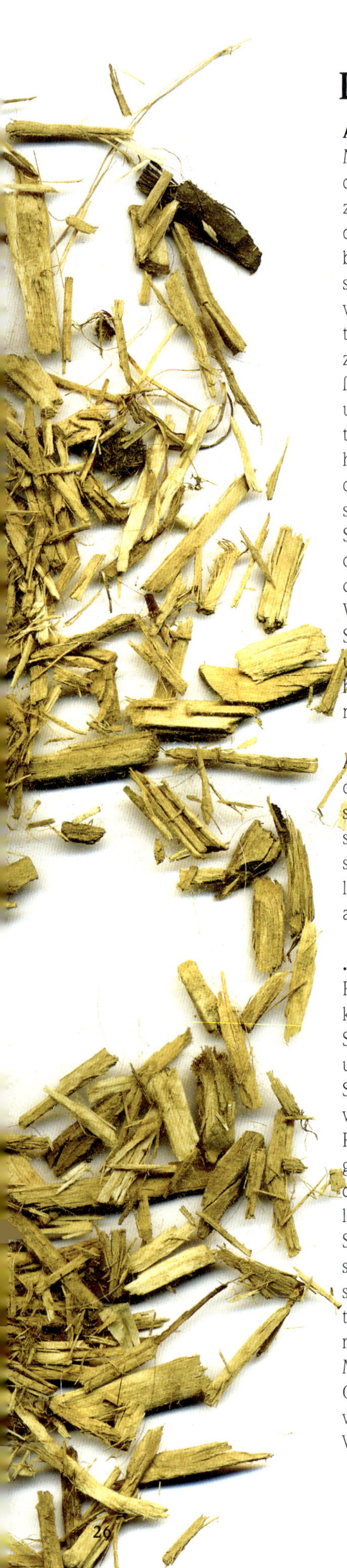

DAS LAND DER PFERDE

AM ANFANG...

Man braucht nicht weit zu gehen, um Pferden zu begegnen. Bei einem ländlichen Spaziergang sehen wir sie auf der anderen Seite des Zaunes stehen, friedlich grasend. Wir bleiben eine Weile bei ihnen stehen und schlendern dann weiter. Da müssen wir ausweichen. Uns kommt eine Gruppe von Reitern entgegen, und sie sitzen auf den schwitzenden Leibern dieser Tiere. Gelächter, Grüße, unruhig schlagende Pferdeköpfe. Pferde und Menschen. Selbst in unseren autodurchtosten Städten braucht man nicht weit zu gehen, um Pferde zu finden. Es gibt sie sogar dort, aber man muss ein wenig suchen, denn sie werden gut verwahrt. Wir öffnen die Stalltür und betreten ihre Welt. Strohballen, der Mistkarren in der Ecke, neonbunte Stricke hängen ordentlich aufgereiht an der Wand. Da stehen wir nun, in der Enge des Stalls, der Geruch nach Pferd umfängt uns – und da stehen sie, große, fügsame Wesen hinter Gitterstäben. Das ist die erste Begegnung.

Aber das war nicht immer so. Pferde sind anders. Wir Menschen können ihnen heute sehr nahe kommen, und doch unterscheiden sich Pferde sehr von uns. Wir haben vergessen, welchen Weg sie bis hierher zurückgelegt haben. Bis sie in die Ställe kamen. Und auch, wie es geschah.

...WAR EIN WEITER HORIZONT

Pferde sind anders. Die Menschen wissen kaum etwas über diese Tiere, die da in ihren Ställen stehen. Pferde sind fremde Wesen für uns, und wir sind fremde Wesen für sie. Selbst wenn wir schon Jahre mit Pferden verbracht haben, auf Pferden, zwischen Pferden, selbst wenn wir ein Pferd unser Eigen nennen – die Fremdheit bleibt. Für den, der diese Tiere liebt, vielleicht sein Leben lang, ist es wie ein ständig bohrender Schmerz. Egal, wie viel Wissen er über sie sammelt, egal, wie gut er reitet, egal, ob er sein Pferd hautnah spürt, ob es ihn willig trägt: Er kommt nicht näher. Es kommt nicht näher. Es wird nicht vertraut. Die meisten Menschen verdrängen mit der Zeit dieses Gefühl, dass irgendetwas fehlt; oder sie gewöhnen sich daran. Pferde sind eben so. Vielleicht bleibt ihre Sehnsucht auch lebendig, und sie hoffen auf einen Pferdeflüsterer, der ihnen das Herz dieser Tiere endgültig erschließt.

Pferde sind anders. Sie lassen sich nicht aufbrechen wie eine Nuss, und wer es dennoch tut, mag sich dann vielleicht den zerstörten Kern einverleiben, aber das Geheimnis des wachsenden Baumes bleibt ihm für immer verborgen. Denn wer das Wesen der Pferde verstehen lernen will, muss sich ihnen auf andere Weise nähern. Wer mit ihnen freundliche Gespräche führen will, muss ihnen auf gleicher Ebene begegnen. Nur so wird er an ihrer Welt teilnehmen können, statt als Eroberer zu kommen, als einer, der diese Welt zerstört. Das Pferd als Freund, so hätten wir es gerne – aber hat das irgendeine Realität? Ist es nicht vielmehr so, dass wir Freundschaft nennen, worauf unser Pferd liebend gerne verzichten würde? Weil diese Freundschaft immer nur zu seinen Lasten geht? Kann das denn Freundschaft sein, wenn die Macht so unterschiedlich verteilt ist? Wenn der eine den anderen in vergitterten Verliesen hält? Wenn dem einen die Welt gehört und dem anderen nicht einmal der eigene Körper?

Wer sich zum Herrn der Pferde zu machen versucht, wird immer Machtmittel brauchen. Wer sich dagegen als Gast der Pferde versteht, hat weder das Recht noch den Anlass, je ein Pferd zu strafen oder mit ihm zu kämpfen. Er erteilt keine Befehle, sondern bemüht sich, von und mit diesem Tier etwas Neues zu lernen und ihm seine Gegenwart so angenehm wie möglich zu machen. Diese grundlegende Höflichkeit verändert sein Verhalten so, dass es von den Pferden uneingeschränkt akzeptiert wird.

Es ist nicht die Stalltür, die uns den Weg in das Reich der Pferde öffnet. Und auch nicht eine ganz bestimmte, wie auch immer geartete, in Kursen, Schulen, Seminaren gelehrte Methode. Nur die Pferde können uns diesen Weg zeigen und ihre Sprache lehren. Wir gelangen in die Welt der Pferde, indem wir das Verlangen nach Kontrolle, den Anspruch auf Dominanz, die Arroganz der Mächtigen einmal hinter uns lassen und unsere Augen und unsere Sinne weit öffnen...

Pferde sind heute gezwungen, in unserer Menschenwelt zu leben und sich Gesetzen zu unterwerfen, die nicht die ihren sind. Ganz selbstverständlich machen wir Box und Hafer, Geschirr und Sattel, Halfter und Trense zu einem Bestandteil ihres Lebens. Aber Pferde sind anders. Das beginnt bei der Art, wie sie die Umgebung wahrnehmen, und endet bei ihrer Vorliebe, ja der körperlichen Notwendigkeit, ununterbrochen auf den Beinen zu sein. Pferde leben im Laufen. Über Jahrmillionen hinweg haben sich ihre Vorfahren dem Dasein in den endlosen Steppen angepasst. Pferde sind, von der Ohrenspitze bis hinunter zum Huf, für das Leben im freien Grasland geboren. Sie sind Spezialisten für freie Räume, Spezialisten für Bewegung. Von daher sehen sie einiges anders als wir Menschen, die aus viel beengteren Lebensbahnen kommen.

PFERDE SEHEN ANDERS

Pferde lieben das Offene, es gibt ihnen Sicherheit. Sie möchten alles schon von weitem erblicken, und das können sie auch, sogar beim Grasen. Pferde haben eine Panorama-Sehweise, so dass sie fast rundum sehen können, selbst wenn sie dabei gleichzeitig den Kopf senken. Nur direkt hinter seinem Körper sieht ein Pferd nichts. Alles andere hat es immer im Blick. Dafür sieht es allerdings durch seine seitlich am Kopf liegenden Augen nur einen sehr kleinen Ausschnitt richtig scharf. Zwar sieht es jede Bewegung, aber es hat geringere Möglichkeiten zum Fokussieren als ein Mensch. Es muss den Kopf frontal hindrehen und hochnehmen, damit es eine Sache deutlich erkennen und einschätzen kann. Wenn Sie wissen wollen, wie das ist, so spielen Sie an der Peripherie Ihres eigenen Gesichtsfeldes einmal mit etwas herum: Man merkt, dass da etwas ist und sich bewegt, aber man kann es nicht gleich einordnen und analysieren. Auf diese periphere Weise sehen Pferde fast überall in ihrem Gesichtsfeld. Wer diese kleine Übung mit einem Partner macht und gleichzeitig den Kopf starr hält, kann den Gemütszustand eines Pferdes, das am Kopf und Hals nicht frei ist, sondern festgehalten wird, gut nachvollziehen. Man ist fast zwanghaft alarmiert.

Das ist Toppur. Er hat Sie schon erwartet. Toppur hat sich freundlicherweise zur Verfügung gestellt, den Weg durch dieses Buch zu zeigen. An seiner Seite können Sie von Kapitel zu Kapitel auf einem kleinen Ausflug entdecken, worum es in dieser Welt geht. Nehmen Sie sich Zeit für die Reise. Lassen Sie die Gedanken frei werden – und gemeinsam über weite Ebenen schweifen…

DIE WELT DER PFERDE

Wer Pferde genauer beobachtet, wird entdecken, wie sehr ihr Zusammensein von Harmonie und Spiel geprägt wird. Unser Anführer Toppur wird „belästigt" auf seinem Weg hierher zu uns: Der braune Junghengst attackiert ihn spielerisch – er ist aufgeregt, weil sie alle eben auf diese neue Weide gekommen sind. Was auf den ersten Blick wie ein Kampf aussieht, ist harmloses Spiel. Sie können es an der entspannten Mimik der beiden Pferde deutlich erkennen: lustvoll vorgestreckte Oberlippen, bewegliche Ohren und Nüsternpartie, lässige Körperhaltung.

Toppur lassen die Kabbeleien des halbstarken Provokateurs völlig kalt. Er hat gerade Wichtigeres zu tun, denn er hat irgendetwas in der Ferne entdeckt. Obwohl Shannon ihn bei seinen Aufgaben stört und ihn sogar genussvoll beißt, lässt sich der Leithengst nicht aus der Ruhe bringen. Er nimmt den Spaß von der spaßigen Seite – Pferde sind eben anders!

PFERDE LEBEN ANDERS

Pferde sind ständig in Bewegung. Sie lieben die Weite. Pferde wohnen nirgendwo, sie suchen sich keine Behausungen, sondern sie ziehen umher. Pferde bleiben lieber draußen unter freiem Himmel, wo sie endlos Platz haben, als geschützt in einem geschlossenen Raum zu sein. Wo wir Menschen uns verkriechen, suchen sie das Weite. Was für uns gemütlich-überschaubar ist, ist für sie schon bedrohlich eng. Sicherheit bedeutet für Pferde nicht ein Dach über dem Kopf oder eine warme Höhle, sondern das Offene, der freie Raum. Und die Gemeinschaft, die Nähe der anderen. Ihr Heim ist die Herde. Pferde schlafen oder dösen, aber immer hält einer Wache. Sie sind sehr gesellige Tiere. Ein Pferd allein ist unsicher, unruhig, unglücklich.

PFERDE BESCHÄFTIGEN SICH ANDERS

Den größten Teil der Zeit verbringt ein Pferd in der freien Natur mit der Nahrungsaufnahme. Es ist ständig mit Fressen beschäftigt. Das muss auch so sein. Denn ein Pferd gewinnt seine Lebensenergie über die Menge der aufgenommenen Nahrung und einen sehr langen Verdauungsweg, nicht über die Zufuhr in konzentrierter Form so wie wir Menschen. Im Verhältnis zum Pferd verspeisen wir Kalorienbomben.

Das Pferd frisst Gras. Es hat sich als Weidetier auf eine Nahrung spezialisiert, die verhältnismäßig wenig Energie liefert. Deshalb braucht es große Mengen davon. Und es lebt vom stetigen Fluss dieser voluminösen Futtermengen. Denn es kann sie nicht in einem Pansen anlagern, wie es ein Wiederkäuer tut. Jede Stockung im Verdauungssystem kann tödlich sein für das Pferd – Kolik! In dieser Hinsicht ist es sehr empfindlich. Seine Verdauung muss ständig in Gang bleiben. Der Fluss ist nicht umkehrbar, Pferde können sich nicht übergeben.

Dauernd essen, gut verdauen. Pferde beschäftigen sich nicht gezielt mit einer Mahlzeit, sie weiden und schlendern umher, hier ein bisschen Gras, dort ein bisschen Gras, dann ein kleiner Besuch bei einem Kumpel, kraulen, dösen, wieder fressen...
Pferde fressen zwar ständig und überall – doch sie sind dabei nicht sehr zielgerichtet, und es fehlt ihnen jeglicher Jagdinstinkt. Auch komplizierte Nahrungsbeschaffung oder Vorsorge ist ihre Sache nicht. Es wächst ja schließlich immer irgendwo was.

PFERDE GEHEN ANDERS MITEINANDER UM

Pferde sind sozial sehr empfänglich, sie nehmen die Stimmung der anderen auf. Es ist wie ein Strom, der zwischen den Tieren hin und her geht. Hebt ein Pferd den Kopf, weil es etwas gesehen hat, tut der Rest der Herde es schlagartig auch, und alle schauen angespannt in die gleiche Richtung. Pferde lieben die Harmonie untereinander, sie verhalten sich sehr häufig wechselseitig aufeinander bezogen: Ihre Zähne kratzen den Partner im gleichen Rhythmus an den gleichen Stellen, sie traben und galoppieren parallel, und sie spielen und balgen auch so. Pferde fühlen sich gerne im Einklang mit ihren Freunden, sie organisieren sich über Gemeinsamkeit.

Jedoch kann diese Harmonie gestört sein. Pferde in Gefangenschaft sind nicht selten aggressiv gegeneinander und können starke, starre Hierarchien entwickeln. Kommt es zu einer solchen Hackordnung, ist dies eine Folge des Stresses, der durch die beengte, fremdbestimmte Lebensform entsteht. Unter natürlichen Bedingungen gibt es kaum etwas, worum man kämpfen muss; und jeder kann seines Weges gehen. Der mitunter raue Umgangston in domestizierten Pferdegruppen ist ähnlich „normal" für das Verhalten der Tiere wie die asozialen Auswüchse mancher Zoobewohner. Bei Menschen, die unfreiwillig eingesperrt auf engem Raum miteinander verkehren müssen, erlebt man das ebenfalls. Je mehr Raum Pferde haben und je mehr es ihnen möglich ist, sich über Sympathie auf ihre eigenen Art zu organisieren, desto harmonischer wird ihr Zusammenleben.

PFERDE EMPFINDEN ANDERS

Pferde sind nicht nur in der Lage, die Stimmung ihrer Artgenossen sofort aufzunehmen, sondern sie spüren auch die Gesinnung anderer Tiere, fast als könnten sie deren Gedanken lesen. Das ist eine sehr nützliche Fähigkeit, wenn man sich Tag für Tag zwischen Raubtieren bewegt. So verblüfften die gestreiften Vettern unserer Pferde ihre menschlichen Beobachter durch ein erstaunliches Verhalten: An manchen Tagen flohen die Zebras, sobald sie nur eines Löwen ansichtig wurden, an anderen grasten sie ganz gelassen weiter, während ihr Todfeind an ihnen vorbeischlich. Die Zebras erkannten genau, wann ein Löwe satt und faul war und sich bloß bewegte, weil er Durst hatte – und fürchteten ihn dann nicht. Sie interpretierten seine Stimmung und verhielten sich entsprechend. Aber die Zebras hatten noch weitere Informationen über die Löwen, deren Herkunft den Wissenschaftlern bis zuletzt ein Rätsel blieb. Sie wussten an den Jagdtagen der Raubkatzen, was genau diese vorhatten. Die Forscher sahen erst, wenn die Löwen tatsächlich aktiv wurden, ob das heute ein „Gnutag" oder ein „Zebratag" war – die Zebras schienen das unmittelbar zu spüren. Als hätten sie es im Kopf der Löwen gelesen.

Pferde wissen oft besser als Menschen selbst über deren Gefühle und Absichten Bescheid. Einschlägig bekannt ist das Beispiel vom Pferd, das nicht springt, weil es spürt, dass der Reiter sich diesen Sprung eigentlich nicht zutraut. Es weigert sich, obwohl der Mensch es gewaltsam zu zwingen versucht. Der nimmt nur seine bewusste Springabsicht wahr. Das Pferd weiß es besser. Erst wenn der Reiter sein „Herz über die Hürde" vorauswirft, wird es hinterherspringen. Einfühlung zeigen auch die vielen Pferde, die an einer bestimmten Stelle scheuen, weil ihr Reiter erwartet, dass es dort scheuen wird. Doch dann sitzt eines Tages ein anderer Reiter im Sattel, der völlig ahnungslos ist – und plötzlich, wie durch ein Wunder, ist die „Angst" weg, und das Pferd geht ohne jedes Zögern an der sonst so problematischen Stelle vorbei.

DAS FLIEHENDE PFERD

Pferde bewegen sich auch anders als wir Menschen. Bewegung nimmt eine so zentrale Position ein in ihrem Leben, dass wir uns noch sehr ausführlich mit diesem Bereich befassen werden. Pferde sind Bewegungstiere. Lauftiere. Fluchttiere, wie man auch zu sagen pflegt.

Doch wird diese Bezeichnung den Pferden wirklich gerecht? Sicher, die Pferde, mit denen wir Menschen viel zu tun haben, erschrecken sich häufig und versuchen oft auch, kopflos zu fliehen. Doch haben Sie schon einmal Pferde in einem erbitterten Streit gesehen? Oder wenn ein Pferd einen Hund verjagt? Wenn sie sich entschließen, ernsthaft gegen jemanden zu kämpfen, sind Pferde ernst zu nehmende Gegner.

Das souveräne Verhalten wild lebender Equiden und nicht zuletzt der vorwitzige Mut, den so manch ein aufgeweckter Sprössling unserer Hauspferde auch heute noch zeigt, legen die Vermutung nahe, dass wir Menschen selbst erst den Pferden diese auffällige Fluchttendenz durch Haltung, Zucht und Ausbildung eingeimpft haben. Denn Fohlen finden eigentlich alles Neue spannend. Wenn sie sich doch einmal erschrecken, so kommen sie wie magisch angezogen zurück, um das Unbekannte zu untersuchen. Pferde sind wehrhafte Tiere, die sogar einem ausgewachsenen Stier Respekt einjagen und einem angreifenden Hund die Schädelplatte zertrümmern können. Blinde Panik zeigen Pferde nur dann, wenn ihre Welt völlig aus den Fugen gerät. Steppenbrandpanik. Wir sehen in unserem Pferd das furchtsame Fluchttier – doch nicht selten haben wir Menschen selbst die Grundlage zu diesem Verhalten gelegt. Ist es vielleicht erst der Verlust ihrer eigenen Welt, der unsere Pferde so schreckhaft und ängstlich macht?

„DAS TUT SO RICHTIG GUT!" Da liegt er wie ein dicker Käfer und streckt alle Viere in die Höhe. Das ist Max, beim wollüstigen Wälzen. Er schubbert sich genüsslich den Rücken, und seine Oberlippe reckt sich ähnlich wie bei den spielenden Hengsten von vorhin – sehen Sie's? Lustvolles Pferdeleben – juckt es Sie jetzt auch gerade am Rücken?!

DAS PFERD ALS FREUND GEWINNEN

Wie finde ich als Mensch einen Zugang zu diesen Tieren? Wie gelingt es mir, einen Dialog zwischen uns herzustellen? Was muss ich tun, damit die Pferde mich verstehen, was muss ich lernen, damit ich sie verstehe?

Pferde verständigen sich untereinander in einer Sprache, die unseren Sinnen meist verborgen bleibt. Sie haben ihre eigene Art von Kultur und Wissen. Doch längst existieren die Welten von Pferd und Mensch nicht mehr gleichberechtigt nebeneinander. Wir Menschen sind überall, unsere Welt ist allumfassend geworden, und als Pferd kann man heute nur noch innerhalb von ihr leben. Wir haben die Pferde aus ihrer Lebenswelt genommen, in die sie sich über Jahrmillionen hineinentwickelt haben. Wir haben sie in unsere Menschenwelt geholt, die so fremd und kalt ist, dass uns selbst manchmal Angst wird. Wir haben die Macht; und sind auf der Flucht vor ihr. Wir kommen zu den Pferden auf der Suche nach einer Welt, die älter und vollständiger ist als die von uns geschaffene. Aber wir finden sie nicht. Und wir kommen nicht mit offenen Händen. Wir wollen Gemeinsamkeit erfahren und Harmonie; und wir bringen Kampf, Despotie und Zerstörung. Wir träumen von Verwandlung und neuen Wegen; und unser Tun erstarrt in Dominanz und Kontrolle. Wir wollen Freiheit finden und nehmen die ihre mit jedem Schritt. Ein solches Tun ist für die Pferde unverständlich und bedrohlich.

DIE VERÄNDERUNG DER WELTEN

Die Welt der Pferde, die weite, freie Welt der Steppen, der unendliche Raum, den die Herde durchwandert, ist für immer verloren. Die einstige Welt der Pferde existiert nur noch innen, wird bewahrt in jedem einzelnen Pferd. Doch selbst dort, in seiner inneren Welt, ist es nicht mehr sicher. Wir wollen, dass die Pferde uns nicht nur den Körper, sondern auch ihre Seele ausliefern, und wir bedrängen sie immer mehr.

Wer begreift, dass er als Mensch alle Macht hat und dem Pferd nichts davon geblieben ist, hat einen Wendepunkt beschritten in der Beziehung zum Pferd. Er verspürt plötzlich andere Bedürfnisse gegenüber diesen Tieren. Er beginnt, zurückzuweichen und ihnen mehr Raum zu geben. Er beginnt, sich auf sie einzustimmen und über sie zu lernen. Er beginnt, sich zu öffnen für die ganz andere Sicht der Pferde, und gibt so ihrer Welt eine neue Realität.

Dialog mit Pferden – das bedeutet, einen anderen Blick für die Dinge zu bekommen. Es bedeutet, Pferde anders wahrzunehmen, auf ihrer Seite zu stehen. Wie fühlt sich wohl das, was ich tue, für mein Pferd an? Wie geht es ihm dabei? Was könnte ich tun, um ihm seine Sache zu erleichtern, um sein Gefühl zu verbessern? Diese Sichtweise kann unsere Beziehung zueinander völlig verändern, aber sie ist nicht einfach beizubehalten. Man kann sich schnell verirren, wenn man nicht immer wieder Rücksprache hält mit seinem Pferd. Oft ist es ja auch einfach bequemer, sich keine Gedanken zu machen. Doch auf dem Weg zum Pferd müssen wir uns am Pferd orientieren und es ständig im Auge behalten. Entscheidend ist dabei der wache Blick!

„WIR SIND WASSERTIERE!" Pferde lieben es, im Wasser zu spielen. Früher gehörte eine Pferdeschwemme zu jedem Dorf. Pferde gehen mit großem Vergnügen baden, wie hier der junge Shane.

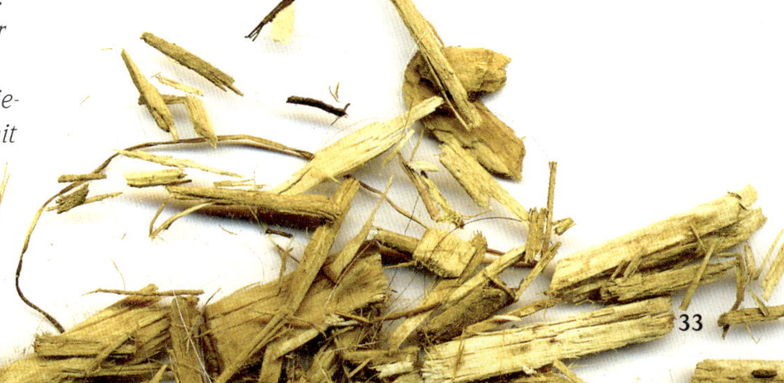

GEMEINSAM UNTERWEGS

Hier kommt Toppur, begleitet von der Autorin. Die beiden laufen ganz selbstverständlich nebeneinander her, keiner bedrängt den anderen. Ein schönes Bild voller Harmonie, Mensch und Pferd Seite an Seite, wie sie näherkommen. Doch dabei lässt sich etwas sehr Interessantes erkennen: Es geht ein feiner Dialog hin und her.

Auf dem ersten Bild sind wir im lockeren Schritt unterwegs. Da entdeckt der Hengst Pferde am Horizont. Er beschleunigt, fällt in den Trab. Das interessiert ihn, die möchte er doch mal genauer ansehen, vielleicht sind ja Stuten dabei... Er wird immer schneller, sein Körper strafft sich, gleich wird er wiehern und losstürmen! Aber Toppur bleibt, er wird wieder langsamer und geht ruhig weiter. Wie ist das passiert? Was hat sie gemacht? Welches Zeichen hat den Hengst zur Mäßigung bewegt? Da ist nur ein sanfter Blick zur Seite zu sehen. Kein Stoppsignal, kein Kommando, dem das Pferd Folge leistet...

DER KREISLAUF DER KOMMUNIKATION

Es ist eigentlich kaum zu glauben, dass etwas so wenig Greifbares wie die innere Einstellung irgendeinen Einfluss auf diese große Masse von Pferd haben kann. Und doch ist daran nichts Geheimnisvolles. Man braucht dazu nicht den bannenden Blick oder gar magische Manneskräfte. Aber was lässt die Pferde so reagieren? Betrachten Sie noch einmal die letzte Bildsequenz mit Islandhengst Toppur. Als das Pferd lostrabt, laufe ich mit. Ich halte dasselbe Tempo wie Toppur, allerdings ist meine Körperspannung etwas anders als die seine: lockerer, weicher, auf den Vorgang des Laufens zentriert. Ich teile die Bewegung mit dem Hengst, nicht aber seine Erregung, die ihn aus unserem harmonischen Miteinander herauszuziehen droht. Da beginnt Toppur, seinerseits mit mir zu teilen: Man sieht auf dem vierten Bild, wie seine nach außen gerichtete Energie zurückkehrt, sein Spannungspegel sich abflacht... wir beide spüren in dieselbe Richtung – in Toppurs Körper hinein. Wo ist das Zentrum, wo ist der Schwerpunkt? Daraufhin nimmt Toppur das Tempo zurück, kommt zu sich. Unser Gesprächszirkel wird jetzt wieder geschlossen. Auf dem letzten Bild ist Toppur wieder da, wieder auf dem gemeinsamen Weg. Seine Hinterhand war ein wenig aus der Spur geraten, als er sein Tempo auffing. Jetzt läuft er hingegen wieder schnurgerade, den Blick aufmerksam voraus.

Gemeinsamkeit ist die Basis der Verständigung zwischen Pferden, die einander wohlwollen. Sie teilen die Gefühle miteinander und stimmen sich aufeinander ein. Die Empfindung eines einzigen Pferdes kann die ganze Herde mitreißen. Unsere Beziehung zum Pferd beginnt damit, dass wir diese gefühlsmäßige Gemeinsamkeit schaffen und uns an die Seite des Pferdes stellen. Wir fragen es: Wie geht es dir denn mit dieser Sache?

EINE NEUE PERSPEKTIVE

Hindenken, hinsehen, hinspüren – das ist Aufgabe des Menschen. Wer beginnt, die Welt durch die Augen eines Pferdes zu sehen, wird für sein Pferd zum Gleichgesinnten. Und plötzlich sind völlig neue Kommunikationsformen möglich. Äußere Zeichen sind zweitrangig geworden, wir verstehen einander unmittelbar. Denn das Teilen der Gefühle lässt eine Schnittstelle entstehen, einen Zugang zur Welt des anderen.

Gemeinsamkeit ist die Grundlage, von der alles ausgeht. Gemeinsamkeit, nicht Hierarchie, stellt uns auf dieselbe Ebene. Gemeinsamkeit ist die Voraussetzung dafür, sich gegenseitig von innen heraus zu beeinflussen. Das betrifft Gefühl und Bewegung. Pferd und Mensch auf einer Wellenlänge, im Bewegungsdialog – und wie bei Musikern steht am Anfang die Suche nach dem gemeinsamen Ton. Vor dem Zusammenspiel stimmen sie sich aufeinander ein, dann erst beginnen sie ihr gemeinsames Werk. Gemeinsamkeit und Mit-Teilung: die erste, die älteste Form von Verständigung. Es ist die Urform jeder Kommunikation. Wie auf diesen Bildern von Toppur. Miteinander in Harmonie zu sein bedeutet, Gefühle miteinander zu teilen. Ich teile mit dir – ich teile dir mit.

Pferdewelt und Menschenwelt: Statt die Kluft zwischen diesen Welten noch weiter zu vergrößern, können wir sie so miteinander verbinden, dass sie sich gegenseitig beeinflussen, verändern und bestärken. Was das heißt und wohin das führt, wollen wir jetzt erkunden – gemeinsam mit den Pferden.

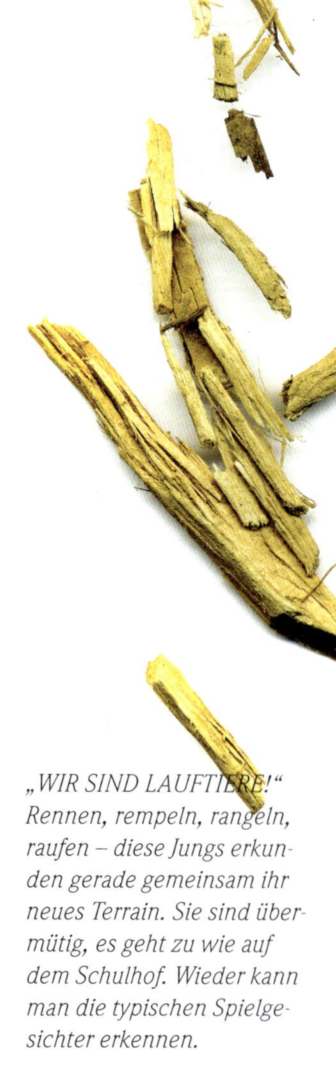

„WIR SIND LAUFTIERE!" Rennen, rempeln, rangeln, raufen – diese Jungs erkunden gerade gemeinsam ihr neues Terrain. Sie sind übermütig, es geht zu wie auf dem Schulhof. Wieder kann man die typischen Spielgesichter erkennen.

ZUHÖREN, BEOBACHTEN, MITFÜHLEN – es ist nicht irgendeine Technik, es ist der empathische Blick, der Pferde erreicht und zu Vertrauten macht. Und während Toppur auf seine Weise Geschmack an der Landschaft und an unserem Ausflug findet, gehen wir ins folgende Kapitel und legen die Basis für unsere Beziehung. Denn hier beginnt alles: Freiraum!

„Die wirkliche Entdeckungsreise
besteht nicht darin,
nach neuen Ländern zu suchen,
sondern mit neuen Augen
zu sehen."

Marcel Proust

Gerade ist die ganze Herde noch freudig erregt durch das hohe Gras galoppiert, jetzt fressen sie alle erst einmal. Schnauben, rhythmische Rupfgeräusche, der Geruch von Kräutern liegt in der Luft. Auch Kim, der Haflinger, ist so richtig in seine Mahlzeit vertieft. Da erscheint eine Frau auf der Weide. Sie will mit Kim arbeiten.

SO WEIT DIE HUFE TRAGEN – Der freie Raum

EIN STUMMES TIER

Mein Hund jault, wenn ich ihm auf die Pfoten trete: „Oh je, du Armer, das wollte ich nicht! Entschuldige, ich hab' dich nicht gesehen!" Mein Kater maunzt, wenn ich etwas für ihn tun soll: „Ja, schon gut, Moment, ich mach' dir gleich die Tür auf." Von einem Pferd werden Sie in ähnlichen Situationen nichts hören. Pferde sagen uns auf diese Weise nichts. Sie bleiben stumm. Obwohl Pferde ein sehr ausgeprägtes Sozialleben führen, kommunizieren sie eher wenig über Laute. Denn auch ihre Sprache stammt aus dem weiten, offenen Raum der Steppen, aus dem Leben in verstreut weidenden Herden, und sie ist passend zum pferdespezifischen Weitwinkel-Blickfeld: Die Sprache der Pferde orientiert sich am Sehen. Die Sprache der Pferde wird verständlich über den Gesichtssinn.

Die Verständigung zwischen den Menschen konzentriert sich auf einen anderen Sinn, die zentrale Rolle spielt hier das Hören. Wir nehmen zwar sicherlich insgesamt die meisten Informationen über die Augen auf, und diese sind auch der erste und vordergründige Sinn, mit dem wir unsere Umgebung untersuchen. Doch das Ohr ist unser Organ für Zwischenmenschliches. Hier haben wir unser soziales Gespür und einen ausgeprägten Sinn für falsche Töne. Eine Nuance kann verraten, wie es der Gesprächspartner meint, und wir hören die feinen Unterschiede in seiner Stimme. Mit dem Gesichtssinn registrieren wir Tatsachen – „Das will ich erst einmal sehen!" Der Gesichtssinn kontrolliert und prüft andere Sinneseindrücke, überwacht die Situation und behält alles „im Auge". Er steht in enger Verbindung zu unserem rationalen Bewusstsein. Über das Ohr hingegen spricht man zu unseren Gefühlen. Hier liegt unser soziales Bewusstsein. Weil der Ton so unverzüglich auch schlafende Emotionen weckt, ist er ein beliebter Zugang zum Unbewussten der Menschen – Filmmusik oder auch Marschmusik sind Beispiele dafür. Auch die Kaufhausberieselung zielt auf diese nicht so rational bewachte Hintertür zu unseren Gefühlen. Die persönliche Stimmung eines Menschen ist sehr stark durch Gehörtes beeinflussbar. Ein Musikstück kann uns zu Tränen rühren, plötzlich werden Erinnerungen lebendig und bewegen unser Gemüt.

Akustische Reize beeinflussen das Empfinden eines Menschen viel unmittelbarer als optische. Auch können wir Letztere ohne weiteres ausblenden – Augen zu und durch! Unschöne Geräusche stören die harmoniebedürftigen Ohren empfindlich, an einen unschönen Anblick gewöhnt man sich hingegen bald. Man übersieht ihn und lässt sich nicht davon berühren. Das Auge sortiert vor. Hat deshalb vielleicht eine Kunst, die den Weg über die Augen nimmt wie die bildliche, es so viel schwerer damit, ihr Publikum wirklich zu erreichen? Denn unser Gesichtssinn, inmitten der optischen Informationsflut, ist unstet, schnell abgestumpft, bleibt gerne oberflächlich und distanziert.

PFERDE FLÜSTERN ANDERS

Die vokale Sprache ist die typisch menschliche Form von Kommunikation – Pferde mögen es eher visuell. Wo wir telefonieren, betreiben sie Television. Uns genügt zur sozialen Verständigung bei vielen Gelegenheiten nur das Ohr, denn im Hören liegt für uns eine sehr starke Verbindung zu anderen Menschen. Denn menschliche Zugehörigkeit bildet sich bevorzugt über den Klang. Ob Fachsprache oder Dialekt – menschliche Herdenmitglieder erkennen einander an besonderen Lautmustern. Wer taub oder schwerhörig ist, hat daher weit mehr Probleme, sich zu-gehör-ig zu fühlen, als einer, der schlecht oder gar nicht sieht. Eine angenehme soziale Atmosphäre ist für uns gleichbedeutend mit Harmonie, Übereinstimmung, Resonanz, es herrscht dort der richtige Ton und es gibt keine Missklänge – all diese Wahrnehmungen entstammen dem akustischen Bereich. Redewendungen wie „jemandem Gehör schenken" oder „jemandem sein Ohr leihen" haben eine sehr starke soziale Komponente.

Selbstverständlich kennen wir Menschen noch andere Kommunikationsformen als die klangzentrierten. Wir haben eine Vielzahl von optischen Signalen, nach denen wir uns täglich richten, vom Blinken des Anrufbeantworters bis zu den Handzeichen im Straßenverkehr.

Auch Pferde wiehern einander zu und können so Verbindung zueinander aufnehmen. Und sie lernen auch nach einer Weile, unseren akustischen Signalen Folge zu leisten. Das soziale Element hat auf dieser Ebene allerdings keine große Bedeutung. Sicher, man kann ein Pferd ohne weiteres so dirigieren, flüsternd oder auch lautstark: „Anhalten!" „Vorwärts!" oder sogar: „Kehrt marsch!" Und tatsächlich, wenn der Mensch seine Sache beherrscht, funktioniert alles bestens und läuft so geregelt ab wie auf einer Verkehrskreuzung. Eine Antwort erhält er dabei allerdings nicht – vom Bremsenquietschen und Gasgeben einmal abgesehen. Ein Dialog bleibt auf dieser sozial-untypischen Kommunikationsebene aus, denn Pferde flüstern anders! Sie werden sich auch dann nicht auf akustischem Wege bemerkbar machen oder auf diese Weise protestieren, wenn wir bei ihnen ein irres Chaos anrichten. Selbst unter furchtbaren Schmerzen schreit oder winselt ein Pferd nicht. Deswegen ist ein menschlicher Zuschauer vielleicht gar nicht in der Lage, das Leid zu erkennen. Weil er es nicht hört. Ein Pferd bleibt stumm, es meldet sich nicht – denn es kommuniziert auf einer ganz anderen Ebene.

Wenn wir mit dem Pferd zu einer Gemeinschaft finden wollen, so sollten wir nicht so lange warten, bis es den Mund auftut und mit Worten zu reden beginnt wie einst Bileams biblische Eselin: Der Mann hatte kein Auge für den Engel, der ihm Umkehr gebot, denn er hatte es eilig. Dreimal strafte Bileam zornig sein hellsichtiges Reittier, weil es sich standhaft weigerte, den Gottesboten zu überreiten, den er selbst nicht wahrnehmen wollte. Wäre es seinem Prügeln gefolgt, wäre er tot gewesen – und nur er. Wenn wir die artspezifische Verständigungsebene der Pferde berücksichtigen, dann beginnen wir mit den Augen zu hören und können vielleicht auch ohne himmlische Hilfe zur Einsicht kommen und mit unserem Pferd ein Gespräch führen.

KIM KOMMT

Er war zufrieden auf seiner Weide, bis diese Frau kam. Sie hat Gerte, Halfter und Strick dabei, und das heißt, dass sie mit Kim arbeiten möchte. Sie begrüßt den Wallach und zieht ihm das Halfter an, damit er auch sicher weiß, was sie beabsichtigt. Dann lässt sie ihn frei, nimmt ein paar Schritte Abstand und fragt, ob er nicht mitkommen möchte. Kim möchte. Er lässt seine Mahlzeit stehen und schreitet mit ihr dem Ausgang der Weide zu. Stolz und frei geht er neben ihr her – er folgt nicht wie ein unterworfenes Wesen. Kim geht mit Kirsten, weil er arbeiten möchte. Er hat das Angebot verstanden und nimmt es gerne an.

Der Mensch gibt hier einen deutlichen Freiraum. Er fragt. Auf den Bildern ist zu sehen, wie Kim auf diese Freiheit antwortet, nämlich positiv. Doch da ist noch mehr! Beim Laufen entdeckt Kim plötzlich, dass sie beide aus einiger Entfernung auf verdächtige Art beobachtet werden, denn es „schießt" einer mit Blicken: Bernd, der Fotograf. Hey, da ist jemand, der fixiert uns! Kirsten spürt Kims Besorgnis und reagiert auf Pferdeweise – sie blickt ebenfalls in die Richtung: „Ach ja, das ist okay. Den kenn' ich." So etwa könnte die Übersetzung lauten für die Nachricht, die Kirsten an Kim zurückgibt. Sie muss ihm das nicht bewusst mitteilen, es kommt einfach so an, denn die beiden befinden sich auf einer Wellenlänge. Gut, es scheint nichts dran zu sein – und beruhigt trabt der Wallach mit Kirsten den Berg hinauf, dem Ausgang der Weide entgegen.

DIE SPRACHE DER PFERDE
Weglaufen, Flüchten, Sichabwenden heißt immer: NEIN!

Erstarren, Zusammenzucken, aufgerissene Augen heißt immer: ANGST

Übermütiges Herumtoben, Spielen, Bewegungslust heißt (fast) immer: FREUDE

Herkommen, Nicht-von-der-Seite-Weichen, Kontaktsuchen heißt (fast) immer: JA!

SPRACHRAUM UND RAUMSPRACHE

Wer mit Pferden kommunizieren will, braucht ein Pferd, das mit ihm redet. Und wer etwas über Pferde lernen möchte, braucht ein Pferd, das sich frei äußert. Damit ein Dialog entstehen kann und das Pferd bei uns auch Gehör findet, muss es eine Gelegenheit haben, in seinem Sinn zu antworten, zumindest mit Zustimmung oder Ablehnung.

Pferde teilen uns ihre Gefühle lautlos mit. Sie äußern sich, indem sie weggehen und ausweichen. Oder indem sie kommen und unsere Nähe suchen. Wenn die Aussage eines Pferdes sichtbar werden soll, müssen wir ihm diese Möglichkeit unbedingt lassen! Wer am Dialog mit Pferden interessiert ist, wird sein Pferd nicht anbinden, festhalten oder einsperren. Wie sollte es dann reden? Je größer der Bewegungsraum ist, der einem Pferd zur Verfügung steht, desto unmissverständlicher fällt seine Antwort aus – und wenn es entsetzt davonrennt, sobald es seines Menschen ansichtig wird, so ist das ein sehr deutlicher Kommentar, der jeder Illusion beraubt, dass es ihn und sein Ansinnen vielleicht doch irgendwie gut findet. Erst ein freier Raum ermöglicht die freie Äußerung des Pferdes. Wer sich und seinem Pferd diese Möglichkeit nimmt, unterdrückt eine deutliche Antwort, lässt sein Pferd verstummen und bringt sich selbst um Information.

DER NÖTIGE ABSTAND

Wie lange ist es her, dass Sie die Gesichtszüge eines vertrauten Menschen genau betrachtet haben, die Schattierung der Augenbrauen, die Form von Nase und Augen, die Mundwinkel und die feinen Härchen auf der Wange – und wie sich das Gesicht verändert, wenn dieser Mensch nachdenklich, verletzt, erstaunt, freudig oder entspannt ist?

Der erste Schritt, um mit einem Pferd zu kommunizieren, besteht darin, die Augen zu öffnen. Ein ruhiger, empfänglicher, unvoreingenommener Blick. Diese bewusste, besonnene und horchende Art des Hinsehens ist heute selten geworden – sie wird kaum mehr geübt. Wir leben heute in einer visuellen Gesellschaft, und das Auge dominiert alle anderen Sinne. Wir glauben nur, was wir sehen. Unser Auge ist ununterbrochen damit beschäftigt zu verifizieren, zu sortieren, zu kontrollieren, zu katalogisieren. Dass unser Blick auch einmal entspannt in die Ferne schweift, erlaubt uns das Umfeld kaum. Den weiten, offenen Blick genießen wir vielleicht noch im Urlaub am Meer oder in den Bergen, doch sonst ist das Auge gefangen zwischen Schriftzeichen, Bildschirmen, Häuserwänden und Straßenschluchten.

Und auch das Pferd ist gefangen. Die Menschen sind immer nah dran. Um ein ganzes Pferd in sein vergleichsweise enges Blickfeld zu bekommen, muss sich der Mensch gut vier Schritte von ihm entfernen. Eine Box ist zu klein dafür. Ein größerer Freiraum kann uns Menschen eine umfassendere Wahrnehmung des Pferdes ermöglichen – und gleichzeitig erlaubt er dem Pferd sich auszudrücken. Kein Wunder, dass Mensch und Pferd einander heute kaum mehr verstehen. Es ist einfach zu eng.

MIT DEM PFERD IM EINKLANG

Zu Anfang dieses Kapitels stand da ein Pferd inmitten von Gras: Kim. Kirsten hat ihn gefragt, ob er mitkommen möchte zum Reitplatz, und seine Antwort war eindeutig positiv. Wie kommt es, dass dieses Pferd sich so verhält? Bereitwillig seine große Weide verlässt, für die Enge der Reitbahn, die Mühsal der Arbeit? Warum ist dieses Pferd so motiviert? Für solche Fragen müssen Sie sich noch etwas gedulden, denn sie lassen sich auf Ja-Nein-Basis schlecht beantworten. Im Laufe unseres Zusammenseins wird Ihnen das aber deutlicher – und vielleicht haben Sie schon bald selbst einige Antworten. Vorerst aber zurück zu unserer Situation, zurück zu Kim.

Was wäre, wenn der Haflinger sich abwendet? Wenn er „Nein, danke!" signalisierte? Was würde Kirsten tun? Sie würde ihn noch einmal deutlich einladen, vielleicht sagen, dass ihr viel daran liegt. Wenn er aber partout nicht mit möchte oder gar weggeht? Sie würde seine Einstellung respektieren, das Halfter wieder entfernen, sich von Kim verabschieden mit einem Leckerli und ihn auf seiner Weide lassen. Denn sein Hunger ist offenbar zu groß.

Der Wunsch eines Pferdes sollte genauso zählen wie der unsere. Zumindest, wenn es uns um Partnerschaft und Freundschaft geht. Ich fühle mich nicht gerne als Sklaventreiber unter meinen Pferden. Und von Gemeinsamkeit kann ja wohl kaum die Rede sein, wenn ich sie dazu nötigen muss. Mal andersrum gefragt: Hätten Sie Spaß an einer Sache, zu der man Sie gewaltsam hinzerrt? Und wieso überhaupt dieser Zwang, den ich mir und meinem Pferd antue? Nichts und niemand verlangt heute von uns zu reiten. Dann setze ich mich halt ins Gras, spiele mit meinem Hund oder denke mir was anderes aus.

FREIHEIT, DIE WIR MEINEN...

Pferde, die gegen den Horizont galoppieren, der Reiter im Abendlicht, wehende Mähnen – Pferde symbolisieren für uns Freiheit und Weite. Ob sie wild sind oder zahm. Der Mensch träumt sich auf ihren Rücken, möchte alles hinter sich lassen und fortreiten, der sinkenden Sonne entgegen...
Freiheit – dieses Wort weckt eine Menge Gefühle. Weil wir alle wissen, wie es ist, nicht frei zu sein. Abhängig, angebunden, eingesperrt. Jeder von uns hat irgendwie schon einmal die Erfahrung gemacht, dass man ihn für fremde Zwecke eingespannt hat, herumkommandiert, antreibt. Eine solche Situation ist entmutigend und drückt auf Dauer die Lebenskräfte nieder. Ist man ihr ständig ausgeliefert, fühlt man sich immer hilfloser, ohnmächtig, in die Enge getrieben. Dies alles hat jetzt ein Ende, so verspricht die Freiheit. Es ist vorbei. Der Zwang liegt hinter uns. Wer frei ist, kann sich allem entziehen, wenn er es möchte. Er entscheidet, denn er ist Herr seiner selbst.

Allein die Tatsache, dass jemand mit freiem Oberkörper herumläuft, heißt noch lange nicht, dass er sich auch frei fühlt. Vielleicht genießt er es gar nicht, vielleicht träumt er im Gegenteil davon, in den engen Schalensitz eines Rennwagens geklemmt auf asphaltierter Piste zwischen Leitplanken entlangzuschießen: Das wäre dann Freiheit, wie er sie versteht. Wir wissen es nicht, dazu müssten wir uns mit ihm unterhalten. Und der Reiter? Es mag sein, dass sich so mancher Mensch frei fühlt wie ein Indianerhäuptling, wenn er auf nacktem Pferd dahingaloppiert. Aber dieses Pferd, dem er da im Nacken sitzt, das ihn davontragen muss – teilt es auch sein freies Gefühl?

UND WAS TRÄUMT MEIN PFERD?

Das Hochgefühl des Reitens findet auf dem Rücken der Pferde statt. Es wäre naiv zu glauben, dass das Pferd fühlt wie wir. Es erlebt ja unser Glück aus einer ganz anderen Perspektive – der von unten. Das verändert die Dinge.

Kann ich Freiheit für mein Pferd einfach damit gleichsetzen, dass es kein Kopfstück oder keinen Sattel mehr trägt – oder erfüllt diese Nacktheit nur Menschenträume, die mit der Wahrnehmung der Pferde erst einmal wenig zu tun haben? Freiheit, das ist – und deshalb ist die Sache so schwierig – vor allen Dingen ein Gefühl. Es kann durch äußere Bedingungen ausgelöst werden, aber ob man sich durch diese tatsächlich auch frei fühlt, hängt entscheidend davon ab, ob und wie man diese Bedingungen wahrnimmt oder wahrnehmen kann. Nur dann verbindet sich damit wirklich auch das gesuchte Gefühl, in diesem Augenblick frei zu sein. Wie gut geht es meinem Pferd, wenn ich mich gut auf ihm fühle? Wir müssen sorgsam trennen zwischen unserer eigenen Wahrnehmung und der ganz individuellen des betreffenden Pferdes.

Freiheit – dieses Gefühl kommt von innen her und ist nicht an Äußerlichkeiten festzumachen. Ein Halfter, ein Zaumzeug kann für mein Pferd bedeuten: „Oh nein, jetzt werde ich gleich wieder getriezt!" oder „Toll, jetzt geht's endlich los, ich hab' schon den ganzen Tag auf dich gewartet!" Wir müssen also wissen, was das Pferd empfindet und wie es sich fühlt in einer Situation, bevor wir es als frei bezeichnen. Wie geht es dem Pferd dabei? Sieht es einen Ausweg? Hat das Pferd eine Wahl, eine echte Alternative? Denn wer an Freiheit nicht mehr glaubt, läuft selbst in einer endlosen Prärie nicht mehr weg. Das hat nämlich alles sowieso keinen Sinn... und bleibt mit hängendem Kopf stehen.

ZWANGLOSE VAGABUNDEN

Der freie Raum – das ist die natürliche Heimat der Pferde. So lange haben diese Tiere als Wanderer auf den weiten Steppen gelebt. Will ich mein Pferd möglichst artgemäß halten, so werde ich dafür sorgen, dass es viel Platz und Raum hat sich zu bewegen. Wenn meinem Pferd bei einer solchen Haltung ein

großes Terrain zur Verfügung steht, offene Ställe, abwechslungsreiches Gelände und Artgenossen, so hat es immer Gelegenheit, selbst zu wählen und danach zu handeln. Die Box gibt ihm vielleicht gerade mal die Möglichkeit, entweder den Hintern oder den Kopf zur Stallgasse zu drehen. Geistig fitter bleibt, wer Tag für Tag eine Menge Entscheidungen trifft: ob er drinnen oder draußen sein will, ob er den Hügel hinaufklettern und dort allein die Aussicht genießen möchte oder lieber in der Nähe der anderen Pferde bleibt, ob er zur Tränke geht und trinkt, ob er vielleicht baden geht, Brombeerblätter knabbert, lässig herumschlendert, galoppiert und spielt oder einfach nur dasteht und döst...

Eine artgemäße Haltung trägt mit Sicherheit zum Wohlbefinden des Pferdes bei. Aber nicht nur in der Haltung von Pferden, auch im täglichen Umgang mit ihnen bieten sich viele Möglichkeiten, kleine Freiräume zu schaffen. Ich kann mein Pferd mit einem längeren Strick führen und mich auch einmal von ihm führen lassen, ich kann mich nach ihm richten, statt es einfach hinter mir herzuzerren oder es ständig zu korrigieren. Ich kann es, wo irgend möglich, frei laufen lassen, es nicht anbinden, wenn ich es putze, sattele – wie bitte? Es läuft weg? Nein, es ist nicht schlecht erzogen oder so. Es hat mir gerade etwas mitgeteilt: „Ich möchte das nicht. Bitte lass das!" Ich kann jetzt hinterhergehen, es zurückholen und die Sache auf die alte Art fortführen: „Du musst!" Das war's dann mit der Freiheit, und ich habe meine Ruhe. Aus der Traum! Ich kann aber auch hinterhergehen, ihm eine Hälfte von meinem leckeren Apfel anbieten und mich ausgiebig für mein taktloses Vorgehen entschuldigen. „Tut mir leid, ich war ungeschickt und habe schlecht zugehört. Entschuldige! Können wir vielleicht trotzdem noch mal miteinander reden?" So jedenfalls würde ich es anfangen.

EINE ECHTE ALTERNATIVE

Freiraum bedeutet Möglichkeit zum Dialog. Das Pferd kann gehen oder kommen, es kann ja oder auch nein sagen. Wir wollen, dass das Pferd seine Freiheit spürt, wahrnimmt, fühlt. So holt Kirsten ihren Haflinger von der Weide. „Willst du oder willst du nicht?", fragt sie. Das Pferd darf, soll und muss sich frei entscheiden können. Denn erst aus der freien Entscheidung erwächst unsere besondere Gemeinsamkeit! Wir möchten miteinander Spaß am Zusammensein haben. Wir möchten Stolz, Glück und Gemeinsamkeit mit dem Pferd teilen, nicht uns aufdrängen. Das geht nur, wenn das Pferd freiwillig hier ist. Denn damit von Freiheit überhaupt die Rede sein kann, müssen mehrere Möglichkeiten offen stehen, zwischen denen eine freie Auswahl erlaubt ist. Das Pferd kann auch gehen, wegbleiben, anderes tun. Und es muss wissen, dass es diese Freiheit besitzt und sie jederzeit nutzen kann!

Den Freiraum nehme ich mir – El Paso live! Man muss sein Interesse fesseln und ihn für sich gewinnen, denn dieses Pferd lässt sich seine Freiheit nicht so einfach nehmen.

Ja oder nein ins Räumliche übersetzt bedeutet Annäherung oder Flucht. Im freien Raum spricht das Pferd eine sichtbare, für jeden Menschen verständliche Sprache. Im freien Raum kann der Mensch lernen, seine Beobachtungsgabe so weit zu verfeinern, dass er die Gefühle seines Pferdes wahrnimmt. Das macht ihn unabhängig von Lehrmeinungen und Schablonen, die vielleicht gerade für sein Pferd überhaupt nicht passen. Statt auf Vermutungen oder widersprüchliche Ratschläge angewiesen zu sein, erfährt er jetzt die Bedürfnisse dieses besonderen Pferdes direkt und aus erster Hand: Es protestiert bei Überforderung, es diskutiert bei Ungereimtheiten, es jubiliert, wenn er genau richtig liegt – Verständigung eben!

EL PASO UND SEIN LIED DER FREIHEIT

Er sieht so harmlos aus. Ein kleiner, blasser Schecke, nicht sehr kräftig gebaut, ein Kleinpferdemischling. Doch El Paso ist ein unbeugsames Tier. Er lässt sich von den Menschen nicht beherrschen, auch nicht mit Gewalt. Wer es versucht, beißt auf Granit. Dieses zarte Pferd erweist sich als harter Kämpfer, den bis heute noch niemand zum Nachgeben zwingen konnte.

Keiner weiß eigentlich genau, woher El Paso diese Härte hat. Vielleicht aus seiner Jugend, denn er ist nicht nur gegenüber den Menschen so, sondern er zeigt ein ähnliches Verhalten auch manchmal, wenn andere Pferde aggressiv sind und er nicht ausweichen kann. El Paso wuchs auf als Spielgefährte eines Hengstes, der etwas älter war als er. Man kaufte den kleinen Schecken zur Gesellschaft dazu. So wurde er zum Spielgefährten oder eher Spielgegenstand, denn im engen Paddock war er Tag für Tag den Attacken dieses größeren und stärkeren Rowdys ausgesetzt. In seinen jungen Jahren musste El Paso eine Unmenge einstecken. Dabei hat er wohl einiges gelernt. Unter anderem wie man Tyrannei und Aggression durch Verhärtung abblockt, Gegendruck erzeugt und notfalls durch den Zaun bricht. Nachgeben bringt nichts! Das Leben ist gnadenlos! Das ist sein Lebensmotto geworden. Die einzig sinnvolle Antwort auf Gewalttätigkeit ist abzuhauen oder dagegen zu gehen. El Paso lässt sich auch mit Ketten nicht halten, reißt sich los, rennt Menschen um, wenn es sein muss. Dabei ist der Wallach keineswegs bösartig, im Gegenteil. El Paso ist ein grundanständiger Kerl, der von sich aus keinen Streit anfängt. Dieses Pferd leistet lediglich konsequent Widerstand, wenn jemand etwas bei ihm durchboxen möchte. Es gibt keinen Hufbreit nach und lässt sich nicht ins Bockshorn jagen. Und das sind wir Menschen bei Pferden nicht gewöhnt...

El Paso kämpft für seine Freiheit und Unversehrtheit, nicht mehr und nicht weniger. Er ist selbstverständlich nicht unbesiegbar, sondern hat, wie jedes Lebewesen, eine schwache Stelle. Sie liegt in dem für das Bewe-

gungstier Pferd so wichtigen Gleichgewicht. Ein Pferd hat seinen Angstpunkt im Rücken, also genau dort, wo ein Mensch ansetzt – oder einsitzt, wenn er reitet. Mittels entsprechender Reittechnik wäre El Pasos Widerstand, sein Rückgrat, eventuell zu brechen gewesen. Man kann mit dem Reiten ein Pferd sehr wirksam aus dem Gleichgewicht bringen, ihm dabei unbarmherzig in den Rücken fallen, Tag für Tag im Nacken sitzen, es bis zur völligen Erschöpfung treiben und seinen Körper im wahrsten Wortsinn in Be-Sitz nehmen.

Nun, El Paso hat Glück gehabt. Niemand hat versucht, sein unbeugsames Wesen zu brechen. Denn im Leben dieses Pferdes gibt es noch eine weitere Schwachstelle: Astrid, seine Besitzerin. Sie liebt ihn. Und sie hätte es niemals mit ansehen können, dass jemand El Paso einbricht. Astrid hielt ihrem Schecken die Treue, obwohl ihr jeder riet, dieses Mistvieh schleunigst abzugeben. Sie blamierte sich mit ihm überall. Harte Burschen wie er kennen keine devote Dankbarkeit. Wofür auch? Nun hat El Paso ja nicht nur einen ungewöhnlichen Charakter, sondern auch eine ungewöhnliche Farbe, so dass ihr schon von weitem die mitfühlenden Kommentare entgegenschallten: „Nein, hast du den immer noch? Der taugt doch nur für die Wurst!“, selbst wenn El Paso nur einfach friedlich herumstand. Doch Astrid richtete sich nach ihm, statt dies von ihm zu verlangen. Es ging gar nicht anders. Sie lernte, mit El Paso zu spielen – oder eher, er spielte mit ihr, und sie versuchte, seine Spiele mitzuspielen. Manchmal war es schwierig für sie. Er war so unzugänglich. Na ja, zumindest schien er sich hin und wieder über sie zu amüsieren.

Heute ist El Paso ein zuverlässiges Wanderreitpferd – so, wie es Astrid sich immer gewünscht hat. Die beiden haben schon etliche Kilometer unter die Hufe genommen. Doch letzten Sommer gab es keinen Urlaubsritt, denn Astrid war lahmgelegt – nicht ihr El Paso, sondern ein fremdes Pferd hatte ihr Bein zertrümmert. Sie konnte deswegen selten kommen, und da sorgte sich El Paso. Dieses unerschütterliche Pferd zeigte plötzlich starke Gefühle. El Paso freute sich riesig, wenn Astrid ihn besuchen kam. Er zog eine grandiose Show ab, wenn sie ihm bei der Arbeit zuschaute. Er beflügelte sich selbst zu Passagen, die seinen eigentlichen Ausbildungsstand weit übertrafen. Und als sie zum ersten Mal wieder auf ihrem kleinen Schecken saß, trug El Paso seine Astrid wie auf Wolken.

El Paso ist ein Rebell – und er wird es bleiben. Man muss ihn überzeugen und für die gemeinsame Sache gewinnen. Er ist nicht gehorsam im üblichen Sinn. Aber er möchte seiner Astrid gefallen, will bei ihr bleiben. Er weiß, dass sie nur Dinge unternimmt, die für ihn interessant, spannend und nützlich sind. Deshalb lässt er sich von ihr beeinflussen, deshalb hört er auf sie.

ZWISCHEN WORTWECHSEL UND HÄNDEDRUCK

Der freie Raum legt die Basis zu einer völlig neuen Beziehung zwischen Mensch und Tier. Statt in den engen Grenzen einer One-way-Signalsprache gefangen zu sein, führen Mensch und Tier miteinander ein vielschichtiges Gespräch. Die zentrale Bedeutung hat hier die Bewegung – sowohl als Thema als auch als Medium der Sprache. Denn Pferde verständigen sich im Laufen, ihre Sprache ist eine Bewegungssprache. Und wir werden uns mit ihnen über die Bewegung unterhalten. Wir werden mit ihnen laufen.

Die menschliche Verständigung mit dem Pferd beschränkt sich im Allgemeinen auf eine Kommandosprache. Der Mensch gibt die Befehle, die das Pferd zu befolgen hat. Die Kommunikationsstruktur verläuft dabei von oben nach unten. Das Pferd bleibt immer passiv. Es nimmt die Wünsche des Menschen auf und führt sie aus – oder auch nicht. In diesem Gehorchen oder Nicht-Gehorchen liegt sein ganzer Spielraum. Diese Beschränkung muss allerdings nicht notgedrungen sein, wenn wir unsere Vorstellungen von Sprache erweitern! Der Nachteil der Wortsprache ist ja, dass sie nur eingleisig möglich ist, sonst gibt's ein Stimmengewirr, und niemand versteht mehr etwas. Die gesprochene Sprache führt, wenn keine Wechselseitigkeit besteht, zum Ungleichgewicht. Wer das Wort hat, hat die Macht. Das Pferd hat hier keine Möglichkeit, sich Gehör zu verschaffen, es bleibt ein stummer Diener. Im Sprachmonopol liegt ein starkes Machtmoment. Es kann nur durch wechselseitiges

Sprechen ausgewogen werden. Sonst wird der andere, der immer nur (ge)horchen soll, vom Wortschwall vertrieben.

Vielleicht ist es das Entweder-oder unserer angestammten Lautsprache, das uns die hierarchische Beziehung zu den Tieren nahe legt. Obwohl wir Menschen ja auch eine wortlose Verständigung kennen, uns berühren und körpersprachlich kommunizieren, fehlt offenbar das Bewusstsein für die Möglichkeiten dieser spontanen Kommunikation. Hier können nämlich in viele Richtungen zugleich Informationen gesendet und empfangen werden. Das erschließt eine völlig neue Dimension der Verständigung. Nebeneinander und zeitgleicher Austausch sind die Regel. Denn wenn wir uns verstehen, genügt ein Blick... Aber vielen Menschen fehlt wohl die Erfahrung einer paritätischen Beziehung und auch die Phantasie, sich ein Sowohl-als-auch vorzustellen. Eine hierarchiefreie Sprache: Spielraum für beide, Mensch und Tier.

VIELSINNLICHE WAHRNEHMUNG

Vielleicht unterhalten Sie sich gerne mit Ihrem Pferd, und ich will Ihnen das hier jetzt keineswegs ausreden, im Gegenteil! Es kommt bei den Pferden eigentlich auch immer irgendwie an, wenn wir gefühlsmäßig zu ihnen sprechen. Doch die Gefahr, die mit dem Reden verbunden bleibt, ist seine Eingleisigkeit. Diese Kommunikationsform ist ein Dauermonolog, in dem das Pferd keine Chance hat, zu Wort zu kommen, denn entweder reden wir uns selbst etwas ein, und dem Pferd wird die Funktion einer stummen Puppe zugeteilt, oder wir rutschen, vielleicht auch ungewollt, in eine Kommandostruktur ab. Eine solche, lediglich passive Rolle zu spielen, ist für das Pferd dann verständlicherweise wenig motivierend. Es wird nicht gefragt, niemand hört ihm zu, seine Stimme zählt nicht. Wer seinem Pferd ein guter Zuhörer sein will, wird sein Blickfeld erweitern und sich sozial durchlässiger machen auf der visuellen Ebene, der des Pferdes. Es ist möglich, das Hinsehen so ein-

Ein freies „Ja!" zur gleich folgenden Arbeit: Kim und Kirsten, hier beim Verlassen der Weide.

DIE REGELN DER RAUMSPRACHE

Ein freier, lebendiger Dialog zwischen Mensch und Tier setzt Folgendes voraus:

FRAGEN: Wir befragen das Pferd und nehmen einen Vorschlag von ihm auf.

ANBIETEN: Das Pferd hat die freie Wahl, zwischen mehreren Möglichkeiten selbstständig zu entscheiden.

ANNEHMEN: Wir akzeptieren die Antwort unseres Pferdes und richten uns danach.

fühlsam auszuüben wie das Zuhören in einem intimen Gespräch. Lernen Sie, mehrsprachig, mehrsinnlich zu kommunizieren. Lernen Sie, Zwischentöne zu sehen, hören Sie Ungesagtes. Schulen Sie Ihr Auge wie ein Musiker sein Ohr. Harmonische Kommunikation in diesem Bereich ist auf der akustischen Ebene vergleichbar mit einem vielstimmigen Gesang – ein synchrones Zusammenspiel, eine vokale Gemeinschaft, in die jeder seine Stimme einbringt und doch bei sich selbst bleibt – und gerade diese Vielstimmigkeit lässt ein ungleich interessanteres, neues Ganzes entstehen.

Um die Melodie der Bewegung zu sehen und die Musik eines Pferdes zu spüren, müssen wir allerdings vom hohen Ross herabsteigen – und das buchstäblich. Eine solche Wahrnehmung entwickelt sich nicht, wenn man jahrelang falsch vor sich hin geigt, ohne es zu merken.

Denn beim Reiten ist ja keine korrektive Distanz des Pferdes mehr möglich, die räumlichen Sprachmöglichkeiten sind reduziert auf Durchgehen oder Abbocken des Unerträglichen! Je größer die Kommunikationsfreiheit der Pferde, desto besser, ungefährlicher und für alle Beteiligten angenehmer wird das Feedback. Beginnen Sie damit, Ihren Blick zu schulen. Versuchen Sie, die Stimmung der Pferde zu erfühlen.

Blicke als Kommunikationsform: Sie kennen vielleicht dieses seltsame Gefühl im Rücken, dass da irgendjemand ist, man dreht sich unwillkürlich um, und tatsächlich, da hat jemand gestarrt! Fremde Blicke können wir – manchmal – unwillkürlich spüren. Pferde haben in diesem Bereich eine hohe Sensibilität entwickelt. So hat Kim ja vorhin auch bemerkt, dass den beiden da jemand auf verdächtige Art auflauert. Aber noch interessanter ist, wie diese Fotoserie weiterverläuft. Kirsten bekommt nämlich Kims leicht beunruhigten Blick mit, obwohl sie das Pferd nahezu im Rücken hat, und auch sie reagiert und kommuniziert auf einer solchen Ebene. Mit weitem Blick erfasst sie ihr Pferd, den Grund seiner Beunruhigung und den Verursacher gleichermaßen. Dieses „Ist gut, ich hab's im Auge." ist eine sehr pferdegemäße Antwort. So würde sich ein souveräner Herdengenosse auch verhalten. Weil sich hier Mensch und Pferd auf einer Kommunikationsebene befinden, kann das Hinsehen zur Botschaft werden. Kirsten braucht Kim nicht zu beruhigen oder zur Ordnung zu rufen, denn hier findet im freien Raum ein innerer Austausch statt, der keine expliziten Signale benötigt – denn die beiden sind auf einer Wellenlänge! Kirsten führt weder aktiv („Los, komm jetzt!"), noch treibt sie das Pferd an („Vorwärts! Mach, dass du weiterkommst!"), sondern sie geht einfach gelassen und zielsicher ihren Weg. Und Kim gesellt sich zu ihr.

EIN PFERD VERSTEHEN

Sie haben vielleicht schon einmal die Erleichterung von Pferden miterlebt, wenn ihr ständig beengter Lebensraum doch einmal ein wenig erweitert wird. Ihre überschwängliche, ja explosive Freude, wenn sie von der Box in die Reithalle dürfen, um frei herumzulaufen, wenn sie vom Stall ins Freie können, wenn sich ihr Bewegungsraum vergrößert durch eine neue Weide. Es ist, als ob sie tief Luft holen. Als ob ihr Körper plötzlich erwacht und von einer inneren Musik erfüllt in der größeren Freiheit schwelgt. So weit das Auge reicht... Pferde sind ausgehungert nach Weite. Sie können nie genug davon haben. Selbst lahme und kranke Pferde spüren den Ruf der Steppe – wie eine längst vergessene Melodie in uns alte Gefühle weckt, vernehmen sie ihn angesichts einer weiten, offenen Fläche. Dieser Anblick kann im Pferd eine Euphorie hervorrufen, die es in seinem beengten Alltag sonst nicht kennt.

Wie auch immer das tägliche Leben eines Pferdes heute aussieht, der unmittelbare Umgang mit Menschen bedeutet auf jeden Fall eine zusätzliche und sehr massive Einschränkung seines Bewegungsspielraums. Denn sogar wenn ein Pferd gezwungen wird, lebenslänglich in geschlossenen Räumen zu leben, darf es sich in der Box doch drehen und wenden und seinen Körper halten, wie es will. Bei der Arbeit aber macht man ihm auch noch praktisch für jeden Schritt, für jede Gliedmaße bis hin zur Nasenspitze zentimetergenaue Vorschriften. Selbst wenn der Mensch mit seinem Pferd zusammen durch die freie Landschaft zieht und ihm eine ungezwungene Haltung erlaubt, so darf es doch nicht fressen, obwohl so tolle Sachen wachsen da drüben im benachbarten Haferfeld, es muss auf unangenehmen Schotterwegen dahintrotten, wo ringsum überall offene, üppige Wiesen zu herrlichen Galoppaden verlocken. Der Mensch verbietet es. Wie soll ein Pferd das verstehen?

Auch die Pferde dieses Buches leben in einer eng besiedelten Kulturlandschaft. Sie können nicht mehr einfach so frei umherstreifen. Beim Spaziergang mit Toppur stelle ich mich in seinen Weg. Die beiden Szenen zeigen zwei unterschiedliche Arten des Begrenzens: Zuerst stoppe ich Toppur sanft und fließend, mit einer deutlichen Körpersprache. Ich mache es vorsichtig und zur Demonstration. Wie antwortet er, und wie fühlt er sich dabei? Betrachten Sie die Mimik des Pferdes und lassen Sie den Eindruck insgesamt wirken.

Jetzt die zweite Szene: Hier sieht es völlig anders aus! Toppur hatte eben die pferdigpfundige Idee, hinunter ins Tal zu preschen – doch da kann ich nicht mithalten, das wird mir nach ein paar Sprüngen zu schnell. Noch bevor er richtig abstartet, werfe ich mich energisch in seine Bahn und versuche, seine Lauflust zu bremsen. Ich blockiere seinen Bewegungsdrang jetzt sehr viel nachdrücklicher als eben, dennoch scheint Toppur es positiver aufzunehmen als in der ersten Szene, zeigt sogar sein Spielgesicht.

Warum? Lesen Sie dazu Toppurs Antwort und *Ein kommunikatives Gleichgewicht* auf S. 60. Sehen Sie dort, wie wir weiter mit dieser Situation umgehen – und wie Toppur das kommunikative Gleichgewicht zwischen uns wieder herstellt!

TOPPURS ANTWORT

Der Mensch als Behinderung des Pferdes: Vor diesem Hintergrund wollen wir einmal die Ausflugsfotos mit Toppur betrachten. In beiden Szenen stoppe ich den Vorwärtsdrang des Pferdes und begrenze seine Bewegung, und in beiden Szenen macht der Hengst, was ich möchte – doch seine Stimmung dabei ist völlig unterschiedlich! Auf dem ersten Bild verliert er offenbar seine Energie und fühlt sich gehemmt und behindert, obwohl meine Signalgebung weich und rücksichtsvoll ist, auf dem zweiten geht alles ganz schnell, die Mähne fliegt noch, der Fluss der Pferdebewegung schäumt förmlich nach oben, statt sich, wie eben, zu verlieren. Was macht diesen Unterschied? Beim ersten Mal gebe ich den Hinweis zum Abstoppen nur zur Demonstration, für`s Foto, mein Verhalten hat sonst keinen anderen Grund. Toppur folgt meinem Körpersignal, aus Loyalität und Anstand, doch er verliert zugleich Lust und Interesse. Pferde mögen keine sinnlosen Übungen – egal, ob in der Reitbahn oder in freier Natur. Sie fühlen sich entmündigt, und sofort ist die Langweile da. Solche Befehle gängeln das Pferd, führen ihm seinen Sklavenstatus vor Augen und vertreiben die Freude am Miteinander.

Auf dem zweiten Bild hingegen ist meine Aktion gemeinschaftlicher motiviert, orientiert sich nicht an einem äußeren Grund, denn Toppur selbst bringt mich dazu. Er wollte gerade losrennen, abfetzen, den weiten Raum nutzen. Weil ich inzwischen auf die Pferdesprache höre, bekomme ich seine stumme Botschaft mit und stelle mich in seinen Weg, noch bevor er seine hinreißende Idee ausführt. Die Begründung für meine Aktion ist authentisch und einigermaßen nachvollziehbar für den Hengst: Mensch hat mal wieder nicht genug Schneid, bei wilden Pferdespäßen mitzuhalten. Ich beschwichti-

ge Toppur und bemühe mich anschließend um Alternativen. Obwohl der Hengst den eigenen Wunsch zurückstellt und mir folgt, bleibt seine gute Laune erhalten. An seinem pfiffigen Spielgesicht können Sie sehen, dass er mir dieses Abstoppen hier nicht übel nimmt.

Auf den ersten Blick scheinen es zwei ganz ähnliche Situationen zu sein: Ein Mensch vermittelt einem Pferd, dass es anhalten soll, und es stoppt. Nimmt man allerdings die Sichtweise des Pferdes hinzu, so ergibt sich ein gewaltiger Unterschied, denn einmal ist meine Aktion unmotiviert und willkürlich für Toppur, dann aber hat sie unmittelbar mit mir, mit uns beiden zu tun! Auch in zwischenmenschlichen Beziehungen können Manipulationsversuche oder ein Auf-die-Probe-Stellen eine Freundschaft gründlich verderben, eine ehrliche Meinung oder Bitte hingegen trübt sie keineswegs.

DIE WIRKLICHKEIT DES ANDEREN

Es gibt viele Arten, ein Pferd dazu zu bewegen, sich unseren Wünschen entsprechend zu verhalten. Entscheidend sind dabei die Einstellung und das Gefühl der Beteiligten. Wie geht es dem Pferd damit? Warum tue ich das, was ich tue? Hat die Aktion – im guten Sinn – mit meinem Pferd zu tun? Unmotivierte Handlungen des Menschen sind ein sicherer Weg, die Motivation des Pferdes schnellstens zu verlieren. Wer von uns möchte schon gerne herumkommandiert werden? Deshalb ist es so wichtig, sich über das Ungesagte Klarheit zu verschaffen und nach dem Subtext der Handlung zu suchen. Ist unser Pferd wirklich ein vollwertiger Diskussionpartner? Kann es „Nein, danke!" sagen und über sein Handeln entscheiden? Hat es die Freiheit, mein Angebot abzulehnen? Und was mache ich dann? Haben Widerstand und Eigenwille des Pferdes etwa ein übles Nachspiel? Was steht hinter dem freiwilligen Gehorsam wirklich? Reagiert das Pferd etwa auf eine Drohung? „Nein, bitte, ich will keinen Gertenhieb, ich galoppiere ja schon! Nein, halt, keinen Spornstich, ich weiche ja schon. Nein, bitte keinen Schmerz im Maul, ich stoppe sofort!" Oder reagiert es auf eine Einladung, eine Idee, eine Bitte? „Ja, gute Idee, machen wir – und los geht's! Na gut, ich probier's mal – aber du hilfst mir doch?" Schauen Sie genau hin: Ein sanftes Vokabular und eine ruhige Redeweise mögen in unseren menschlichen Ohren vertrauenserweckend sein, aber die Pferde vernehmen dabei vielleicht eine ganz andere Sprache. Es gibt eine Reiterregel, die besagt, dass ein Gebiss lediglich so scharf sei, wie die Hand am Zügel hart – man möchte ergänzen: und wie das Herz, zu dem diese Hand gehört. Pferde fürchten die latente Aggression eines Menschen mindestens ebenso sehr wie den tatsächlich erzeugten körperlichen Schmerz. Und sie verzeihen Kindern und ungeschickten Menschen so manche Tollpatschigkeit, solange diese es eigentlich gut mit ihnen meinen, denn Pferde spüren die Absicht.

Freiraum und auch sein Gegenteil, der Zwang, sind nicht immer offensichtlich. Im Entweder-oder-Denken mag es gefährlich sein, sich eine aktive Rolle des Pferdes auch nur vorzustellen: Gemeinsamkeit ist nur möglich als Gehorsam. Wer nicht oben ist, ist unten. Und weil der Partner ja ein großes und starkes Pferd ist, muss man sich die dominante Position trickreich erkämpfen. Hat der Mensch erst einmal eine Machtbeziehung zwischen sich und dem Pferd installiert, so darf er niemals verlieren. Er muss immer die Oberhand behalten. Das heißt aber auch, dass sein Pferd niemals gewinnen kann.
Pferde brauchen starke Führer! Schon das Vokabular, das dazu verwendet wird, die absolute Unterwerfung des Pferdes zu legalisieren, lässt so manch einen, der etwas hellhöriger ist, zusammenzucken. Nun wissen gerade die Älteren bei uns noch diese amüsanten Geschichten von Pferden zu erzählen, die – ganz anders als unser unvernünftiges Auto – ihren sturzbetrunkenen Kutscher Sonntag für Sonntag zuverlässig nach Hause brachten. Oder vom Bauern, der schon mal die Rüben hinten im Wagen sauber machte, während seine Pferde ihn durchs Dorf fuhren. Das Pferd ist kein von uns geschaffenes Fortbewegungsmittel, sondern ein lebendes, auf seine Weise denkendes Wesen. Seine Lebendigkeit macht die absolute Kontrolle unmöglich, was aber auch bedeutet, dass es eigenständig und für sich zu handeln imstande ist. Es braucht niemanden, der die Knöpfe drückt. Vielleicht sollten wir darauf mehr vertrauen, auf seine und unsere Lebendigkeit. Auf seine und unsere Natur. Auf seine und unsere Intuition.

„Wir werden ihm nur ein bisschen mit dem Finger drohen!", sagte er und legte diesen an den Abzug.
Stanislaw J. Lec

Zwischen konzentrierten Arbeitsphasen ist Wälzen sehr entspannend. Sie sollten es einmal selbst ausprobieren: Tut echt gut!

Auch sonst ist Raum für Späße – zum Beispiel wenn wir gemeinschaftlich herumhüpfen. Wohlfühlen, Spielen, Herumalbern auf dem Reitplatz: ein besonderer Ort, der nur den Pferden gehört.

DAS GEHEIMNIS DER MOTIVATION

Jederzeit die Möglichkeit zu haben, sich in verschiedene Richtungen bewegen zu können – das ist die Grundvoraussetzung zum Wohlbefinden der Pferde. Als mir persönlich die Wichtigkeit des freien Raumes in der Beziehung zum Pferd bewusst wurde – und es war Reno, der mir das auf seine unnachahmliche Art und Weise klar machte –, änderte sich meine Arbeit mit Pferden völlig. Bis dahin hatte ich mich bemüht, mich ständig fortgebildet, überall zu lernen versucht: Reno hingegen hatte jede meiner Anstrengungen nur mit einem schwermütigen Seufzer quittiert. Ein unmotiviertes, faules Pferd. Im Nachhinein bin ich heilfroh, dass er so konsequent war und sich standhaft weigerte, Falsches zu akzeptieren. Niemals hätte ich sonst den richtigen Weg gefunden, doch er brachte mich dazu. Weil ich es nicht schaffte, die Lauflust meines Pferdes zu fördern, wurde ich das Gefühl nicht los, dass irgendetwas faul sein musste: zwischen uns! Nun, heute motiviert Reno mich. Er drängt und überredet mich so lange, bis ich mit ihm in den früher so öden Reitplatz gehe. Jetzt ist es sein Raum, sein Übungsraum.

Ein freier Raum, das kann daher vieles sein für mein Pferd: riesige Weiden, der Reitplatz, dem Pferd die Führung überlassen, lose Zügel, freies Satteln, ein zurückweichender Mensch... – oder auch nicht! Ob es sich dabei tatsächlich um einen Freiraum handelt, wie er hier gefordert wird, das hängt von der besonderen Beziehung zwischen diesem Menschen und diesem Pferd ab. Entscheidend ist nämlich immer, wie frei sich das Pferd dabei fühlt! Am einfachsten ist das zu Beginn zu erkennen, dann, wenn die Aufgaben eingeübt werden. Hat alles einmal mit Angst begonnen? Pferde lernen schnell, sich an kaum sichtbare Grenzen zu halten, wenn sie diese ein paar Mal konsequent zu spüren kriegen. Angst prägt sich ein. Pferde haben ein jahrzehntelanges Gedächtnis für Schrecknisse und erinnern sich zuverlässig an Unangenehmes. Ist die Angst einmal verinnerlicht, reicht eine minimale Erinnerung, denn Pferde haben ein stark ausgeprägtes Vermeidungsverhalten. Sie scheuen, wo sie Angst empfanden, ihre Neigung zu diesem Verhaltensmuster ist bekannt. Deswegen sollten Sie auf die Anfänge der Mensch-Pferd-Beziehung achten. Wie beginnt alles? Erforschen Sie, wie sich das Pferd fühlt vor jeder neuen Aufgabe – gezwungen oder ermutigt, unterstützt oder getrieben? Der Beginn im freien Raum ist auch deshalb so entscheidend, weil aus einer nach dem Vermeidungsprinzip geführten Beziehung später niemals ein Ja des Pferdes kommen kann. Die einmal eingeschlagene Richtung – Flucht, das heißt: Nein! – bleibt.

FREIHEIT VON ANFANG AN: DAS FOHLEN

Dieses junge Connemarafohlen ist hier ganz allein in die offene Bahn gekommen. Es macht hier seine erste Begegnung mit den Merkwürdigkeiten der Menschen: Seile, Führen, Beine geben. Es erfährt diese Dinge schrittweise, behutsam, bewusst und voller Konzentration. Dem Menschen die Vorderfüße zu geben, verlangt viel Vertrauen, denn der natürliche Instinkt des Lauftieres sagt dem Fohlen, dass es seine Beine besonders schützen muss. Doch es lässt dann sogar bereitwillig zu, dass dieser Zweibeiner das Hinterbein in den Griff nimmt. Der sanfte Druck der Gerte unterstützt das junge Pferd darin, die Aufmerksamkeit im hinteren Teil seines Körpers zu behalten und den ungewohnten Vorgang bewusst zu verarbeiten. Das Fohlen wird nicht herumgezerrt, sondern lernt schon jetzt, mitzudenken und die Menschen zu verstehen.

Dem Pferd die Wahl lassen, Raum zur Entscheidung geben – das kann nicht früh genug beginnen! Das Auftauchen eines Menschen soll für ein Pferdekind ja nicht gleichbedeutend sein mit Zwang und Unverständnis. Es könnte stattdessen bedeuten: neue Erfahrungen machen, die Welt kennen lernen und vielleicht einen besonderen Freund gewinnen.

C

FREIHEIT VON ANFANG AN: DAS KIND

Die kleine Steffi und der große Kveikur: Wer hier wen gezähmt hat, lässt sich nicht genau sagen. Der Wallach ist ein „junger Wilder", aber seine Steffi ist für ihn das Tollste auf der Welt. Weil sie ihn so sein lässt, wie er ist, weil sie ihn versteht, weil sie ihn mag. Ihre Zuneigung beruht auf Gegenseitigkeit. Die beiden sind ein Herz und eine Seele.

RESPEKT UND RAUM

Es ist ein Lebensbedürfnis der Pferde, sich jederzeit bewegen zu können. Sie brauchen den Bewegungsspielraum, um sich auszudrücken – aber auch, um sich sicher zu fühlen. Die uneingeschränkte Freiheit zur Bewegung ist der körperliche Aspekt, und auch wir Menschen wissen den offenen, weiten Raum deshalb zu schätzen. Er gibt uns die Möglichkeit, dahin und dorthin zu gehen, wo immer wir wollen, zum Beispiel auch weg von unangenehmen Dingen, um diese hinter uns zu lassen. In einer sozialen Beziehung erhält der freie Raum aber noch eine weitere Bedeutung, Höflichkeit und Respekt werden durch bewusste räumliche Zurückhaltung ausgedrückt. Denn Raum bedeutet Macht. Wie viel Platz jemandem zugebilligt wird, das zeigt, wie viel Bedeutung seine Umwelt ihm „einräumt". Das größere Arbeitszimmer, das größere Haus, der Respektsabstand – wer mächtig ist, beansprucht und bekommt so viel Raum, wie er will. Jemandem Raum geben heißt auch, ihn zu achten.

Ein Pferd als Individuum zu achten, unabhängig von Alter, Aussehen und Leistungsfähigkeit – wenn diese Geisteshaltung für Sie selbstverständlich ist, werden Sie zum gern gesehenen Gast in der Welt der Pferde. Doch die Höflichkeit vieler Menschen ist oft rein statusbezogen, und wer unterlegen erscheint, wird entsprechend behandelt, und ein Tier gilt ja immer weniger als jeder Mensch. Gerade ganz junge Pferde, deren Kräfte noch leicht zu bezwingen sind, werden in der Regel wenig rücksichtsvoll behandelt. Der freie Raum hingegen gibt dem Jungpferd die Möglichkeit, ein weitreichendes Verständnis zu entwickeln und im Zusammenleben mit den Menschen zu einem sicheren und selbstbewussten Tier zu werden. Ein gebranntes Kind jedoch scheut das Feuer – auch ein Pferdekind ist da nicht anders. Statt es in Zwangsmaßnahmen zu pressen, können wir hier sein Vertrauen gewinnen und es zum Mitdenken anleiten.

Gleichzeitig erlaubt der freie Raum mit seinen spielerischen Möglichkeiten gerade auch unseren Kindern einen natürlicheren Zugang zu Pferden. Denn wenn Kinder in ein Befehlsverhältnis zum Pferd treten müssen, so können sie leicht ein tyrannisches Verhalten entwickeln. Die Macht über das große Pferd tut nur vordergründig gut. Kinder sind von sich aus kaum direktiv-erzieherisch, sondern eigentlich eher inkonsequent. Im freien Raum schadet das nicht, denn auch Pferde sind so, und sie mögen das. Es entspricht ihnen. Das kleine Mädchen macht, was ihm gerade so einfällt, wenn es mit seinem jungen Isländerwallach kommuniziert. Sie macht es für ihn. Er versteht nicht immer alles, was sie sagt, und sie nicht immer alles, was er sagt. Aber sie fragt ihn mit ihrem Verhalten und ihren Gedanken, und sie ist immer eindeutig in ihrer Zuneigung. Er auch.

Mit Pferden kommunizieren – tatsächlich ist es für schwächere oder pferdeunerfahrene Menschen in der Regel leichter, diesen ersten, entscheidenden Schritt zu tun: das Pferd wirklich und in aller Konsequenz zu respektieren. Vielleicht liegt es an der natürlichen Scheu, die dieses große und mächtige Wesen in den Menschen hervorruft, die es noch nicht kennen. Und so nähern sie sich vorsichtig, zurückhaltend, höflich. Genau diese achtungsvolle Grundhaltung eines Anfängers gilt es zu finden, denn nur wenn Pferde sich respektiert fühlen, werden sie kommunikativ! Mit dem Pferd auf einer Ebene, von Gleich zu Gleich, das heißt auch, nichts zu tun, was das Pferd nicht auch tun dürfte. Denn wer Gewaltlosigkeit leben möchte, muss diese Gewaltlosigkeit selbst völlig konsequent praktizieren. Und das ist einfacher gesagt als getan für jemanden, der sich vielleicht jahrelang eine Machtsprache antrainiert hat, um mit Pferden fertig zu werden.

VERTRAUEN UND REITERTAKT

Wer ein Pferd besteigt, gerät in eine klassische und vielzitierte Machtsituation, denn er muss sagen, wo es langgeht. Er muss die Zügel in die Hand nehmen, muss sein hohes Ross beherrschen lernen, und zwar schnell, sonst wird es ungemütlich dort oben. Reiten ist ein sehr enger Kontakt zwischen Mensch und Pferd, der meist schon unter unglücklichen Voraussetzungen zustande kommt. Das Pferd bekommt eine fremde Last aufgeladen und darf dies nicht ablehnen oder verweigern, seine Meinung zählt nicht, es muss. Der Mensch verlässt den sicheren Erdboden und ist plötzlich einem stärkeren Lebewesen ausgeliefert, dessen Gedanken und Gefühle ihm fremd sind und auf die er keinen Einfluss hat. Diese Ausgangsposition macht es geradezu unwahrscheinlich, dass eine enge, gefühlsmäßige Verbindung entsteht, die auch wechselseitig ist. Dazu ist der Stress auf beiden Seiten viel zu hoch. Die Anordnung „Mensch auf Pferd“ erlaubt keine Distanz, keinen Abstand, keine langsame Annäherung. Und so bleibt Vertraulichkeit aus, die sich nur Schritt für Schritt aus freien Stücken entwickeln könnte. Gefühlsmäßige Nähe wird durch Kontrolle ersetzt. Der Reiter verfügt nach einer Weile vielleicht über Techniken, die ihm erlauben, sein Pferd zu beherrschen – das vielbeschworene Gefühl für Pferde, die Fähigkeit, sich in das Reittier einzufühlen, stellt sich allerdings selten ein. Gutes Reiten ist sensitiv. Der gute Reiter horcht in sein Pferd hinein und vertraut sich ihm an. Dieser entscheidende Schritt fällt einem Anfänger noch leichter als dem Routinier, denn er fühlt sich sowieso damit überfordert, das große, starke Pferd zu kontrollieren. Ihm ist nur allzu bewusst, dass die Sache mit dem Reiten problematisch sein kann, wenn das Pferd sein Einverständnis nicht gegeben hat. Wie ein erster Ritt aussehen kann, wenn der enge menschliche Kontakt vom Pferd gebilligt, ja gewollt wird, zeigt die nachfolgende Bilderserie. Dabei ist deutlich zu sehen, wie Reiter und Pferd sich zu verständigen suchen: Auf dem ersten Bild fragt einer den anderen; dann, als er oben sitzt, „spricht“ oder fragt Hazel ihren frischgebackenen Reiter, und auf dem dritten Bild sind sie beide einen schönen Moment lang gleichermaßen auf Empfangen und Senden eingestellt. Die Aktivität wechselt, es geht ein Dialog hin und her, sie bemühen sich beide sehr umeinander: kommunikatives Reiten von Anfang an!

„Wie der Mensch sich körperlich niemals freier, erhabener, begünstigter fühlt als zu Pferde, wo er, ein verständiger Reiter, die mächtigen Glieder eines so herrlichen Tiers, eben als wären es die eigenen, seinem Willen unterwirft und so über die Erde hin als höheres Wesen zu wallen vermag.“

J. W. Goethe

DER ANFÄNGER

Reiten in Freundschaft: Ein Anfänger ist völlig überfordert damit, ein widerstrebendes Pferd zu zwingen. Er hat nur sein Gefühl und ist glücklich, wenn das Pferd ihm hilft und entgegenkommt. Er braucht ein Pferd, das den Kontakt sucht, das ihn aus freiem Willen verstehen möchte. Dieser Mann sitzt zum ersten Mal auf einem Pferderücken. Er fühlt sich zuerst noch sehr unsicher, denn schließlich hat er sein ganzes Körpergewicht dem Pferd anvertraut, und das muss sich jetzt für beide bewegen. Aber die Stute trägt ihn gern. Sie hat ihn ja eingeladen. Sie nimmt den Dialog, den die beiden vorher schon vom Boden miteinander führten, wieder auf.

DAS GUTE GEFÜHL – HORSEMANSHIP

Gefühl für Pferde, das lernt nicht, wer drangsaliert, dominiert, kontrolliert. Gefühl für Pferde lernt man von den Pferden, beim Beobachten, Zuhören, Hinspüren. Pferde sind dankbar für solche Passivität, und sie sind begeisterte Lehrer für ihre Menschen. Sie lieben es, sich mitzuteilen, und ihre Bereitschaft, sich anzustrengen, geduldig zu warten und auch Ungeschicklichkeiten zu verzeihen, hat etwas Anrührendes. Die Mär vom Pferd, das jede Schwäche des Menschen ausnutzt, stammt aus dem Alltag der Gewaltbeziehungen. Wen wundert es also, wenn das Tier jede Chance zu nutzen versucht, daraus zu entkommen. Im freien Raum braucht es ein solches Verhalten überhaupt nicht!

Einen weiteren Spielraum zu gewähren, ist ein Gewinn für das Pferd, es ist aber auch zum Vorteil des beteiligten Menschen. Auch er gewinnt einen Freiraum, um zu experimentieren, zu spielen, zu lernen. Nichts muss gleich gelingen, nichts wird erzwungen, alles geschieht in Rücksprache mit dem Partner – und das bedeutet auch, dass wir uns Fehler erlauben können, weil das Pferd die Freiheit besitzt, sie auszugleichen. Es meldet sich bei uns, wenn ihm etwas nicht gut tut, wenn wir danebenliegen oder etwas nicht stimmt. Ein kommunikatives Pferd ist ein unersetzliches Korrektiv. Jeder Mensch kann sich einmal irren, egal wie erfahren er auch immer in der Arbeit mit Pferden ist.

Um zu erfahren, was mein Pferd will und was das Richtige ist für sein Wohlergehen, dazu habe ich jetzt einen Experten, und zwar den besten: mein eigenes Pferd. Im freien Raum brauche ich es eigentlich nur zu fragen, wozu es Lust hat und was ihm gut tut. Niemand kann mir diese Fragen besser beantworten. Allerdings, noch einmal – ich muss meinem Pferd auch jederzeit den Raum lassen, sich zu äußern. Ihm eine freie Wahl ermöglichen, ohne dazwischenzureden. Freiraum.

EIN KOMMUNIKATIVES GLEICHGEWICHT

Zum Ausgang dieses Kapitels sehen Sie eine Fotosequenz, die direkt anschließt an die Szene, als ich Islandhengst Toppur davon abhielt, ins Tal zu rennen. Obwohl ich dort seine Bewegungslust massiv begrenzte, behielt Toppur diesmal seine gute Laune. Meine Einschränkung von Freiraum war emotional motiviert, mein „Nein!" authentisch und nicht gegen ihn gerichtet. Und wie für alles Gefühlsmäßige hat das Pferd auf dieser Frequenz ein feines Gespür. Trotz meiner guten Gründe erscheint es mir doch irgendwie schon ein bisschen wie Freiheitsberaubung, und ich bemühe mich deshalb, dem Hengst die gewünschte Bewegung zu bieten. Ich laufe voraus, den Berg hinauf. Dabei verliere ich Toppur aus den Augen und verrenne mich auch geistig in die Vorstellung, dass Pferde ja immer nur laufen wollen. Doch Toppur will längst nicht mehr nur einfach schnell laufen, zumal ich ihm eben gerade schließlich zu verstehen gegeben habe, dass ich mich seiner Rennerei nicht gewachsen fühle. Er beschäftigt sich zuerst vermehrt mit seinem eigenen Körper, horcht in sich mit rückwärts gewandtem Ohr und richtet dann die Aufmerksamkeit auf die Bewegung selbst. In Gedanken bei meiner Idee von Pferdefreiheit nehme ich Toppurs Interesse nicht wahr, sondern laufe ihm weg. Auf dem dritten Bild merke ich offenbar, dass irgendetwas nicht stimmt – ja klar: Mein Pferd, hilfsbedürftig, laufbehindert (!), kämpft mit schwierigem Terrain, braucht Zuspruch... denke ich. Und wieder laufe ich weg. Eigentlich hätte jetzt Toppur ernsthaft gekränkt sein können – wenn hier einer behindert ist, dann ja wohl wirklich nicht er! Stattdessen gewinnt er der Situation ihre komische Seite ab, dreht das Ganze um und revanchiert sich für die vorhergehende Gängelei. Große Überraschung meinerseits, als er dann plötzlich zum Vorschein kommt!

Toppurs Initiative hat die Beziehung zwischen uns wieder in ein Gleichgewicht gebracht. Nachdem ich ihn mehrmals – mit besten Absichten – übergangen habe, hat er sich, statt resigniert zurückzubleiben, aktiv ins Gespräch eingeschaltet. Das Recht des Pferdes, sich frei zu äußern, bildet die Grundlage unserer Beziehung und schafft die Voraussetzung für unseren weiteren Weg. Denn ohne dieses kommunikative Gleichgewicht zwischen Mensch und Tier ist alles Weitere nicht möglich, weil es auf dem Bewusstsein von Freiheit aufbaut. Spiel und freie Zusammenarbeit.

DER INNERE RAUM – FREIHEIT IN UNS

Entscheidend in unserer Beziehung zu Pferden ist unsere innere Einstellung. Geben wir ihnen innerlich Raum, statt sie mit Forderungen zu überfallen? Räumen wir ihnen, wie es so schön heißt, einen Platz in unserem Herzen ein? Oder benutzen wir sie für unseren Freiheitshunger und leben ungeniert unsere Träume auf ihrem Rücken aus? Wer den Pferden trotz seiner menschlichen Nähe einen freien Raum schaffen möchte, braucht dafür Freiheit in sich selbst. Denn Freiheit für Pferde beginnt in uns. Statt ihnen den Weg abzuschneiden, sie weichen zu lassen, sie zu treiben und zu stoppen, statt sie immer und überall manipulieren zu wollen, eröffnen wir ihnen einen Gefühlsraum in uns. Je luftiger und grenzenloser dieser innere Raum ist, desto freudiger und beschwingter werden sich Pferde in unserer Gegenwart fühlen.

Das Wunder beginnt, wenn wir von unseren Pferden nichts mehr fordern, sondern versuchen, ihnen so viel Freiheit einzuräumen, wie wir nur irgendwie können – gerade auch in unserer Gegenwart! Zuerst ist das Pferd erleichtert, dass keine Forderung kommt. Dann vielleicht verwundert: Was ist das? Da will einer etwas und will doch nichts? Seltsam! Sein Interesse ist geweckt. Du, ein Mensch, gibst mir Raum? Machst mir Platz? Es spürt, dass es hier etwas Neues entdeckt, als ob sich plötzlich ein Tor öffnet, ins Weite, ein freier Raum, der nur darauf wartet, betreten zu werden...

Nur wenn es mir gelingt, mein Pferd tatsächlich auch im Geiste loszulassen, kann es sich bei mir frei fühlen. Nur wenn ich ihm innerlich Raum gebe, wird es dort auch zu mir sprechen. Die größte Freiheit, die wir unseren Pferden heute geben können, ist für die Außenstehenden unsichtbar. Die Pferde allerdings spüren sie deutlich – und antworten entsprechend.

DER BEENGTE BLICK

Bergab wurde es mir zu schnell, deshalb laufe ich mit Toppur den Berg wieder rauf: Hier in diesen Bildern sehen Sie die Fortsetzung zu der rasanten Stoppszene von Seite 49. Ich drehe um und laufe vor. In Gedanken bin ich dabei schon voraus – oder eigentlich eher hinterher, denn ich bin überzeugt, dass Toppur gern ein flotteres Tempo will, und möchte ihm das bieten. Also laufe ich weg, und er muss mir nach – „...weil Imke ja draußen die Pferde immer am Bändel haben will. Und dann glaubt sie auch noch, dass es mit dem Graben zu tun hätte." Auf dem dritten Bild schaue ich zurück, weil Toppur nicht in der Form mitzieht, wie ich es erwartet hatte. Allerdings hat das absolut nichts mit dem Gelände zu tun, sondern mit mir und meinen Vorstellungen.

Statt sich zu ärgern, nimmt Toppur daraufhin das Folgen von der amüsanten Seite. Er geht hinter meinem Rücken in eine angedeutete Treibhaltung – wie ein Hengst, der seine Herde dirigiert. Sie können es auf dem fünften Bild erkennen.

Ich merke auch davon nichts. Menschen haben einen Tunnelblick! Das findet Toppur dann besonders lustig – und macht sich einen Spaß auf meine Kosten: Der Isihengst wechselt überraschend die Seite und kommt übermütig bockend zum Vorschein. „Ob sie's jetzt endlich merkt?"

»Alles wirkliche Leben ist Begegnung.«
Martin Buber

AUF EINER WELLENLÄNGE – Das gemeinsame Spiel

DER TANZ DES SCHIMMELS

Ein scharfer Knall zerreißt die Luft. Ein Mensch hat die große Reitbahn betreten, die eben noch dem Pferd allein gehörte. Er lärmt, fuchtelt mit der Peitsche. Das Herz des Schimmels schlägt schneller. „Hey, Weißer!" – kein Zweifel, der Mensch meint ihn. Jetzt ist er dran!

Es ist noch gar nicht so lange her, da war es für ihn wie ein Alptraum. Sobald der Schimmel einen Reitplatz betrat, packte ihn die Unruhe, und er verlor die Kontrolle über seinen Körper. Er konnte nicht mehr still stehen, begann vor Erregung zu schwitzen und spulte sich immer mehr auf – bevor überhaupt jemand an Reiten dachte. Und es wurde nur immer schlimmer, je mehr man ihn bewegte. Je mehr die Menschen Beherrschung verlangten, desto mehr drehte das Pferd durch. Es ist ein imposantes Tier, und es sah brillant aus bei diesen Bewegungen, so dass damals viele seine stolze Schönheit bewunderten. Doch selbst die sanfteste Dressur war für diesen Iberer ein Horrortrip. Das fing schon beim Satteln und Putzen an. Dabei fehlte es dem Schimmel wahrhaftig nicht an Talent. Im Gegenteil: Er war ein Ausnahmepferd mit traumhafter Hohe-Schule-Begabung und nur bei exzellenten Ausbildern gewesen. Doch der Schimmel hasste, was man mit ihm tat, er hasste die Angst, den Stress – und es gab keinen Ausweg für ihn aus dieser Bedrängnis.

Dieses Pferd hasste einst alles, was man mit ihm tat. Hier fliegt der Schimmel locker über den Sprung, die Mimik entspannt, fröhlich. Er genießt das gemeinsame Spiel und folgt seinem Menschen über Stock und Stein, kreuz und quer und in jedem Tempo. Sein einstiges Misstrauen hat sich in rückhaltlose Begeisterung verwandelt – Heilung durch Spiel.

Auch jetzt schlägt sein Herz schneller, weil ein Mensch sich ihm zuwendet: Man ruft ihn!

„Hey, komm!" Frei steht der Schimmel da, bewegungslos, stolz – bis er plötzlich losprescht, quer über den riesigen Platz. Wie ein weißer Blitz donnert er über den schwarzen Sand auf diesen Menschen da zu, der nach ihm ruft. „Hier bin ich!", scheint er zu sagen. Mit blitzenden Augen stoppt das Pferd vor mir und wartet, dass ich das Spiel weiterführe. Ich renne fort, der Schimmel begeistert hinterher. Um und über Hindernisse geht es, hakenschlagend – das Pferd ist immer schneller. Wieder holt er mich ein. Ich lache übermütig, der Schimmel schlenkert fröhlich den Kopf. Jetzt zieht er Kreise um mich, größer, kleiner, er wickelt mich regelrecht ein... „Prima, super!" Er kaut ein Stückchen Möhre, dann springt er wieder hinter mir her, richtet sich kraftvoll auf zu einer schön gebeugten Levade. Er produziert sich in diesen Figuren aus reinem Vergnügen. Jetzt knickt er die Beine ein, geht zu Boden und wälzt sich genüsslich hin und her in der Schlacke. Verwegen sieht er aus! Schlängeln, springen, fortsausen und im Imponiertrab wiederkommen – für dieses Pferd ist unser Zusammensein ein herrliches, wunderbares, übermütiges Spiel. Dennoch, dahinter steht für uns beide eine ernste Sache, denn wir spielen mit seinen Ängsten. Peitschenknall, Versammlung, geritten werden – all das waren einmal angstbesetzte Dinge. Man bedrängte dieses hochgradig sensible Tier, kultivierte seinen Verzweiflungskampf in Lektionen der Hohen Schule...

Vorbei! Das alles gibt es nicht mehr! Nie mehr! Der Schimmel schüttelt übermütig den Kopf, seine Luftsprünge sind wie ein Tanz. Im Spiel versichert sich dieses Pferd immer wieder, dass es frei ist. Spielen ist Medizin für seine Seele.

BALANCE DER BEZIEHUNG

Was soll das heißen – mit Pferden spielen? Und wie kommt es zu so einer Begegnung? Wir haben uns im vorigen Kapitel darum bemüht, dem Pferd Raum zu lassen, soweit es uns irgend möglich ist. Damit ein Bewegungsdialog entstehen konnte, gaben wir von unserer Seite. Wir haben dem Pferd Platz gemacht und Freiheiten eingeräumt – und das trägt dazu bei, die tatsächliche Unfreiheit des Pferdes ein wenig auszugleichen. Es lässt Mensch und Pferd auf ein ähnliches Niveau kommen, wenn der überlegene Zweibeiner sich zurückhält und vom eigenen Freiraum an das Pferd abgibt. Nimmt das Pferd diesen Raum an, so erweitert er sich schnell zu einem Spielraum, die Initiative liegt beim Pferd. Zum Ende des letzten Kapitels ist Islandhengst Toppur aktiv geworden, weil ich die Verbindung zu ihm verloren hatte und von ihm wegrannte. Er hat die Beziehung wiederhergestellt, indem er die Rollen vertauschte und sich über meine einsame Spitzenposition amüsierte. Hier, im Gleichgewicht zwischen Mensch und Pferd, liegt der Beginn des Spiels. Denn der Ausgleich zwischen den Partnern ist die Grundvoraussetzung für Fairness. Gleiche Chancen für alle! Nur wo es fair zugeht, können wir unbesorgt spielen.

WAS FÜR EIN SPIEL SPIELST DU?

Spielen – was für ein freundliches Wort! Jeder von uns verbindet es mit angenehmen Gefühlen. Es verspricht Spaß, Unbeschwertheit, Lust und gute Laune, Frohsinn und Geselligkeit. Spiele sind Quelle und Zeichen der Freude. Wir werden glücklich im Spiel und spielerisch im Glück. Es gibt unzählige Möglichkeiten zu spielen, ja das Spiel selbst ist kreativ und lässt aus sich heraus immer neue Möglichkeiten des Vergnügens entstehen. Wir können ganz allein mit uns spielen, ausgelassen nach außen oder versonnen nach innen gewandt, vertieft in ein stilles Spiel. Ein Großteil unserer Spiele findet aber zu mehreren statt, es sind Gemeinschaftsspiele. So denken wir meist an ein fröhliches Miteinander, ein Spiel gemeinsam mit Freunden, an Spielkameraden, Spielpartner, wenn wir den Begriff Spiel benutzen. Und zuletzt gibt es noch das einseitige Spiel, das auf Kosten anderer Menschen betrieben wird, das „böse Spiel", wo sich nur eine Seite amüsiert, die andere hingegen mehr oder weniger gute Miene dazu macht – und sich am liebsten weit weg wünscht.

Hier spielt ein junges Pferd mit sich selbst, voller Energie und Lebensfreude, aus Lust am eigenen Körper und im Einklang mit sich selbst.

GRENZENLOSE SPIELE

Auch Tiere spielen leidenschaftlich gern. Spiele sind ein wichtiges Thema in ihrem Leben, zumindest wenn sie sich wohl fühlen. Nicht nur Jungtiere, auch Erwachsene spielen miteinander – oder sie spielen für sich allein, zum Beispiel mit Gegenständen. Was uns hier interessiert, ist das gesellige Spiel, das für alle Beteiligten vergnüglich ist. Auf eine solche Art können Menschen mit Menschen spielen und Pferde mit Pferden, aber geht das auch zwischen Mensch und Pferd? Das wären dann natürlich keine „Reiter-Spiele", sondern es müssten Spiele

Pferde spielen sehr häufig miteinander; typisch sind dabei die lustbetonten Spielgesichter, die hier besonders von den zwei hinteren Pferden ausdrucksvoll gezeigt werden.

sein, die für Tier und Mensch gleichermaßen von Reiz sind. Ein tiergemäßes Miteinanderspielen, so wie wir mit unserem Hund herumtollen oder wie die junge Katze mit uns spielt. Hier hat jeder der Beteiligten seinen Spaß, und das Spielangebot geht oft genug gar nicht vom Menschen aus, sondern vom Tier. Aber mit Hunden und Katzen leben wir schließlich auch näher zusammen, und sie bleiben freiwillig bei uns. Bei Pferden ist das anders. Können Pferd und Mensch überhaupt so miteinander spielen?

Spiele haben ihre eigene Sprache, Ordnung und Schönheit. Sie haben eine so große Anziehungskraft, dass es allein schon faszinierend ist, sie lediglich als Zuschauer zu erleben, und wenn Pferde auf der Weide miteinander spielen, so ziehen sie die Blicke der Menschen auf sich; Spaziergänger bleiben stehen... wie erst, wenn wir den Spielen unserer Pferde nicht nur zuschauen, sondern daran teilnehmen könnten? Wenn wir eingeladen würden, als Mitspieler und Teilnehmer dabei zu sein, eingeladen von den Pferden? Ein solches Spiel zwischen Pferd und Mensch wäre ein Akt sozialer Gemeinsamkeit über die Grenze der eigenen Art hinweg. Mit dieser besonderen Form des Spielens werden wir uns jetzt hier beschäftigen.

Ein Spiel zwischen Mensch und Pferd, Spaß und Freude für beide! Das fröhliche Gesicht des Haflingers spricht Bände, selbst für den, der mit der Mimik von Pferden noch nicht sehr vertraut ist.

VOM WESEN DES SPIELS

Doch was ist das eigentlich, das Spiel? Wann bezeichnen wir eine Handlung als spielerisch? Wie unterscheidet sich das Spiel von anderen Tätigkeiten?
Um uns dem Wesen des Spiels anzunähern, scheint es fast leichter, beim Gegenteil zu beginnen. Was ist ein Spiel ganz sicher nicht? Was hindert uns daran zu spielen? Wenn wir zum Beispiel krank sind, so wird uns kaum danach zumute sein, unbeschwert zu spielen. Denn die Freude am Spiel setzt voraus, dass ein bisschen zusätzliche Energie zur Verfügung steht. Wer sehr schwach

ist oder sich schlecht fühlt, braucht schon im Alltag alle seine Kräfte. Er hat wenig übrig für selbstvergessene Spiele, denn Spielen ist „Luxus". Es ist ein Handeln ohne direkten Zweck. Einfach so, aus Lust und Laune. Zum Spielen gehört also ein gewisses Wohlbefinden, ein zusätzliches Maß an Energie.

Gleichzeitig muss auch die Atmosphäre stimmen, damit ein Spiel stattfinden kann. Das ist eine sehr wichtige Bedingung! Wo Angst oder Feindschaft die vorherrschenden Gefühle sind, da ist kein Platz für Spiele. Wir brauchen eine gewisse Geborgenheit, müssen uns sicher und sorglos fühlen, damit wir überhaupt spielen können. Spiele entstehen und überleben nur in einem freundlichen, stimmigen Klima.

Hier sehen Sie die Einleitung zu einem Spiel zwischen Islandhengst Toppur und mir. Es erinnert an das Ringelspiel der Junghengste, bei dem jeder versucht, den anderen zu kriegen und in die Hinterbeine zu zwicken. Als Mensch bin ich darauf angewiesen, dass sich das Pferd zurückhält und seine Kräfte nicht voll einsetzt. Ich leite es deshalb distanziert und vorsichtig ein, denn ich selbst brauche ein höfliches Spiel. Da ich aber in dieser Situation dem Pferd gegenüber eindeutig im Vorteil bin – Toppur hängt am Strick und hat nicht seine volle Bewegungsfreiheit –, muss ich vermehrt Raum geben, dem Islandhengst Platz machen, ihn deutlich einladen und betont weichen. Denn sonst könnte er sich leicht durch mich bedrängt fühlen, mein Angebot als Zwang auffassen – und jede Spielstimmung würde im Keim ersticken.

Spielen – das bedeutet also freie Energie, eine freundliche, sichere Atmosphäre und gewisse Harmonie. Energie, Freundschaft, Übereinstimmung – diese Elemente müssen als Basis bereits angelegt sein, bevor wir zu spielen beginnen. Gleichzeitig werden sie aber auch durch das gemeinsame Spielen gefördert, und die Beziehung zueinander wird insgesamt gestärkt.

Energie, Freundschaft, Übereinstimmung – was bedeutet das in der Praxis bei den Pferden? Wie erkennt man diese Elemente, wie zeigen sie sich konkret?

Wer das Glücksgefühl echter Verbundenheit mit seinem Pferd einmal gespürt hat, will es nie wieder missen. Pokale, Schleifen, der Beifall der Menge – wie schal sich das alles anfühlt gegenüber dieser tiefen Freude, die aus dem gemeinsamen Spiel mit dem Pferd entsteht.

Freundschaft gedeiht nicht in Fesseln, zwischen „Du musst!" und „Wehe, wenn du nicht…!". Freundschaft bedeutet, dass wir einander verstehen, dass wir zusammengehören. Aus der Freude an der Gegenwart des anderen entwickelt sich ein Spiel. „Wie schön, dass du da bist! Lauf nicht gleich wieder weg, bleib bei mir." Hier El Paso mit seiner Astrid.

SPIELE ZU DRITT

Es ist schon Ende Oktober und doch noch einmal ein sommerlich warmer Tag. Max und Atila haben schon ihr Winterfell, sie fühlen sich schlapp und haben eigentlich keine rechte Lust, irgendwas zu unternehmen. Drinnen in der Halle gerät man gleich ins Schwitzen. Da hat Max die Idee, dass wir doch gemeinsam auf den Fahrplatz gehen könnten. Der Platz ist riesengroß, am Rand gibt es auch ein bisschen Gras. Er liegt gleich neben der Reithalle, und zusammen gehen wir drei dorthin. Wir beginnen ein Spiel miteinander, oder eigentlich viele, immer neue Spiele. Denn erst ist es der kleine braune Max, der kommt und mich auffordert, dann wieder der Lusitanoschimmel. Die beiden Pferde lösen sich ab, immer wieder bietet einer sich zum Spielen an. Der andere frisst derweil oder wartet einen Moment – bis ihn die Spiellust wieder packt und er auch mitmachen will. So wechseln die Spielpartner, mal spielt das eine, mal das andere Pferd mit mir. Doch die beiden Wallache spielen zwischendurch auch miteinander (Sie haben sie auf Seite 19 schon dabei gesehen), so dass auch ich meine Ruhepausen habe.

Reiten, Wälzen, Steigspiele, Kopf-an-Kopf-Galoppaden... wir spielen in allen Variationen. Jeder ist dabei, solange er will, jeder hat seinen Spaß, auf seine Weise.

GEREGELTES SPIEL

Wenn Pferde einander attackieren, erkennen auch pferdeunerfahrene Menschen relativ schnell, ob es bloß Spaß ist oder bitterer Ernst. Sicher, auch schon die wilden Spiele übermütiger Pferde sind durch ihre Kraftentfaltung beeindruckend. Doch ein echter Kampf zwischen diesen Tieren ist etwas ganz anderes. Schon das Gebrüll wütender Pferde ist Urgewalt – ein solches Erlebnis lässt keinen Zweifel mehr darüber, ob es sich um einen Kampf oder ein Spiel handelt.

Auch die Mimik der Tiere verrät uns eine Menge über ihre Stimmung. Durch sie können wir ihre Gefühle lesen, auch wenn sie gerade keinen großen Lärm machen. Zumindest wenn man die einzelnen Tiere kennt – wie ja auch bei unseren Mitmenschen, denn bei guten Freunden wissen wir auf Anhieb, ob etwas ernst gemeint ist oder nicht, bei Fremden brauchen wir vielleicht länger. Auch Pferde sind individuell unterschiedlich in ihrem Ausdrucksverhalten. Die Freude am Spiel signalisieren sie uns aber häufig durch einen mehr oder weniger ausgeprägten Gesichtsausdruck: ihr Spielgesicht – und das ist auf den Fotos dieses Buches vielfach zu finden. Das Pferd streckt dabei die Oberlippe vor und hat einen lustbetonten Gesichtsausdruck, der so ähnlich aussieht wie das Gesicht, das es beim Kraulen macht oder wenn es sich wohlig scheuert. Nur ist seine Aufmerksamkeit jetzt mehr nach außen gewandt und nicht so auf das innere Wohlgefühl gerichtet. Das ausgeprägte Lustgesicht begleitet die spielerischen Aktivitäten der Pferde nicht jederzeit und zwangsläufig – auch spielende Menschen lächeln ja nicht ständig und ziehen ununterbrochen ihre Mundwinkel nach oben –, aber wer einmal auf die leise Mimik der Pferde zu achten beginnt, wird diesen vergnügten Gesichtsausdruck sicher häufig bemerken. Schon der Gedanke ans Spielen kann ausreichen, ihn auszulösen, wie die Bilder von unserem weißen Iberer zeigen: Atila kommt hier gerade in Spiellaune.

SPIELGEFÜHL: Wer Pferde genauer beobachtet, beginnt zu sehen, was sie denken. Hier der Moment, in dem ein eigentlich eher zurückhaltendes Pferd Lust aufs Spielen bekommt: Auf dem ersten Bild ist der Schimmel noch unschlüssig. Ob er warten soll, bis ihn einer auffordert? Aber die beiden anderen dort drüben spielen doch so schön... Da durchfährt es ihn: „Jetzt mache ich auch mit! Sonst amüsieren die sich am Ende noch ohne mich!“ Seine Augen blitzen, seine Oberlippe streckt sich keck nach vorne – und er trabt los, auf die andere Seite des Reitplatzes zu. „Ich will mitspielen, bitte!“

Doch selbst wenn man die Mimik von Pferden nicht kennt und die Tiere nur eine Weile beobachtet, sind Spiel und Streit leicht auseinanderzuhalten. Denn ein Spiel – ob zwischen Menschen oder zwischen Tieren – folgt bestimmten Regeln. Spielregeln. Und diese Regelmäßigkeit erkennen wir auch bei den Pferden, selbst wenn wir keine besonderen Pferdekenner sind.

Ein Spiel hält sich an eine gewisse Ordnung. So ist das Spiel der Pferde im Allgemeinen parallel. Gleiches wird untereinander mit Gleichem beantwortet: Steigen mit Steigen, Halsbiss mit Halsbiss, Bocken mit Bocken – die Partner agieren immer wechselseitig und stellen sich auf das Energieniveau des anderen ein. Mit dem kleinen, schüchternen Kleinkind sind es sanfte Spiele, mit dem selbstbewussten Rabauken sind die Spiele rau. Das Gleichgewicht zwischen den Partnern bleibt immer gewahrt.

Prinzipiell kann man auch mit sich alleine spielen. Sobald aber mehrere Partner an einem Spiel teilnehmen, sind bestimmte Regeln nötig, damit die eingangs genannten Voraussetzungen weiterhin für alle gelten können und sich keiner bedroht oder überrollt fühlt. Die Basiselemente des Spiels – Energie, Sicherheit, freundliche Atmosphäre – bleiben durch das geregelte Gleichgewicht für alle Beteiligten erhalten, auch wenn man sich spielerisch auseinandersetzt. Soziale Unterschiede und verschiedene Machtmittel werden durch die Regeln des Fairplay entschärft.

Besonders männliche Tiere schätzen die geschützte Spielsituation, weil sie in diesem Rahmen ganz ungefährlich ihre Kräfte erproben und mit anderen messen können. Sie können üben, lernen, so tun als ob – und es hat keine negativen Folgen, selbst wenn man einmal unterliegt. Denn die Spielregeln müssen von allen eingehalten werden. Wer unfair spielt, wird bald keine Spielpartner mehr finden. Sobald nämlich einer die Regeln für sich außer Kraft setzt, ist das Spiel im Grunde gestorben. Der eine wird zum „Spielball“ des anderen, man „treibt sein Spiel“ mit ihm; man „spielt ihn aus“. Lust, Freude, Wohlbefinden sind dann allenfalls noch einseitig. Das Spiel ist zu einem Machtspielchen verkommen.

Ein gemeinsames Spiel kommt also nur im Einvernehmen mit allen Beteiligten zustande und ist immer ausschließlich ein Angebot. Die Teilnahme ist freiwillig, ein Einverständnis kann nicht einseitig hergestellt werden. Alle Mitspieler haben ihre Zustimmung abgegeben, und alle Meinungen gelten gleichberechtigt.

FALSCHES SPIEL

Wenn ein Mensch dem Pferd wirklich als Partner begegnen möchte und mit ihm spielen will, muss er sich an gemeinsame Spielregeln halten. Sonst bleibt das Pferd Spielgerät, ein Spielzeug, mit dem er lediglich sein Spiel treibt. Scheuche ich mein Pferd, so darf das Pferd auch mich scheuchen – gleiche Chancen für alle. Es ist wichtig, diese Gleichstellung wirklich zu beachten. Die Umgangsformen zwischen Mensch und Pferd sind generell von so starker Hierarchie geprägt, dass kaum ein Reiter sich traut, von seinem „hohen Ross" herunterzukommen, um ihm auf einer paritätischen Ebene zu begegnen. Aber nur unter dieser Voraussetzung wird ein Pferd begreifen, dass das Ganze überhaupt ein echtes Spiel sein soll. Nur unter dieser Voraussetzung kann es verstehen, dass dies nicht wieder eines dieser Menschenspielchen ist, deren Sinn und Zweck man längst aufgegeben hat zu verstehen...

Ein Pferd wird sich desto eher einem falschen Spiel entziehen, je selbstbewusster und eigenständiger es ist. Im schlimmsten Fall wird es durch solche Pseudo-Spiele sogar aggressiv, weil es die Nase voll hat und sich zur Unterdrückung nun auch noch gefoppt fühlt. Machtausübung, Machtbeweise, mit dem Pferd wird gespielt – und es soll dazu noch gute Miene machen? Wenn der Mensch auf eine selbstherrliche Art mit dem Pferd spielt, so will er spielen, und das Pferd hat mitzumachen, egal ob es möchte oder nicht. So ist der Spaß aber höchstens einseitig und wird es auch bleiben. Denn wo die Meinung des Pferdes nicht zählt, wo für seine Freiheiten und Wünsche kein Platz ist, wo seine Ängste und Befürchtungen kein Gehör finden, dort wird niemals ein wahres Spiel entstehen. Das wichtigste Element im gemeinsamen Spiel ist: Gleichheit.

Übrigens ist es durchaus möglich, dass auch ein Pferd in diesem Bereich des Sozialverhaltens gestört ist. Das wäre dann der Fall, wenn es nicht wirklich spielen kann, dauernd die Ebenen wechselt, so dass es zwischen Spiel und Ernst ständig hin und her springt.

Kim war so ein Pferd. Als er in unsere Gemeinschaft kam, schien er geradezu spielbesessen. Kim stand unter Hochdruck, war aber gleichzeitig so gehemmt, dass er sich kaum zu bewegen vermochte. Er wusste nicht wohin mit dem Druck, der aus diesen unterschiedlichen Gemütslagen resultierte. Spielen – so wie er es verstand – war für ihn eine Art Ventil, doch er machte dabei die anderen Pferde zum Opfer seiner Spielbesessenheit. An höherrangige Pferde traute er sich nicht heran, ansonsten aber „bespielte" Kim jedes Pferd, ob es wollte oder nicht. Der Gedanke lag nahe, dass er dabei eher etwas überspielte, als dass er wirklich unbeschwert Freude empfand. Kim war damals ein unsicheres und ungeschicktes Pferd mit einer schlechten Meinung von sich selbst. Sein Verhalten machte ihn in unserer Herde nicht gerade beliebt, denn er drängte den anderen Pferden seine Spiele rücksichtslos auf. Wenn einer nicht mitmachen konnte oder wollte, so wurde Kim rabiat und nötigte ihn. Am Ende bezog sein Spiel„partner" eventuell noch Prügel, weil Kim frustriert darüber wurde, dass der andere sich verweigerte und nicht mehr mitmachte. Im Grunde konnte von Spiel eigentlich keine Rede sein. Kim hielt sich an keine Regeln, durchbrach Widerstand, akzeptierte keine Absagen und übte Zwang aus.

Spielen ist hierarchiefrei, für jeden gilt das gleiche Recht. Das kleine Fohlen geht hin und beißt den starken Hengst frech in den Hals. Der schnappt spielerisch zurück, und beide beginnen eine Kabbelei. Im Spiel werden ältere, ranghohe Pferde furchtlos attackiert. Respektsabstand gibt es nicht, Rangunterschiede haben keine Bedeutung. In der geschützten Spielsituation kann der Schwächere den Mächtigen ungestraft angreifen, weil dieser seine Stärke nicht ausspielt, sondern nur in gleicher, spielerischer Art antworten wird. Niemals aber wird er wütend das „respektlose" Verhalten ahnden! Das wäre ein plötzlicher Bruch des Spielrahmens – und gleichzeitig ein Schock für den Unterlegenen, der ja gerade seine Sicherheit aus der Spielsituation bezieht. Spielen stellt die Beteiligten für die Spiel-Zeit gleich; und die Spielregeln geben dafür den Rahmen wie bei einem Vertrag, durch den das Spiel überhaupt erst zustande kommt. Spielen findet auf einer gemeinsamen Ebene statt, die Partner bleiben einander nichts schuldig. Das gilt auch für die Spiele zwischen Mensch und Pferd. Sie erinnern sich, wie Islandhengst Toppur sich vorhin scherzhaft revanchierte, so dass wir wieder quitt waren zu Beginn dieses Kapitels.

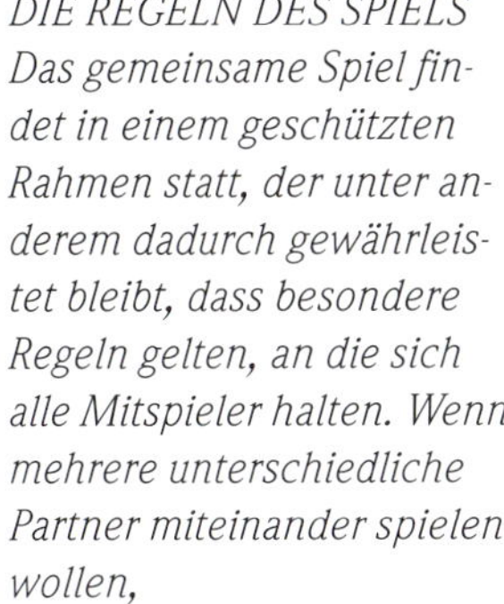

DIE REGELN DES SPIELS
Das gemeinsame Spiel findet in einem geschützten Rahmen statt, der unter anderem dadurch gewährleistet bleibt, dass besondere Regeln gelten, an die sich alle Mitspieler halten. Wenn mehrere unterschiedliche Partner miteinander spielen wollen,

– sollten alle gleichberechtigt sein. Die Teilnehmer haben für die Dauer des Spiels alle den gleichen Status.

– müssen alle ausdrücklich damit einverstanden sein zu spielen, denn man kann niemanden zwingen mitzumachen. Ein echtes Spiel ist ein Angebot. Jeder nimmt freiwillig teil.

– richtet sich die Art des Spiels nach dem schwächsten Mitspieler. Wird es dem zu hart, bremst er.

Jeder kann jederzeit aussteigen.

Auch so kann ein Spiel sein. Diese beiden im Bild oben haben zusammen das Reiten entdeckt und in ihr gemeinsames Spiel eingebaut. Islandwallach Kveikur liebt es, wenn er seine Steffi ganz für sich hat und sie davontragen kann, Steffi hingegen kann sich auf seinem Rücken von der Herumtollerei erholen – denn Kveikur ist halt doch immer schneller... So gleicht es sich dann wieder aus.

WENN ZWEI DAS GLEICHE TUN – SPIELERISCHE HARMONIE

Das zentrale Thema des gemeinsamen Spiels ist die Gleichheit aller Beteiligten. Diese gedachte Gleichheit ist zuerst nur ein theoretisches Konstrukt, erst im Laufe des Spiels wird dieser gedankliche Rahmen meist auch nach außen hin sichtbar. Denn er spiegelt sich in der Haltung des Körpers, im Rhythmus der Bewegungen, in parallelen Handlungen, in einem aufeinander abgestimmten Spannungszustand: Gleichklang der Körper. Spielpartner gleichen sich aneinander an, sie finden zu einem gemeinsamen Rhythmus. Sie folgen, antworten, begleiten einander. Ihre Schwingung wird unwillkürlich synchron, und die Bewegungen stimmen sich aufeinander ab. Solch ein zeitgleiches, paralleles Tun gibt es nicht nur im Spiel. Es begegnet uns auch in anderen sozialen Situationen: Menschen, die sich sehr gut verstehen, tun oft wie zufällig genau dasselbe. Sie schlagen die Beine gleichzeitig übereinander, greifen gleichzeitig nach einem Gegenstand, sie beginnen gleichzeitig zu sprechen oder versuchen sogar, einander im selben Augenblick anzurufen. Dieser Synchronismus der Rhythmen ist jedoch nicht von vornherein einfach so da – das gibt es nur zwischen Mutter und Kind in der ersten und besonderen Zeit nach der Geburt. Oder vielleicht bei Liebe auf den ersten Blick. Der Synchronismus entwickelt sich erst allmählich und kann auch wieder verloren gehen. Denn zu ihm gehört Sympathie und eine Empfänglichkeit für die Stimmungen und Schwingungen des anderen. Erst die gefühlsmäßige Bindung macht eine solche Gleichzeitigkeit möglich.

„Der Mensch spielt nur, wo er in voller Bedeutung des Wortes Mensch ist, und er ist nur da ganz Mensch, wo er spielt."
Friedrich Schiller

AM RANDE DES REITPLATZES – TOPPUR UND SHANNON

Als die beiden Hengste plötzlich vorbeidonnern, hat unser Fotograf Bernd die wilde Jagd geistesgegenwärtig mit der Kamera eingefangen. So können wir in Ruhe studieren, was sich hier abspielt: Shannon, der junge Braune, galoppiert Schulter an Schulter mit Islandhengst Toppur. Er beißt diesen lustvoll in den Hals und versucht, ihn nach der Attacke mit dem nächsten Satz zu überholen. Toppur wirft Kopf und Hals hoch, holt Schwung und revanchiert sich im nächsten Satz, gerade als der Junge sich schon als Sieger glaubt: „Jetzt hab' ich dich!" – Also doch ein Rangkampf mit Zurechtweisung? Keineswegs. Sicher, die beiden Hengste rennen um die Wette, und der vier Jahre jüngere Shannon attackiert Toppur, den Chef, um ihn im Wettlaufen auszustechen. Aber betrachten Sie die Gesichter der beiden, gerade während sie sich gegenseitig behindern: Das ist ein wildes Spiel! Wie Halbstarke, die rangeln, sich schubsen und lachen, genießen die beiden Pferde ihr Kampfrennen. Kumpel eben.

Wer die Bilder genau studiert, kann dabei noch etwas bemerken, nämlich dass die Hengste genau taktgleich laufen, obwohl sie sich im gestreckten Galopp befinden. Ihr freundschaftliches Verhältnis spiegelt sich in der exakt aufeinander abgestimmten Bewegung. Hier wird etwas sichtbar, was für uns im weiteren Verlauf sehr wichtig ist: der gemeinsame Rhythmus!

AUF DEM REITPLATZ – KIM UND HANS-PETER

Die Bewegungen aufeinander abstimmen – das versuchen Pferde auch, wenn sie mit uns Menschen spielen. Hier eine Bildfolge von Haflinger Kim, wie er sich an seinen menschlichen Spielpartner anpasst, obwohl er so voll Übermut und Power ist, dass er geradezu platzt vor Energie. Dennoch hört er auf seinen Spielfreund. Hans-Peter drückt für einen Sprung energisch ab, dann reduziert er seine Bewegung wieder im nächsten Schritt, ja bittet mit einer kleinen Fingergeste das dicht folgende Pferd um Nachsicht. Es ist nicht einfach für Kim, sich dem wiederholten Antreten und Abbremsen des Mannes anzugleichen, zumal er auch noch sein eigenes, sehr hohes Energieniveau kontrollieren muss. Er tut es, übermütig den Kopf schlenkernd. Und der Rhythmus bleibt völlig harmonisch, obwohl es heiß hergeht in diesem Spiel. Kim strotzt vor Kraft und Spiellaune und ist hautnah dran – und vergleichen Sie wieder die Beinstellungen der beiden...

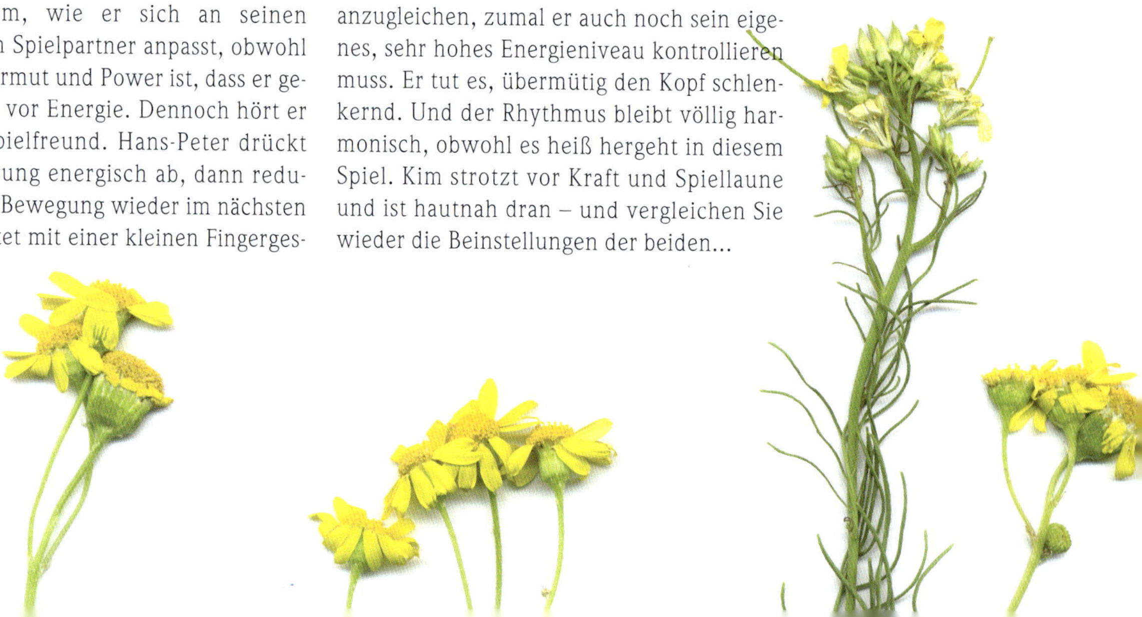

AUF DEM REITPLATZ – KIM UND WALTRAUD

Kim hat an diesem Tag noch einen weiteren Spielpartner ausgewählt: Waltraud. Die freut sich riesig darüber, dass er auch sie zum Spielen auffordert. Sie macht so etwas zum ersten Mal und ist sicher auch ein bisschen aufgeregt über die Einladung zu solch einem außergewöhnlichen Spiel. So hüpft sie enthusiastisch durch den Sand, springt immer wieder in die Luft. Kim begleitet sie. Er ist über die Sprünge zuerst etwas verdutzt und weiß nicht so recht, wie er auf diese Bewegungen eingehen soll.

„So ein wilder Rhythmus ist mir ja noch nie untergekommen! Was mache ich denn damit?", scheint Kim sich zu fragen und beobachtet sie einige Zeit. Da entdeckt er die Lösung für sich: Er beantwortet die Sätze dieser quirligen Frau mit ebenso temperamentvollen Galoppwechseln. Hin und her geht es! Auf den Bildern dieser Seite springt Kim gerade vom Rechts- wieder in den Linksgalopp um.

SCHWINGUNGEN UND SYMPATHIE

Lässt sich ein solcher Gleichklang willkürlich beeinflussen? Der Rhythmus der Körperbewegungen ist eine eigene Sprache, und er wird von Gefühlen und vom Unbewussten gesteuert. Ähnliches geschieht übrigens auch in unserer Sprechsprache, auch hier wird der Rhythmus durch das Gegenüber beeinflusst. Ohne es zu merken, gleichen sich Gesprächspartner in Tonfall und Geschwindigkeit aneinander an, während sie sich unterhalten. Gelingt ihnen das nicht (auch nur andeutungsweise), so bleibt ein diffuses Unbehagen zurück, dass „irgendetwas" nicht so richtig gestimmt hat in diesem Gespräch – man selbst, der andere oder das Thema? Wir sind irgendwie nicht warm miteinander geworden.

Die Stimmigkeit oder Unstimmigkeit im Bereich der gesprochenen Sprache können wir vielleicht noch wahrnehmen, wenn wir bewusst darauf achten. Wir können uns vielleicht auch vorsichtig angleichen. Interessanterweise ist das ein nicht ungefährliches Manöver, denn der Versuch, Tonfall, Tonhöhe, Sprachrhythmus oder Dialekt des Gesprächspartners bewusst zu übernehmen, kann auch völlig danebengehen. Sollte der andere das nämlich bemerken, und argwöhnt er dahinter ein absichtliches Tun – dann ist es mit der Harmonie ein für allemal vorbei. Einseitige Manipulation weitgehend unbewusster Prozesse wird schnell als arglistiger Täuschungsversuch gewertet. So viel zur Wortsprache. Was in diesem Bereich schon heikel ist, ist im Bereich der Körperrhythmen völlig unmöglich. Für das Auge ist es zu schnell, die Unterschiede sind zu subtil. Der Versuch, sie bewusst wahrzunehmen und sich einem anderen sogar gewollt anzupassen, um die individuellen Schwingungen zu synchronisieren, kann nicht gelingen. Er führt zur Blockade und zeigt ähnliche Wirkung, als wenn ein Partner mitten im schwungvollen Tanz plötzlich stockend die einzelnen Schritte aufzuschlüsseln versucht... Wir können diese „gemeinsame Schwingung" über bewusste Beobachtung nicht einmal differenziert wahrnehmen. Erst Fotos oder Videoschnitte machen sie uns deutlich – eine spannende Sache!

Zusammen spielen lässt Harmonie entstehen, wie in einem Tanz. Ja, der Reiz vieler Spiele besteht gerade in diesem unwillkürlichen Angleichen der Rhythmen, sei es im Klatschen, Hüpfen, Sprechen oder Stampfen. Alle bewegen sich im Takt und schwimmen wie auf einer gemeinsamen Welle. Die individuellen Energien der Partner wirken nicht mehr aneinander vorbei oder gegeneinander, sondern sie wirken zusammen. Statt sich gegenseitig zu hemmen, summiert und verstärkt sich die Energie insgesamt. Das Gemeinsame wird mehr als die Summe seiner Teile. Jeder einzelne Beteiligte fühlt dabei ein Mehr an Kraft.

Weil das gemeinsame Spiel dieses „Miteinander-Schwingen" der Individuen begünstigt, vereint es und macht stark. Unser Zugehörigkeitsgefühl und unser Wohlbefinden in Gegenwart der anderen wird durch das harmonische Zusammenspiel von Sprach- und Bewegungsrhythmen bestimmt. Einseitig herstellen oder willkürlich hervorrufen lassen sich diese gemeinsamen Rhythmen jedoch nicht. Denn so, wie sie auf unser Unbewusstes wirken, werden sie auch vom Unbewussten gesteuert. Sympathie und Übereinstimmung lassen sich eben nicht erzwingen.

Pferde sind für unsere Schwingungen sehr empfänglich, denn sie nutzen diese Kommunikationsform viel intensiver als wir Menschen. Sie beziehen so Informationen über die Gesinnung auch artfremder Wesen, und sie verwenden diese Schwingungen ganz selbstverständlich untereinander zur lautlosen Verständigung. Vor allem aber mögen Pferde es einfach sehr, sich im vertrauten Umgang miteinander gleichzeitig zu bewegen. Sie schätzen die zusätzliche Energie, die ihnen aus der Übereinstimmung erwächst. Pferde handeln gemeinsam. Sehr häufig und mit Vorliebe bewegen sie sich synchron, traben im gleichen Takt, galoppieren nebeneinanderher auf demselben Fuß... Pferde versuchen sogar, sich auch auf uns Menschen einzustellen, wenn wir ihnen sympathisch sind. Wir können sie dadurch selbst in neue, ihnen bisher unbekannte Bewegungen mitnehmen.

Ein Herr von der vierbeinigen Prüfungskommission. Zeugen sind immer dabei, denn jede Form von Arbeit in diesem Projekt ist öffentlich. Die kommunikativen Pferde beobachten das Treiben auf dem Reitplatz genau und kontrollieren, ob sich auch alle Akteure an die Spielregeln halten.
Interessanterweise haben sich die Pferde darauf geeinigt, diesen besonderen Ort niemals zu verunreinigen. Niemand hinterlässt hier etwas Abfälliges – und sie geben ihre Regelung offenbar weiter, denn auch Gastpferde oder Neuzugänge befolgen das nach kurzer Zeit. Wer diese Stätte betritt, tut es gesammelt und in Würde. Wer es genauso tut und ihre Regeln achtet, der macht sich zum gern gesehenen Gast der Pferde.

PASSARO UND SEIN SITZSPIEL

Dies ist die Geschichte eines Spiels. Ein Spiel, das es uns allen leichter macht zusammenzusein, dem Pferd und den Menschen. Es wurde erfunden, um bedrohliche Stimmungen in den Griff zu bekommen, so dass wir danach wieder entspannt miteinander arbeiten können. Das Sitzspiel. Erfunden von Passaro, dem dort rechts sitzenden Pferd. Passaro. Ich zögere hier, ihn zu beschreiben. Ein Pferd zwischen Genie und Wahnsinn. Mimosenhaft und gewalttätig. Jede Art von Beeinflussung und Manipulation erregt ihn stark, macht ihn wütend und aggressiv. Er ist eines der wenigen Pferde, die gezielt Vergeltung üben für das ihnen Angetane. Es waren bittere Gründe, die ihn seine Streitkunst lehrten.

Passaro ist ein hochgradig traumatisiertes Pferd. Er war zuletzt in einem Verleihstall in Frankreich, wo Kirsten ihn vom Schlachter loskaufte. Viele Menschen haben versucht, den Widerstand dieses Pferdes zu brechen. Schläge, Hunger, Reiten bis zum Zusammenbruch: Passaros Geist beugte sich nie. Im Gegenteil, er lernte, die Tücke der Menschen zu durchschauen, und er lernte, dass diese Wesen schwach sind und Angst haben, wenn er nur den wunden Punkt findet.

Es ist nicht gerade ein Kinderspiel, ein so vorbelastetes Pferd zur Kooperation zu überreden. Doch Passaros angeschlagener Gesundheitszustand machte es nötig, dass wir mit ihm arbeiteten – und er wollte es ja auch, nachdem er merkte, dass es ihm half. Aber wie, wenn ihm jede Art von Beeinflussung so zuwider war? Er war wütend über das, was wir mit ihm taten, und wütend, wenn wir nichts taten. Wascht mich gefälligst, aber macht mich dabei ja nicht nass!! Ein Dilemma, das noch verschärft wurde durch den Umstand, dass unsere gemeinsame Arbeit ja nicht, wie sonst üblich, auf einer vorhergehenden Unterwerfung des Pferdes aufbaut, sondern es von Anfang an bestärkt wird und man sich dabei um seine Freundschaft bewirbt. Passaros Kampfkraft wuchs ins Unermessliche. Manchmal wurde es Kirsten so unheimlich, dass sie sich nicht mehr zu ihm in die Reitbahn traute. Ihre Flucht erboste ihn nur noch mehr. So ging es nicht weiter.

Da setzte sich Passaro, einfach so, nach einem kurzen Wälzen. Er stand erst wieder auf, als Kirsten zu ihm in den Reitplatz kam, besorgt, ob ihm vielleicht etwas fehlt. Und plötzlich hat er ein Mittel, sie wieder in die Reitbahn zu kriegen.

Glauben Sie bloß nicht, irgendjemand hätte Passaro das Sitzen nach Zirkusmanier beigebracht: Ein solches Ansinnen hätte keiner von uns überlebt. Schon daran nur zu denken wäre strafbar! Und gar mit Seilen und Stricken zu kommen – da wäre es einfacher, einen Karateweltmeister zu überfallen. Gesehen hat Passaro die Sache mit dem Sitzen auch nirgendwo, es ist seine ganz eigene Erfindung. Und funktioniert prima! Kirsten kommt sofort wieder angeeilt und bittet inständig, dass er doch aufstehen möge, denn ihr bricht schier das Herz, wenn sie ihn so sieht. Diese seltsame Haltung kann doch keinesfalls gut für ihn sein. Übrigens wird die Wirkung auf Kirsten noch verstärkt, wenn man ein Hinterbein geziert abspreizt. Passaro macht sich unbeweglich, ungefährlich, klein und fast ein wenig lächerlich, nur um Kirsten in die Reitbahn zurückzuholen.

Zu Anfang hat Passaro diese Haltung lediglich eingenommen, wenn seine ausbrechende Kraft Kirsten vertrieben hatte. Dann fand er es offenbar auch selbst beruhigend, sich zu setzen. Diese angenehme Wirkung auf die eigene Psyche sucht er inzwischen sehr gezielt, wenn es ihm notwendig erscheint. Er verwendet sein Sitzspiel, um sich zu zügeln, das Gemüt abzukühlen und die Beherrschung zu wahren. Man darf dabei nicht vergessen, dass es Passaro Zeit seines Lebens verstanden hat, seine Erkenntnisse und Fähigkeiten zu seinem Vorteil einzusetzen – wir werden später noch davon hören. Tatsache ist, dass sich Passaro heute zunächst einmal hinsetzt, sobald er spürt, dass er sich in etwas zu sehr hineinsteigert und ihm die Erregung bei der Arbeit zu viel wird. Die Spannung – die ja bei zunehmender Versammlung für das Pferd wächst und in der Krönung der Hohen Schule, der Kapriole, ihren explosiven Ausdruck findet – diese Spannung hat dann nichts Bedrohliches mehr für ihn. Er kriegt sich so in den Griff; er setzt sein Sitzspiel ein, und wir können weiterarbeiten. „Keep cool, old boy: Setz' dich erst mal." Man hat fast den Eindruck, dass er dabei doch eigentlich mehr um unser Wohl besorgt ist als um sein eigenes.

Das Sitzspiel kontrolliert aufschäumende Erregung: „Ganz ruhig, erst einmal setzen, tief durchatmen... alles wird gut!“ Sieht dieses Pferd nicht rührend dabei aus?

Schließlich wäre ja sein Wüten eher für den anwesenden Menschen gefährlich als für ihn selbst. Nun, jedenfalls hat Passaro dieses Spiel für Kirsten begonnen, damit sie bei ihm bleibt. Und heute hält er auf diese Weise seine inneren Dämonen in Schach.

Mit Sicherheit ist Passaro kein normales Pferd. Wer ihn kennt, weiß, dass er ebenso extravagant ist wie seine Ideen. Doch Passaro hat unser gemeinsames Problem auf sehr kreative, erfolgreiche Weise gelöst, und seiner Fortbildung steht jetzt nichts mehr im Wege.

Vielleicht, wenn Sie irgendwann einmal in eine soziale Situation geraten, die außer Kontrolle zu geraten droht, weil jeder sich nur noch von jedem angegriffen fühlt, weil bei allen Beteiligten die Nerven durchgehen wie bei einer entfesselten Pferdeherde, vielleicht werden Sie sich dann inmitten des Getümmels an Passaros Einfall erinnern, und es kommt Ihnen sein Sitzspiel in den Sinn: „Erst einmal hinsetzen. Erst einmal zur Ruhe kommen, dann sehen wir weiter...“ Ich glaube, Passaro hätte nichts dagegen einzuwenden, wenn manche Menschen seine Strategie übernähmen!

DIE KRAFT DES SPIELS

Für eine bestimmte Zeit befinden wir uns im Spiel in einer besonderen Welt: jenseits der Gegensätze und Sorgen des Alltags, in einem Raum, in dem die realen Machtverhältnisse nicht gelten und sogar Kämpfe Lust bereiten – denn wir spielen. Wir tun nur so. Was hier geschieht, kann nicht so verhängnisvoll werden wie im wirklichen Leben. Ein Spielraum setzt voraus, dass das Spiel für keinen von uns zum Ernst wird – und auch die Pferde achten darauf, diesen Rahmen zu wahren. Spielen darf keine negativen Folgen haben. So können wir experimentieren, uns hervorwagen und Neues erproben. So können wir den Kontakt genießen und gewinnen einen Zugang zu neuen Möglichkeiten – Kreativität, Inspiration, Heilung im Spiel! Grenzen, die uns gefangen hielten, lösen sich auf.
Spielen lässt uns zusammenwachsen, denn es überwindet Verschiedenheiten, selbst wenn sie so groß sind wie die zwischen Mensch und Pferd. Besteht ein gemeinsames Sprachverständnis, so können wir Spielformen finden, die für alle Beteiligten vergnüglich sind, auch wenn wir verschiedenen Arten angehören. Dadurch verstehen wir uns immer besser. Wir werden zu Gleichgesinnten, zu Spielgefährten. Spielen hebt die Distanz auf, lässt uns eins werden. Wir bekommen Einblick in die Gedankenwelt des anderen, selbst wenn dieser andere ein Tier ist, denn das Spiel überwindet auch die Grenzen zwischen den Arten. Immer wieder wird ausgeglichen im Spiel, ein gemeinsames Gleichgewicht gesucht. So entsteht unwillkürlich das Gefühl zusammenzugehören: Wir fühlen die Verwandtschaft des anderen. Er ist gleich, er folgt denselben Regeln. Spielen stärkt die Bindung untereinander. Im Spiel war man auf gleicher Wellenlänge, hat einander Fairness gezeigt und damit bewiesen, dass man sich an Regeln hält, also ein verlässlicher Partner ist. Spiel macht sympathisch. Wir spielen mit dem, den wir mögen – und wir mögen den, mit dem wir spielen. Die Spielatmosphäre begünstigt das Entstehen von Freundschaften. Wir haben gemeinsam Spaß gehabt. Diese Erfahrung bleibt, auch wenn der Spielrahmen wegfällt und der Alltag längst wieder da ist.

Gemeinsames Spielen schafft Teamgeist, Zusammengehörigkeit. Auf unserem weiteren Weg werden wir die Energie, die Leichtigkeit und die Unbeschwertheit des Spiels nicht vergessen. Wohin auch immer wir geraten, wir können dorthin zurückfinden, wo uns Lust, Harmonie und Gelöstheit unbegrenzt zur Verfügung stehen – wir können ja das Spiel zwischen uns jederzeit wieder aufleben lassen. Wir werden weiter zusammenhalten, auch wenn wir uns jetzt auf ein bestimmtes Ergebnis hin ausrichten – und mit gesammelten Kräften auf ein neues Ziel hinarbeiten!

DER ÜBERGANG

Toppur dreht auf. Das Spielen macht ihm Spaß, regt ihn an zu mehr. Auf dem ersten Bild ist seine Bewegung leicht aufgemotzt, und die Aktion zielt mit einem Auge auch auf mich. Ich nehme mich deshalb deutlich zurück und leite den Hengst so, dass wir Seite an Seite kommen. Aus dem – spielerisch angedeuteten – Gegeneinander wird jetzt ein Nebeneinander. Nicht Konfrontation oder Konkurrenz ist das Ziel unseres Beisammenseins, sondern Freundschaft, Begleitung, Geleit.
Toppur weiß das noch nicht, jedenfalls nicht sicher. Er spürt, dass ich etwas von ihm will, dass ich verstärkt den Kontakt zu ihm suche und ihn dabei genau abschätze – aber wozu? Warum schaut sie so, möchte sie ihn herausfordern? Scheinbar nicht. Aber was denn dann bloß?

»Mag sein,
daß wir andere Lebewesen
so gut beherrschen,
gerade weil wir
zur Kommunikation
unfähig sind.«
Elisabeth Marshall Thomas

EIN NEUES ZIEL: Zusammenarbeit

Eben haben wir noch gespielt, plötzlich entdecken wir eine Aufgabe und verfolgen unser Ziel gemeinsam und konzentriert: das Travers. Diese für sie ganz neue Art, die Füße zu setzen, erarbeitet sich die Stute Hazel hier mit meiner Hilfe.

DIE KUNST DER ZUSAMMENARBEIT

Drei Hindernisse erschweren uns Menschen die Zusammenarbeit mit Pferden, und wir werden uns im folgenden Teil ausführlich mit ihnen befassen.

Die erste Schwierigkeit liegt in der Natur des Pferdes. So etwas wie Arbeit oder ein annähernd vergleichbares Verhalten ist im Lebensplan eines Pferdes nicht vorgesehen. Wir müssen also etwas ganz Neues aufbauen, wenn wir zusammen arbeiten wollen.
Zum zweiten ist die traditionelle Beziehung zwischen Mensch und Pferd durch ein jahrtausendelanges Arbeitsverhältnis belastet, dessen einziges Interesse darin bestand, die Energie der Pferde für menschliche Zwecke zu erschließen. Die benötigte Arbeitskraft wurde dem Pferd entzogen, und verständlicherweise wird ein Pferd wann immer möglich versuchen, einen solchen Energieverlust zu vermeiden.

Ein drittes Hindernis liegt in unserem gängigen Verständnis von Arbeit: Sie ist mühevoll, schweißtreibend, hat ernst zu sein. Also das pure Gegenteil von Freude, Spiel und Überschwang. Diese allgemein übliche Vorstellung ist sehr hinderlich, denn die Pferde sehen das völlig anders.

Wir können nicht erwarten, dass sich unser Pferd von uns zu etwas bewegen lässt, das ihm aus seiner Sicht nur Nachteile verschafft. Um zu erreichen, dass ein Pferd mit uns zusammen arbeiten möchte, müssen sich die negativen Aspekte der Arbeit in positive verwandeln. Nur wenn es für das Pferd auch spürbar von Vorteil ist, mit uns zusammen zu arbeiten, wird es sich dem nicht zu entziehen versuchen, im Gegenteil wird es sich dann sogar darauf freuen.
An diesem Punkt müssen wir auf unserem Weg endgültig Abschied nehmen von dem normalen, allseits üblichen Verhältnis zwischen Mensch und Pferd. Denn eine Art von Arbeit, die sich an den Interessen des Menschen ausrichtet, sich des Pferdekörpers bemächtigt, ihn unterwirft und benutzt, kann aus dem Blickwinkel des Pferdes niemals eine Existenzberechtigung haben.

Hier scheiden sich die Geister. Aus Sicht des Pferdes wird es nur dann zu einer gemeinsamen Tätigkeit kommen, wenn diese ihm nützt und es stärkt. Eine Kooperation, die die Bedürfnisse des Pferdes in den Mittelpunkt stellt. Nur eine solche Arbeit interessiert uns hier, und nur eine solche Arbeit hat ihren Platz in diesem Buch.

Zweckfrei, absichtslos und nur im Interesse der Pferde zu arbeiten – dieser Gedanke ist im Grunde gar nicht so neu. Denn immer dort, wo Reiten zur Kunst wurde, nicht mehr bloß der Fortbewegung diente, sondern einen Wert an sich darstellte, fand der Mensch zum Pferd. Das Pferd wurde zum Maßstab der Kunst, statt nur Mittel für irgendeinen Zweck zu sein. Sein Wohl stand auf einmal im Mittelpunkt des Interesses, oder anders ausgedrückt: Die Arbeit diente allein dem Pferd.

Im weiteren Verlauf unserer Reise wird dem reitkundigen Leser manches begegnen, was ihm vielleicht vertraut erscheint: Übungen, Figuren, Hilfsmittel. Es ist sehr wichtig, dass auch bei diesen aus anderem Blickwinkel bereits bekannten Dingen der Weg der Pferde nicht verlassen wird. Ob Schulterherein, Travers oder Piaffe – nur an der Seite der Pferde lässt sich das Wesentliche erfassen und der Unterschied zwischen Hilfe und Zwang, zwischen Förderung und Überforderung, zwischen Gymnastik und Tortur, zwischen freudiger Mitarbeit und zombie-gleicher Resignation erkennen. Das Wohlergehen des Pferdes als Maßstab reiterlicher Kunst – ein solches Reiten hat es in unserem Kulturkreis immer wieder gegeben. Auch das Motto, das diesem Buch voransteht und von einem letzten großen Meister der Reitkunst stammt, ist Ausdruck einer solchen Gesinnung.

AUF DEM WEG ZUR ARBEIT

Der Übergang vom Spiel zur Arbeit ist zu Anfang nicht leicht zu verstehen für ein Pferd. In der Natur muss ein Pferd für seine Ernährung ja nicht viel mehr tun, als den Kopf zu senken – sein Verhalten hat auf die ihm zur Verfügung stehende Futtermenge keinen Einfluss. Von Ausnahmen wie Scharren im Tiefschnee einmal abgesehen, ist die

„Arbeit“ der Pferde nicht das Auffinden, sondern das Aufschließen von Nahrung. Durch sein extrem langes, voluminöses und kompliziertes Verdauungssystem verwertet es ein energiearmes Pflanzenangebot und verschafft sich das Benötigte auf innerem Weg, so wie andere Tiere es durch fleißiges Sammeln oder eine geschickte Jagd gewinnen. Eine gezielte, längere Tätigkeit braucht auch der Mensch, um zu seiner Nahrung zu kommen. Dem Pferd hingegen ist ein solches Arbeitskonzept völlig fremd. Die Vorstellung von „Hafer verdienen“ stammt aus unserer Welt und ist für ein Pferd nicht verständlich.

Um so wichtiger, dass mein Pferd mir vertraut, wenn wir mit der Arbeit beginnen, denn unsere Beziehung kann jetzt in eine kritische Phase geraten. Aber so ganz unvorbereitet sind wir nicht. Die Gemeinsamkeit des Spiels hat eine Sicherheit geschaffen, und wir haben darauf geachtet, im Vorfeld bevorzugt Spiele mit paralleler Ausrichtung zu spielen. In ihnen tritt der Konkurrenzgedanke zurück. Wie in der Bildsequenz mit Toppur beim Übergang zu diesem Kapitel, als wir zum Nebeneinander wechselten. Solche parallelen Spiele können die Tatsache entschärfen, dass wir bei der Überleitung in diese neue Phase unserem Spielpartner Pferd plötzlich tierisch ernst begegnen, ihn kritisch beurteilen und in seinen persönlichen Bereich eingreifen. Die Gemeinsamkeit im Spiel verbessert unsere Ausgangsbedingungen für die ungewohnte Arbeit, denn wer sich gleichberechtigt und anerkannt fühlt, ist viel aufgeschlossener für Kritik. Wir wollen ja beim Arbeiten an einem Strang ziehen und nicht etwa gegeneinander agieren!

EIN GESPRÄCH MIT TOPPUR – ERSTER TEIL

Die Gerte richtet sich auf die Hinterhand des Hengstes. „Was soll das? Was willst du! Oh nein, ich soll wieder irgendwas tun! Das kenne ich, so seid ihr immer. Lass mich, ich will weg von hier. Der Weg geht geradeaus weiter.“ – „Halt, Toppur, warte doch mal!“ – „Ich mag nicht mehr. Lass mich zu meinen Leuten gehen.“ – „Halt, Toppur, bitte, so warte doch mal einen Augenblick. So war das gerade nicht gemeint. Ich wollte dir keine Befehle erteilen und an dir herumziehen, ich wollte dir nicht den Spaß verderben, wirklich nicht.“ – „Ja, und? Warum tust du's dann?“ – „Entschuldige. Ich hatte nur eine Idee. Mir ist vorhin etwas aufgefallen. Ich würde es dir gerne zeigen. Darf ich?“

„Der Mensch behält bei seinen körperlichen Anstrengungen immer noch die Freiheit, sich auszuruhen, sobald sie anfangen, ihm schmerzlich zu werden. Bei dem Pferde ist dies der Fall nicht. Wir haben Mittel, um es zum Fortarbeiten zu zwingen, so, dass es zuweilen genötigt wird, durch eine offenbare Widersetzlichkeit, sich die Erholung selbst zu verschaffen, die ihm die Vernunft des Reiters hätte gewähren sollen. Man begreift leicht, dass dieses die Art gewiss nicht ist, um die Muskeln und Sehnen des Pferdes zu stärken. Sie entnervt es und ist die erste Ursache zum Verderben."
Ludwig Hünersdorf, 1791

Streng genommen ist jede Art von Arbeit unnatürlich für Pferde. Doch wenn wir dem Pferd nicht nur mehr unsere Art von Arbeit aufbürden, sondern ihm eine Tätigkeit anbieten, die sich an den Zielen des Pferdes orientiert, so wird es in seinem Arbeitseifer bald kaum noch zu bremsen sein. Diese Ziele müssen allerdings begreifbar und erstrebenswert sein, damit sie die Zusammenarbeit gestalten – und ein Turniergewinn ist aus der Sicht meines Pferdes kaum attraktiv. Ist dem Pferd unsere Arbeit verständlich, so kann es sie als eine ganz persönliche Hilfe erfahren und schätzen lernen. Denn es entdeckt plötzlich im Zusammensein mit seinem Menschen etwas ganz Neues, das es zunehmend fesselnder findet, es geht um sein persönliches Wohl. Aus der anfangs nur spielerischen Begegnung wird bald ein konzentrierter Arbeitsprozess.

Diese zielgerichtete, gemeinsame Handlung kommt nur mit Unterstützung des Menschen zustande. Während Pferde auch untereinander spielen, brauchen sie für diesen Prozess mit uns Menschen unsere Anregung und Anwesenheit. Wir beide, Pferd und Mensch, arbeiten zusammen an einer Sache, streben ein Ziel an, ein Pferdeziel – das ist eine faszinierende und völlig neue Erfahrung für unser Pferd. Spielen kann es ja auch alleine, aber da bieten sich auf einmal ungeahnte Möglichkeiten! Mit dem Menschen zusammen zu arbeiten, beinhaltet die Chance, auf völlig neue Weise zu lernen. Pferde können regelrecht süchtig werden nach dieser Art von Arbeit und beginnen sie nachdrücklicher einzufordern als ihre tägliche Futterration!

Wie so eine Arbeit aussieht, worin sie sich von gewöhnlicher Ausbildung unterscheidet und warum die Pferde so versessen auf sie sind, damit beschäftigen sich die gleich folgenden Kapitel. Vorerst aber wissen wir – wie unser Pferd ja auch – noch nichts von den Chancen einer solchen Zusammenarbeit. Wir haben kaum eine Vorstellung davon, wie so etwas überhaupt gehen soll, und deshalb ist es für uns am Anfang nicht einfach, den Übergang zu finden. Eigentlich möchten wir am liebsten im letzten Kapitel bleiben, um dort zusammen zu spielen.

Nun, Sie hier in diesem Buch brauchen nur ein wenig weiterzublättern, und schon wird diese neue Form der Arbeit für Sie konkreter. Ein Pferd hingegen kann an diesem Punkt leicht irritiert werden, besonders wenn es aufgrund früherer Erlebnisse misstrauisch ist. Es weiß ja überhaupt noch nicht, was da auf es zukommt. So fragt sich unser Islandhengst Toppur auch erst einmal verwirrt: „Warum macht sie das? Was will sie denn bloß von mir?!"

ARBEIT ZU DRITT

Ob Spiel, ob Arbeit – diese Pferde lassen eins ins andere übergehen. Sie machen keinen Unterschied dabei und wechseln fließend zwischen ernsthaften und eher verspielten Phasen. Manchmal fetzen wir alle übermütig zusammen über den Platz und albern einfach herum, manchmal sind es einzelne Bereiche, die zum Thema werden und in den Vordergrund rücken. Probleme, die wir dann gemeinsam bearbeiten, mitten aus dem Spiel heraus. So haben beispielsweise beide Pferde eine gestörte Beziehung zu Peitschen und fürchten sich vor dem Gerittenwerden. Diese Themen sind für sie problematisch. Die völlige Freiheit und die Energie unserer Spielatmosphäre gibt diesen Pferden so viel Sicherheit und Kraft, dass sie die wunden Punkte ihrer Vergangenheit angehen können.

„Ich werde nicht getrieben!", versichert sich Max und nimmt die Berührung der Gerten souverän als Hilfe-Angebot an. Er richtet sich selbstbewusst auf, während sein Lusitanofreund zusieht. Und der Schimmel weicht nicht etwa mit der Hinterhand aus oder flieht vor den Peitschen, sondern bewegt sich im Gegenteil auf den Menschen zu, der da mit ihm arbeitet. Kurze Zeit später nähert er sich vorsichtig der Versammlung – und macht sich damit an die Verarbeitung eines tiefen Traumas: die Angst, in die Zange genommen zu werden. Leider verstehen Reiter heute unter Versammlung sehr häufig ein In-die-Enge-Treiben ihres vorher erregt gemachten Tieres. Das hat nicht nur körperliche, sondern für manche Pferde auch fatale psychische Folgen.

„Niemand zwängt mich ein, ich mache es für mich selbst!" Atila probt die ersten, vorsichtigen Piaffetritte. Max frisst derweil im Hintergrund. Immer wieder wechseln die beiden Pferde aus der konzentrierten Arbeit ins spielerische Element, kehren dann mit der Leichtigkeit des Spiels zu den einst belastenden Situationen zurück, die sie jetzt ganz unbeschwert meistern.

WAS IST LOS MIT DER ARBEIT?

Jeder einigermaßen erfahrene Reiter weiß, dass ein Pferd nicht freiwillig für den Menschen arbeitet, sondern einen gewissen Zwang braucht – auch wenn man aus taktischen Gründen in der Öffentlichkeit gerne das Gegenteil behauptet. Je ehrlicher ein solcher Praktiker ist, desto seltsamer muss es ihm vorkommen, dass es Pferde geben soll, die so motiviert sind, dass sie sich selbst schwerste Lektionen wie Piaffen und Passagen selbstständig erarbeiten.

Warum machen sie solch anstrengende Dinge? Und – diese Frage ist vielleicht die eigentlich schmerzliche – warum sind die Pferde, die man sonst kennt, dann nicht auch so?!

Um die heutige Situation zwischen Menschen und Pferden zu verstehen, ihre Möglichkeit und Unmöglichkeit zu beleuchten, wollen wir uns zunächst einmal damit befassen, wie sie entstanden ist und was ihr voranging. Dazu werden wir ein paar Schritte zurück in unsere gemeinsame Geschichte gehen und uns die Sache mit der Arbeit dort einmal genauer ansehen.

Es ist noch gar nicht so lange her, da war der Alltag der Menschen ohne die Arbeit der Pferde nicht vorstellbar. Man brauchte ihre Dienste überall, wo Kraft und Schnelligkeit gefordert waren, die die eines Menschen überstiegen. Mit Hilfe von Pferden wurden Kontinente erobert, Kriege geführt, unzählige Lasten auf ihrem Rücken transportiert. Das Pferd war Waffe, Fahrzeug, Lastträger, ein vielseitig einsetzbarer Grasmotor, der klaglos Tag für Tag funktionierte. Natürlich wurden die Pferde dabei oft unerbittlich geschunden, bis sie zugrunde gingen. Aber zugleich mit ihnen arbeiteten die Menschen fast genauso hart. Die Pferde schufteten und litten aus Gründen, die sie nicht im entferntesten verstanden, geschweige denn gebilligt hatten. Die Menschen brauchten sie eben...

Als Maschinenkraft die Pferdestärken zu ersetzen begann, erschien das damals so manchem, der ein Herz für Pferde hatte, wie eine Erlösung für diese Tiere: Endlich war ihr Frondienst zu Ende, endlich musste keiner mehr notwendigerweise grausam sein zu ihnen. Die Beschäftigung mit Pferden konnte zum Luxus werden, Reiten zum Zeitvertreib für Pferdefreunde.

Dennoch haben die Pferde davon wenig mitbekommen. Dieser Wandel ist nie so weit ins Bewusstsein vorgedrungen, dass er das Verhältnis zwischen Mensch und Pferd verändert hätte. Es ist fast erschreckend, wie sehr das Pferd in den Köpfen der Menschen auch heute noch ein zu ihrem Gebrauch bestimmtes Wesen ist. Ganz anders als Hund und Katze. Es ist nicht Freund oder Gefährte, das kommt als zusätzliche Forderung höchstens inzwischen noch zum Gebrauchsaspekt dazu. Das Pferd ist im Bewusstsein des Menschen ein Nutzwesen, das völlig selbstverständlich den menschlichen Wünschen zu Diensten zu sein hat. Ein Pferd muss Leistung erbringen. Wie ein Fahrrad zum Fahren ist ein Pferd zum Reiten da! Als ich einen Jährling zur Weide bringe, fragt mich ein dreijähriges Mädchen verwundert, warum denn keiner da drauf sitzt auf dem Pferd, und wenn es noch zu klein dafür sei, so könne doch sicher ein Kind auf seinem Rücken reiten. Denn schon Bilderbücher lehren unserem Nachwuchs, dass auf das Pferd ein Reiter gehört. Der Mensch hat schließlich ein Anrecht auf diesen Körper, welcher so einladend geschaffen ist zum Gebrauch. Er bewundert die Ästhetik eines Pferdes und möchte so viel Schönheit und Kraft buchstäblich besitzen. Der Körper eines Pferdes gehört ganz allein seinem angestammten Eigentümer – und als solchen bezeichnet sich der Mensch. Er hat sich schließlich dieses Pferd angeeignet und damit auch das Recht, seinem Körper jede Leistung abzuverlangen. Am besten wäre es ja, ein Pferd gäbe den Anspruch auf irgendwelche Eigenheit ganz freiwillig auf, aber wenn es denn sein muss, erzwingt der Mensch die Herrschaft über seinen Besitz auch mit Gewalt. Ja, was, ist das kein Reitpferd? Kann man sich da nicht draufsetzen? Warum reiten Sie den denn nicht? Das Reiten scheint ein angestammtes Recht des Menschen zu sein – schließlich ist das Pferd zum Gerittenwerden in die Welt gesetzt worden. Selbst Naturfreaks und Tierschützer hegen da keine Zweifel. Das Reiten an sich steht niemals zur Debatte.

WIE WÄRE ES, WENN...
Stellen Sie sich vor, Sie haben kein Auto, um die Einkaufskisten vom Supermarkt zu holen, und Sie haben auch kein anderes Transportmittel. Sie haben kein kleines Haus im Grünen, auch keine Etagenwohnung in der Stadt, und zur Miete wohnen Sie auch nicht. Sie haben überhaupt kein festes Dach über dem Kopf, sondern müssen sich Nacht für Nacht draußen einen Platz zum Schlafen suchen. Sie haben kein Haus, kein Bett, keinen gefüllten Kühlschrank, keinen Wintermantel und nicht ein einziges Stück Papier.

Sie haben nichts als das, womit Sie auf diese Welt gekommen sind, diesen Körper in dieser Haut – was für ein Leben!

Sie sind glücklich. Der Himmel ist weit, und die Erde liegt Ihnen zu Füßen. Wohin Sie auch wollen, Ihre Beine werden Sie tragen, Ihre Haut schützt Sie vor Wind und Wetter, und der Wind zaust Ihnen das Haar und erzählt uralte Geschichten. Die ganze Natur ist immer für Sie da. Nahrung wächst überall, Sie brauchen nur davon zu nehmen – alles wird Ihnen geschenkt.

So leben die Pferde.

DIE LEVADE –
DAS ERHABENE PFERD
Wer sich bei der Arbeit großartig fühlt, der findet Arbeit großartig: Das ist das Geheimnis der Motivation!

GUTE ALTE TRADITION

Wir Menschen von heute sind nicht mehr auf die Dienste der Pferde angewiesen. Das bedeutet aber auch, dass wir nicht mehr auf ihren Erhalt achten müssen – das einzelne Pferd und seine Gesundheit sind nicht mehr lebenswichtig für uns. Früher brauchte der Reiter sein Pferd, es war ein Arbeitswerkzeug, das funktionsfähig bleiben musste. Der berittene Hirte war auf sein Pferd angewiesen, um die Rinderherde zusammenzuhalten, vielleicht auch, um einzelne Tiere abzusondern oder zu fangen, vielleicht brauchte er sogar die Hilfe seines Pferdes, um einen wütenden Bullen in Schach zu halten. Je anspruchsvoller und gefährlicher die Aufgabe, desto größer, ja geradezu unersetzlich wurde die Rolle des einzelnen Pferdes dabei. Ein Pferd, das gelernt hatte, diese Aufgaben zu akzeptieren und zu erfüllen, war sehr wertvoll für seinen Reiter. Im besten Fall arbeiteten sie gemeinsam, weil das Pferd den Ablauf verstand, mitdachte und mitarbeitete. Es tat diesen Dienst im Interesse seines Menschen, aber für beide, auch für den Reiter, war es Arbeit. Reiter und Pferd arbeiteten und lebten zusammen. Die tägliche Mühsal diente dem Überleben, sie teilten das harte Brot miteinander.

Heute sind solche Situationen selten. Das Pferd arbeitet nicht mehr mit dem Menschen, es arbeitet für ihn, während dieser sich dabei amüsiert. Mensch und Pferd teilen nicht mehr viel. Weder Brot noch Arbeit. Und schon gar nicht das Vergnügen.

Die Welt der Pferde und ihr ruhiger Rhythmus sind dem heutigen Menschen sehr fremd – hastig, schrill, laut lebt er, und alles muss auf Knopfdruck funktionieren. Er steigt aus dem Auto, schwingt sich auf das Pferd, und los geht's! Er will seinen Spaß haben in seiner knappen Freizeit, er möchte seinem Vergnügen nachgehen – und dazu dient ihm das Pferd. So kommt es, dass Mensch und Pferd einander heute ferner sind denn je: Was für den Reiter Sport, Erholung und Spaß ist, ist für das Pferd harte Arbeit, sinnloses Herumjagen, all zu oft qualvoller Stress. Die Gesundheit der Pferde leidet dabei, und das ohne jede Notwendigkeit. Eine Situation, die streng genommen sogar schon unserem geltenden Tierschutzgesetz widerspricht.

Das Arbeitstier Pferd ist zum Freizeit- und Sportgerät geworden. Pferde als Konsumartikel? Es scheint fast so. Heute sind Pferde sehr viel schneller verbraucht als früher und gelten bereits als alt, wenn sie im Grunde gerade erst erwachsen geworden sind. Man konnte es sich früher auch einfach nicht leisten, Pferde schon im Kindesalter zu verheizen. Schließlich sollten sie noch lange Jahre wichtige und wertvolle Dienste leisten.

Die egozentrische Sicht des Menschen auf das so äußerst nützliche Pferd hat sich bei aller Sentimentalität bis heute um keinen Deut geändert!

„Uhnmöglich ist es, ein Pferd zu richten/ wann es nicht zuvor den jenigen (=Reiter) für seinen Meister erkennet hat; das ist gesagt; Wann es nicht forchtsam ist/ und durch die Furcht euch gehorsamet/ und diesen Gehorsam leistet euch das Pferd nur aus Liebe gegen sich selbst/ indem es die Straffe zu vermeiden begehrt/ die es sonsten unfehlbar zu gewarten hätte: und da es etwan ohnversehens fehlet/ so kan es nicht mit guten zu recht gebracht werden; dann es hinge noch gar zu sehr seinem eigenen Willen nach; wann es aber forchtsam ist/ so liegt es bei mir/ und ich kan es richten wie ich will/ weil ich einmal sein Meister bin."

William Cavendish, Duke of Newcastle, 1667

AUF DER SUCHE NACH DER MOTIVATION

In den letzten Jahren haben sich immer mehr Reiter und Pferdefreunde darüber Gedanken gemacht, wie sich Reiten schonender für die Tiere gestalten ließe, wie sie ihr Pferd zur Arbeit motivieren könnten und wie eine pferdegemäße Ausbildung auszusehen hat. So sind dann auch daraufhin eine Vielzahl von Ausbildungsmethoden zu diesem Thema auf dem Markt erschienen.

Doch das Problem mit der Arbeit lässt sich nicht mit Methoden lösen, seien sie auch noch so naturgemäß oder kunstvoll. Von der Seite der Pferde her gesehen, liegt dieses Problem viel tiefer: Wie auch immer der Mensch sich mit ihnen beschäftigt, es bleibt eine Sache, die er ihnen aufzwingt, sei es hart, sei es sanft. Denn in diesem Punkt bleiben die Arbeitsbedingungen immer gleich: Pferde werden nicht nach ihrem Einverständnis gefragt.

Betrachten wir einmal die gängige Ausbildung von Pferden durch den Menschen, so finden wir ein geradezu klassisches Beispiel für negative Motivation. Das Pferd tut etwas, weil es eine negative Erfahrung vermeiden will, die der Mensch ihm zufügt. Es weicht einer Sache aus, die es fürchtet oder zu fürchten gelernt hat, und diese steht in Verbindung mit einer Aktion des Menschen. Es läuft, damit es nicht attackiert wird, damit die Peitsche nicht schlägt, damit der Sporn nicht sticht, es stoppt, damit der Kiefer nicht gequetscht wird, damit es keinen Schlag auf die Nase kriegt oder damit es nicht wieder Runde um Runde gehetzt wird. Pferde versuchen, unangenehme Dinge zu vermeiden. Strampeln, damit keiner ins Kreuz knallt, hoch springen, damit die Stange nicht an die empfindlichen Beine stößt, rennen, weil einer im Nacken sitzt, schneller, schneller... – Pferde arbeiten doch gern, oder?!

„Will das Pferd jedoch nicht, so soll jemand mit einer Peitsche oder einem Stock möglichst kräftig zuschlagen. Und auf diese Weise wird es nicht nur das vorgeschriebene Maß überspringen, sondern viel weiter, als es im Moment nötig wäre. In der Folgezeit wird man es überhaupt nicht mehr schlagen müssen, sondern es wird springen, wenn es nur jemanden von hinten herankommen sieht. ... Und dies gilt, um es kurz zu sagen, in der ganzen Reiterei."

Xenophon, 400 v. Chr.

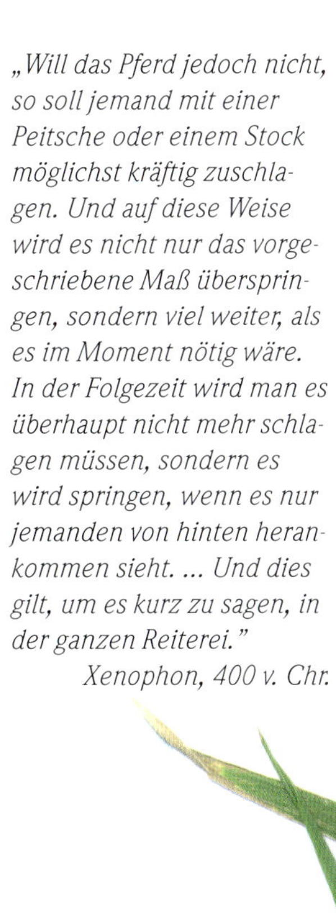

UND BIST DU NICHT WILLIG...

Zuckerbrot und Peitsche bestimmen die Ausbildung eines Pferdes von alters her. Dieses Begriffspaar ist so sehr Allgemeingut geworden, dass es auch Eingang gefunden hat in pferdefremde Bereiche der Alltagssprache. „Zuckerbrot" und „Peitsche" sind geradezu gleichbedeutend geworden mit Lohn und Strafe, mit Anreiz und Einschüchterung, mit positiver oder negativer Motivation. Die Frage dabei ist: Auf welche Art und Weise bewege ich einen anderen, für mich etwas zu tun, das er nicht von sich aus tun wird oder tun will? Es geht um Manipulation, auf die sanfte oder auf die harte Tour.

In der Beziehung zwischen Mensch und Pferd regiert traditionell die „Peitsche", denn ein Pferd handelt, weil es unangenehme Folgen vermeiden will – und nicht etwa, um etwas Erstrebenswertes zu bekommen. Es reagiert nach dem negativen Prinzip, es wird so lange bearbeitet, bis es nachgibt, ausweicht, sich in Bewegung setzt. Das Pferd lernt negativ motiviert und möchte Schlimmeres vermeiden. Lohn ist, dass das Unangenehme dann aufhört, weil der Mensch seine Aktionen mindert. „Zuckerbrot" ist in der Pferdeausbildung generell unüblich. Nur im Zirkus und in einigen wenigen Ausbildungsmethoden gibt man dem Pferd auch zusätzlich und systematisch Belohnungswürfel, sonst gilt Futterdressur eher als unseriös. Wer seinem Pferd nur den Anreiz bietet und es verlockt, ist ja schließlich von der Gnade (oder dem Hunger) seines Pferdes abhängig. Da zeigt man doch lieber Dominanz, und so muss das Pferd weichen – viele, viele Male, bis es widerstandslos das Verlangte tut. Dann, vielleicht, eine kleine Anerkennung, ein kleines Stück hartes Brot. Bloß nicht zu viel, Pferde werden sonst frech.

Zuckerbrot – der Fehltritt wird belohnt?! Es gibt nichts „Falsches" zwischen uns. Was zählt, ist das Bemühen um Verständnis.

Für die meisten Pferde beginnt spätestens dann, wenn der Mensch das, was er mit ihnen unternimmt, Arbeit oder Ausbildung nennt, eine schwierige Zeit. Ihr Denken und Fühlen spielt keine Rolle mehr, ihre Meinung ist unerwünscht, selbstständige Äußerungen werden negativ bewertet und bestraft. Wer als Fohlen vielleicht noch die Menschen spannend und lustig fand, erlebt jetzt eine herbe Enttäuschung. Denn plötzlich, so muss ein solches Pferd mühsam lernen, ist jede Eigeninitiative Ungehorsam, gilt Selbstvertrauen – oder Vertrauen in diese netten Menschen – als Frechheit. Benimmregeln sind jetzt angesagt: Darunter verstehen die Menschen eine Art Stand-by-Position des Pferdes. Wie ein Gerät soll es auf der vorgegebenen Schaltstufe bleiben und den nächsten Knopfdruck abwarten. Plötzlich scheint es die Menschen nicht mehr zu interessieren, wer es ist, wie es sich fühlt, alles andere beachten sie mehr. Die dämlichen Reifen da, ein paar bunte Stangen, irgendwelches Lederzeug, ja selbst den einzelnen Pferdekörperteilen wird volle Aufmerksamkeit zuteil: Muskeln, Fell, Hufe, welches Bein man wie wohin setzt – jede Kleinigkeit ist offenbar wichtig! Nur man selbst nicht! Das eigentliche, einzigartige Wesen Pferd spielt zwischen all diesen zahlreichen Bedeutsamkeiten kaum eine Rolle mehr. Und es verliert zunehmend an Bedeutung, je routinierter sein Ausbilder bei der Sache ist. Aber gilt der Riss im Huf wirklich mehr als der Riss in der Psyche?

Wir folgen in diesem Buch dem Weg der Pferde. Zumindest gedanklich, für die Dauer der Lektüre, werden wir uns auf ihre Perspektive einlassen und uns diesem Zwiespalt von Anspruch und Arbeitswirklichkeit aussetzen. Um die Pferde zu verstehen, deren Weg dieses Buch nachzeichnet, ist es wichtig, mit ihren Augen zu sehen. Für manchen wird das vielleicht zum Anlass, sich mit dem modernen Pferdealltag auseinanderzusetzen. Mit seiner selbstverständlichen Forderung nach Funktionstüchtigkeit, mit dem absoluten Machtanspruch, der latenten Bereitschaft, Gewalt zu akzeptieren und auch selbst auszuüben. Sogar oder gerade, wenn sich diese Gewalt dabei gegen Wesen richtet, die wir lieben und zu denen wir uns eine tiefe, von Freiheit getragene Beziehung wünschen.

ZUCKERBROT

Viele Reiter vertreten die Meinung, es sei der Job der Pferde, ihrem Vergnügen zu dienen. Schließlich bezahlen sie ja dafür, das Pferd wird gut versorgt, hat alles, was es braucht. Reiten als eine Art Pakt zwischen Mensch und Pferd: Ich füttere und versorge dich, und dafür kann ich dann mit dir machen, was ich will.

Diese Sichtweise ist eine sehr menschliche. Pferde mussten jahrmillionenlang überhaupt nichts dafür tun, dass der Boden sie ernährte. Futter gab es immer umsonst. Sie haben sich ja im Laufe ihrer Entwicklung auf ein Überlebenskonzept spezialisiert, das überall verfügbare und breit verteilte Nahrung optimal nutzt. In der Lebenswelt der Pferde ist keine Arbeit vorgesehen, außer dem Fressen selbst. Mustangs und Brumbies kommen ohne jeden menschlichen Futtermeister in der Freiheit blendend zurecht.

Allerdings: Der Gedanke, dass wir den Pferden ja auch etwas zu bieten haben oder etwas bieten könnten, ist sehr interessant. Denn wenn die Arbeit mit dem Menschen dem Pferd etwas einbringt, was es sonst nirgendwo findet, so wird es diesem Anreiz vielleicht folgen – und alle Drohungen werden überflüssig.

Was haben wir für Möglichkeiten, ein Pferd so zu motivieren, dass es gerne arbeiten will? Was kann der Mensch einem Pferd eigentlich tatsächlich an Vorteilen bieten? Das Pferd ist vielleicht nicht dankbar für den warmen Stall, die gefüllte Futterkrippe und die Tetanusimpfung, aber vielleicht lässt es sich mit Lob und Leckereien motivieren. Vor der Arbeit ein Pferdebonbon, nach der Arbeit welche und zwischendurch als Belohnung, vielleicht steht unser Pferd dem gemeinsamen Arbeitsprogramm jetzt nicht mehr ganz so abweisend gegenüber. Viele Pferde finden es auch ganz nett, wenn ihr Mensch sie lobt. Je selbstbewusster ein Pferd wird, desto weniger ziehen solche Reize allerdings. Bestechung oder auch Belohnung wirken nur begrenzt: solange andere Dinge nicht wichtiger werden. Denn schließlich könnte das Pferd sich genau so gut überall anderswo bedienen, wenn wir es nur von der Leine lassen würden. Ein Pferd ist kein Hund. Die ergebene Liebe zu seinem

menschlichen Meister ist seine Sache nicht. Es bleibt uns eigentlich nur eine einzige, gewaltfreie Lösung. Wir haben sie zu Anfang dieses Kapitels schon angedeutet: Sie besteht darin, unsere Vorstellung von Arbeit gründlich zu ändern. So, dass sie im Sinne des Pferdes ist. So, dass unser Pferd sich nicht dagegen wehren muss. So, dass die Arbeit selbst die Bedürfnisse und Interessen des Pferdes befriedigt. Die Zusammenarbeit selbst ist dann Anreiz, gibt die eigentliche Motivation.

Wir müssen also eine Arbeit finden, die dem Pferd dient. Die es in den Mittelpunkt stellt. Eine Arbeit, die das Pferd nicht ausnutzt und ihm Kräfte entzieht, sondern es im Gegenteil stärkt!

Bevor wir uns mit dieser Form von Arbeit näher befassen und zu unseren Anfängen zurückkehren, zu Toppur und seiner Verwirrung zu Beginn unseres Kapitels, noch ein paar Worte zu den Leckerlis. „Eine kleine Aufmerksamkeit, für dich ganz persönlich!" – ich gebe den Pferden gern etwas Gutes, auch während der Arbeit. Nicht als Lohn, sondern zur Aufmunterung oder einfach so, wenn's nicht geklappt hat oder meine Vorstellungen zu hoch waren; weil ich mich freue, weil ich einfach dankbar bin und meine Pferde liebe. Zuwendung in solcher Form wird von jedem Pferd verstanden. Ganz ohne negativen Beigeschmack.

Leckerlis können viele Aufgaben haben. Futter als Lohn oder Anreiz allein reicht gewöhnlich nicht aus, ein Pferd zu größerer Aktivität zu bewegen. Denn Pferde verbinden den Vorgang des Fressens eher mit Ruhe und Sicherheit, mit Harmonie und Normalität. Fressen erzeugt bei Pferden ein „Alles-ist-gut"-Gefühl. Mir kann nichts passieren. Alles halb so wild. Futter kann das Getane bestätigen, aber vor allem kann es dem Pferd die Beziehung bestätigen. Es entspannt und

Was soll denn das? Dieses Pferd hat nicht auf meine Aufforderung reagiert und bekommt ein Leckerli?! Lesen Sie dazu die nächste Bildgeschichte. (Die Fotos entstanden zwischen Bild 8 und 9 und zwischen Bild 10 und 11 der dortigen Folge).

tröstet. Das ist manchmal sehr hilfreich, wenn ein Pferd sich bemüht und bemüht, aber seine Piaffe heute trotzdem nicht klappen will.

Es kann problematisch sein, wenn man dem Pferd die Arbeit wie eine saure Pflicht zu versüßen sucht. Aus unserer Perspektive besteht dabei die Gefahr, dass man sich selbst und das Pferd über Unangenehmes und Fehler hinwegtäuscht, das Pferd manipuliert oder zuschüttet und davon abhält, wirklich seinen eigenen Weg zu verfolgen. Ich als Mensch verliere die Orientierung, weil mein Pferd nicht mehr führt und die Arbeit bestimmt, sondern meiner Brottüte hinterherläuft.

Leckerlis sind eine hilfreiche Zugabe. Wir sollten unsere Beziehung aber nicht besonders darauf konzentrieren, was ja auch der tut, der damit geizt. In diesem Sinne sind auch die beiden Szenen auf den vorangegangenen Seiten zu verstehen, die aus der gleich folgenden Bildsequenz stammen. Junghengst Shane bekommt ein Leckerli, obwohl er neben den Reifen tritt, in den er hineingehen soll. Ich freue mich einfach, dass er sich eine solche Mühe gibt dabei. Nur weil ich es gerne möchte! Er strengt sich sehr an, obwohl für ihn die Aufgabe besonders schwer ist.

In der zweiten Szene (auf Seite 100) ziehe ich ein Leckerli aus der Tasche, weil er nicht (!) reagiert hat, obwohl Shane „schläft". Ich habe zu viel verlangt. Er soll sich nicht frustriert fühlen: „Entschuldige, ich habe nur noch mal gefragt, ist nicht so wichtig. Lass uns was anderes machen!"

„ABER ICH VERLANGE DOCH GAR NICHTS VON IHM!"

Zu Anfang dieser Seiten, als wir darüber nachzudenken begannen, was denn eigentlich einer harmonischen Zusammenarbeit von Mensch und Pferd entgegensteht, haben wir Toppur, unseren dynamischen Islandhengst, in einer unklaren Situation zurückgelassen. Da war ein Konflikt zwischen uns. Denn plötzlich hat der Mensch alles verändert. Zuerst war es noch lustig und hat Spaß gemacht. Wir sind miteinander gelaufen, und ich hatte ein Spiel mit ihm gespielt, mehrere, und es war fast so wie ein Spiel unter Pferden. Vielleicht gibt es das doch, Freiheit...?

Da komme ich mit meiner Aufforderung, dass er abbiegen und um mich herumgehen soll. Keine schwierige Sache, eine Kleinigkeit nur. Aber Toppur ist irritiert. Was soll das jetzt? Warum soll er plötzlich von seinem Weg abweichen und im Kreis gehen? Er sieht keinen Sinn in diesem Verhalten. Da er als ungestümer Junghengst schon früh mit menschlichen Machtspielen konfrontiert wurde, ist er sowieso eher misstrauisch, was diese Dinge betrifft. Was soll er davon halten? Auch für mich will er nicht den Hampelmann spielen.

Vom Weg abbiegen – eine ja wirklich kleine, alltägliche, geradezu lächerliche Forderung... Und ich hatte sogar einen guten Grund für das, was ich von Toppur wollte. Ich wollte nämlich dabei sogar etwas für ihn tun: ihm eine leichtere Art des Richtungswechsels zeigen. Mir war bei unseren vorhergehenden Spielen aufgefallen, dass Toppur kopflastig wendete und seinen Drehpunkt auf der Höhe seiner Vorhand beließ. Ich als Zweibeiner hingegen bewegte mich auf den Hinterbeinen, hatte meinen Schwerpunkt da und konnte bei unserer Kringelei deshalb fixer die Richtung wechseln. Es ist auch für ein Pferd angenehmer zu drehen, wenn der Schwerpunkt seines Körpers weiter hinten, in Richtung seiner Hinterbeine liegt – im nächsten Kapitel werden wir uns noch ausgiebig darüber unterhalten. Um dem Islandhengst eine Anregung dazu geben zu können, wollte ich, dass er eine Kurve geht. Doch Toppur verstand mich nicht. Allerdings hatte ich auch einen etwas ungeschickten Moment für mein Angebot gewählt; ich wollte meine Idee sofort ans Pferd bringen, obwohl Ort und Zeit nicht allzu günstig dafür waren. Denn der Boden ist dort nicht eben, eher abschüssig. Es sind in dieser Umgebung zu viele Hilfsmittel nötig: Strick und Halfter bilden eine mechanische Beschränkung. Das Pferd kann hier streng genommen gar keine freie Entscheidung treffen, die Voraussetzung ist zu jeder Kooperation. Außerdem ist hier, vor aller Augen, nicht der geeignete Raum für Kritik und Verbesserung. Mein Versuch ist an dieser Stelle unpassend. Toppur kann nicht in Freiheit über meinen Vorschlag nachdenken.

„Alles Lernen ist Spielen."
Plato

SHANE UND DER REIFEN

Shane ist zwei Jahre alt. Er will unbedingt auch einmal auf den Reitplatz. Doch was macht man da eigentlich? Mir kommt eine Idee, und ich hole einen Reifen und lege ihn in den Sand. „Schau da, ein Reifen." Shane betrachtet das Ding, schaut hinein – ich frage ihn, ob er nicht vielleicht einen Fuß hineintun möchte. „Meinen Fuß?!?" Shane ist verwirrt, was für eine Idee! Seine Mutter hat ihn immer ermahnt, dass er ja aufpassen soll und auf seine Füße Acht geben, damit sie bloß nicht in Löchern zu Schaden kommen... – Er macht einen halben Versuch, aber er traut sich nicht. Das ist ihm doch zu unheimlich! Andererseits ist er jetzt ein wenig traurig und steht ratlos vor dem Reifen. – „Sollen wir es noch einmal probieren? Schau da, der Rand von dem Ding ist nicht scharf, der gibt nach, das ist keine Falle." Shane untersucht den Reifen noch einmal sehr gründlich – und probiert wieder, meinen Wunsch zu erfüllen. So nah dran wie möglich, die Hufe hart am Rand... dann balancieren wir noch einmal rückwärts über das Loch. Als ich daraufhin wieder frage, merke ich, dass ich jetzt zu viel will. Er hätte es ja gerne gemacht, aber er kann nicht. „Aber du warst doch prima, ganz super, warte, ich hab' was für dich! Schau mal, was ganz anderes, wir rollen jetzt mal den Reifen mitten durch deine Beine. Mensch, toll! Wie mutig von dir!"

„Danke, Shane. Bist ein großartiges Pferd!"

DIE FRAGE NACH DEM SINN

Am Ende dieses Kapitels wird Toppur den Bogen laufen, wie wir später noch sehen werden. Nach einer Phase des Zögerns entscheidet er sich, sozusagen probehalber auf meinen Vorschlag einzugehen. Vorerst aber tut er es nicht. Toppur weicht vor meinen Aktivitäten aus und weigert sich, meiner Aufforderung nachzukommen.

Es ist sehr wichtig, ein Pferd – wenn wir es denn als freies Wesen begreifen – in diesem Moment rückhaltlos zu respektieren. Mitsamt seiner Weigerung. Da kommt ein fremdes Wesen und verlangt etwas. „Warum sollte ich das tun? Ich sehe keinen Sinn darin." – „Weil du musst!" Wer seinem Pferd diese Antwort vermittelt, gewinnt vielleicht (sofern er sich aufs Durchsetzen versteht) den Gehorsam seines Pferdes. Die Begeisterung und die Eigenständigkeit seines Pferdes wird er an diesem Punkt allerdings für immer verlieren.

Die Frage nach dem Sinn: Je selbstständiger unser Pferd ist, desto schneller wird es sie in der Arbeit stellen. Wie wir sie beantworten, ist entscheidend, denn damit stellen wir die Weichen für unsere Beziehung. „Weil ich es sage!" Diese Antwort, den Pferden mit Nachdruck gegeben, enthüllt den zweibeinigen Diktator. Das vorher war also alles nur Vorspiel. Auch die Antwort „Weil da eine Tonne steht, ein Reifen liegt!" ändert diesen Duktus nicht. Sondern es verschiebt ihn lediglich ins Konkretere: „Und ich will, dass du um diese Tonne gehst!" Pferde können sich trotz allem – vielleicht nach einer Phase des Zögerns – für die neue Idee ihres Menschen entscheiden. Auch wenn so vieles dagegen spricht. Es gehört zu den Wundern, die ich Ihnen durch dieses Buch nahe bringen möchte: Pferde lassen sich auf uns ein, trotz allem. Ganz von allein. Aus eigenem Antrieb. Gerade weil wir nicht versuchen, sie verbissen dazu zu bringen. Ich muss mich nicht durchsetzen, kämpfen – und trotzdem folgt mein Pferd. Das ist ein großes Geschenk. Denn die Antwort, die ich Toppur an dieser Stelle nur geben kann, ist: „Weil ich es für wichtig halte, weil ich es gerne möchte." Statt Druck anzuwenden, Macht auszuüben, tue ich gerade das Gegenteil: Ich bitte mein Pferd, es doch einmal zu probieren.

Toppur geht also im Anschluss auf meine Idee ein, und zwar ohne zu wissen, was das eigentlich soll. Er sieht ganz fröhlich dabei aus, obwohl er anfangs so zögerlich war. Wir werden im folgenden Teil diesen Prozess der Entscheidung genauer betrachten. Warum tut das Pferd dieses von uns erbetene unerklärte Neue, das seiner derzeitigen Auffassung nach keinerlei Sinn hat – obwohl es ja nicht muss? Und obwohl es vielleicht auch erst einmal nicht will? Wie kommt es zum Umschwung? Wie führt man es durch die Phase des Zögerns? Diese Fragen soll uns Shane beantworten, ein junger Connemarahengst, der, ähnlich wie sein erwachsener Freund und großes Vorbild Toppur, einen sehr eigenständigen, unbestechlichen Charakter besitzt. Wir sehen ihn in einer alltäglichen, aber für Shane speziell problematischen Situation: wie er nämlich mit einer Aufgabe konfrontiert wird, die aus seiner Perspektive nicht zu bewältigen ist. Vorhang frei für Shane und seine Geschichte mit dem Reifen!

DIE BEDEUTUNG KLEINER DINGE

Konnten Sie den Dialog zwischen Shane und mir auf den vorangegangenen Seiten nachvollziehen? Es begann damit, dass ich dem kleinen Hengst zeigen wollte, dass dieser Reifen völlig harmlos ist, ja dass man sogar den Fuß hineinstellen kann. So stellte ich mir den Ablauf vor, so hätte unsere Zusammenarbeit aussehen können. Shane hat den Fuß nicht in den Reifen gesetzt. Doch er hat mir zugehört, hat mich zu verstehen versucht und verstanden! Wir sind äußerlich, sozusagen materiell, zu keinem Ergebnis gekommen, aber dafür war die geistige Zusammenarbeit um so enger.

Auf den beiden ersten Bildern untersucht Shane auf meine Anregung hin dieses „bewegliche Loch", das ihm unheimlich ist. Sehen Sie, wie er sich auf dem ersten Bild vom Reifen weglehnt, im Körper noch voller Misstrauen und den Schweif unsicher verklemmt? Kurze Zeit später hat er sich entspannt, sein Körpergewicht ruht jetzt auf dem rechten Beinpaar: dem Reifen zugewandt. Er traut der Sache jetzt mehr, der Schweif fällt locker. Und auch der Pferdepo sieht anders aus, denn die Stellung der Kruppe hat sich verändert, obwohl Shane keinen Huf bewegt hat.

Wir erkennen auch, dass sich Shane auf den ersten drei Bildern schräg zum Reifen stellt, ihn dann aber frontal angeht. Er möchte tun, was ich will. Trotz allem fehlt ihm, dem gegenüber allem „Untergründigen“ besonders sensiblen Pferd (er ist ein wenig bodenscheu), der Mut zum letzten Schritt.
Shane versteht sehr wohl, was ich möchte, und er geht so weit an das Gummigebilde ran, wie er nur irgend kann. Und auch darüber und zurück – nur hinein, sich dazu zu überwinden, das schafft er nicht. Das enttäuscht ihn, er zeigt leichten Stress – es ist eine Art innerer Rückzug, der ihn in typischer Ponymanier jetzt eher schläfrig aussehen lässt. Er schaltet ab. Er ist überfordert damit, dass er in den Reifen hineintreten soll. Aber muss er das überhaupt? Shane hat gemacht, was er machen konnte. Er hat sich mit einer persönlichen Schwierigkeit konzentriert auseinandergesetzt, weil ich darum gebeten habe, er ist nicht ausgewichen oder geflüchtet. Er hat sein Bestes gegeben. Er ist so dicht wie möglich an das dunkle Loch herangetreten: Man kann auf den Bildern sehr gut erkennen, wie er sich um das Problem Reifen herum zentriert. Shane ist bis an seine Grenzen gegangen. Auf meine Bitte hin. Was wünsche ich mir mehr?

„Danke, Shane!“

EINE INNERE SPRACHE

Beim Beschriften der Fotosequenz mit dem jungen Shane sind mir die Gesten meiner Hände aufgefallen. Auf den ersten Blick scheinen sie das Pferd zu dirigieren und machen recht deutlich, was ich will. Reagiert das Pferd vielleicht auf diese Art von Hand- oder Zeichensprache? Ein menschlicher Betrachter jedenfalls könnte so auf meine Wünsche rückschließen. Aber Shane? Ein nahezu rohes Jungpferd, das minimale Handbewegungen befolgt? Mancher Hund hätte Mühe, solche Zeigesignale auf Anhieb zu verstehen.

Meine Gestik begleitet das, was ich sage, und ein Mensch mag daraus einiges ableiten. Aber ein Pferd ist nicht so handfixiert wie ein Mensch. Shane achtet nicht darauf. Wenn ich genau dieselben Gesten benutzt, aber etwas anderes gedacht hätte – zum Beispiel wenn ich mich auf die eigenen Bewegungen konzentriert hätte statt auf Shane und seine Gefühle –, so hätte sich das Pferd völlig anders verhalten. Shane reagiert hier offenbar auf das, was ich mir vorstelle. Wodurch habe ich es ihm mitgeteilt? Wir Menschen benutzen untereinander zur Kommunikation unsere Lautsprache und brauchen zur Verständigung Worte oder allgemein verständliche Zeichen. Manchmal reden wir auch mit Händen und Füßen, doch auch das ist eine äußerliche Sprache. Shane achtet nicht auf meine Hände, genauso wenig, wie er auf meine Worte achtet – trotzdem weiß er genau, was ich möchte.

Die Verständigung zwischen diesem Junghengst und mir erfolgt nicht über Körperzeichen oder festgelegte Signale. Nur ein einziges Mal achtet Shane tatsächlich auf das, was meine Hände tun: Sie sehen es auf dem Bild auf Seite 100, das ebenfalls in diese Sequenz gehört: Es ist der Moment, in dem ich in die Hosentasche greife. Diese Geste kennt er. Sie kündigt ihm das Leckerli an, das ich dort aller Wahrscheinlichkeit nach gleich herausziehen werde. Ich bin mir jedoch sicher, dass er noch auf anderem Wege davon wusste, bevor ich ihm meine Absicht so deutlich sichtbar vermittelte.

Um Ihnen die Teilnahme an diesem Gespräch zwischen Shane und mir zu erleichtern, habe ich es in Worte gefasst. Und auch mir selbst hilft in einer solchen Situation das Sprechen zu meinem Pferd dabei, die Richtung meiner Gedanken zu halten. Doch die Kommunikation zwischen Mensch und Pferd geschieht auf einer viel tieferen, unmittelbaren Ebene und entzieht sich einem formalen Beobachter. Denn eine solche Begegnung folgt ebenso den Prinzipien der Übereinstimmung, wie wir sie im harmonischen Tanz des gemeinsamen Spiels erkennen konnten. Dort haben uns die parallelen Beinbewegungen das Zusammengehen von Mensch und Tier verdeutlicht, hier lässt sich das Zusammenspiel nicht so leicht ablesen.

Die Melodie erklingt im Innern, und dort hören wir sie beide. Wie ich die Hände bewege, ist nur eine Begleiterscheinung meiner gedanklichen Vorstellungen. Mit genau denselben Körperbewegungen, aber anderen Bildern vor dem inneren Auge, die ihm nichts gesagt hätten, wäre Shane nach einer Weile vermutlich einfach weggegangen. Die Resonanz hätte gefehlt. Ein Pferd nimmt den Menschen als Ganzes wahr, und nur wenn wir als Ganzes stimmig sind, glauben und verstehen uns die Pferde. Deshalb ist es sehr wichtig, dass wir nicht plötzlich unstimmig werden, wenn wir jetzt mit dem Pferd arbeiten wollen, und damit den geistigen Zusammenhalt zwischen uns aufgeben, weil wir den falschen Ton anschlagen. Wenn wir wollen, dass ein Pferd unseren Vorstellungen folgt, müssen wir auch seinen folgen.

Obwohl ich keinerlei Zugriff auf dieses Pferd habe, nimmt es die innere Sprache meiner Gedanken und Wünsche auf und orientiert sich an ihnen. Bei großer gefühlsmäßiger Übereinstimmung kommt es auch zwischen Menschen vor, dass sie die Bilder von anderen Menschen aufnehmen. Plötzlich „wissen wir einfach“, was der andere denkt, im gleichen Augenblick. Manchmal sogar, ohne ihn überhaupt zu sehen. Denn wir alle haben einmal in einer Welt ohne Worte gelebt und konnten als Kinder mit inneren Bildern denken und kommunizieren. Erst viel später haben wir begonnen, uns an Worten zu orientieren. Auch Sie können diese innere Sprache verstehen, wenn Sie eine gefühlsmäßige Verbindung zu Pferden aufbauen – und Sie sind schon dabei, es zu tun, während Sie den Pferden hier durch die Seiten dieses Buches folgen.

GESCHENKTE LIEBESMÜH?

Shane versucht, mit meinen Bildern Schritt zu halten – ähnlich auf Übereinstimmung und Harmonie bedacht wie Haflinger Kim bei den Laufspielen mit seinen menschlichen Partnern. Shanes Versuch, meine Erwartungen in Realität zu übersetzen, gelingt nicht ganz: Der junge Hengst fürchtet sich vor dem dunklen Loch, als welches er das Reifeninnere wahrnimmt, und er kann dieses Misstrauen nicht abschütteln. Wer uns bis hierher begleitet hat, wird verstehen, wie enorm wichtig es an diesem Punkt ist, das Pferd jetzt nicht allein zu lassen oder zu drängen. Wer hier auf Überwindung beharrt, kann sein Pferd sehr schnell verlieren: weil er es so stehen lässt, innerlich Distanz hält und bei seinen Vorstellungen bleibt. Das Ergebnis ist ihm wichtiger als das Pferd. Ein solches Verhalten ist Gift in jeder Beziehung. Denn das Pferd hat sich bemüht, uns die Wünsche von den Augen abzulesen, ja es hat versucht, sie in unserem Inneren zu lesen und sich entsprechend zu verhalten. Wer ein solches Bemühen nicht aus vollem Herzen anzuerkennen vermag, hat bei den Pferden nichts verloren! Wir müssen unserem Pferd schnellstens entgegenkommen, damit es jetzt nicht resigniert. Indem wir uns erkennbar freuen, unsere Dankbarkeit deutlich zum Ausdruck bringen (nichts anderes ist das Futtergeben) und indem wir sofort eine erreichbare Alternative anbieten, einen erreichbaren Wunsch (wie die Mutprobe mit dem rollenden Reifen). Es ist sehr wichtig, sich darüber im Klaren zu sein, wie sensibel eine solche Situation ist. Das Verhalten des Pferdes ist ein sehr großes Geschenk an uns. Wie mag es sich fühlen, wenn sein Mensch dieses Geschenk nicht wahrnimmt, daran herummäkelt oder es verbessern will, weil ihm das Ergebnis gerade nicht in den Kram passt?

Letztendlich ist es völlig unwichtig, ob Shane einen seiner Füße tatsächlich in den Reifen stellt. Begonnen habe ich die Sache mit dem Reifen ja gerade deshalb, weil ich seine Bodenscheuheit bemerkt hatte. Und mit genau dieser Unsicherheit hat Shane sich sehr intensiv auseinandergesetzt. Es ist ja nun nicht so, dass er die Reifen an den Füßen unbedingt braucht, um weiter zu überleben. Der Reifen sollte nur ein Hilfsmittel sein, er ist nicht der eigentliche Punkt. Im Mittelpunkt unserer Arbeit steht er, Shane!

HAZEL LERNT TRAVERS

Die Kunst der Veränderung liegt darin, das Körpergefühl eines Pferdes zu verbessern und ihm eine neue Erfahrung zu vermitteln – und das mag manchmal ganz ähnlich wie übliche Dressur-Lektionen aussehen! Hazel, die braune Connemarastute, zeigte uns vorhin ein Travers. Wie ist das entstanden?

Beim Travers bewegt ein Pferd seine Beine vorwärts-seitwärts in die Richtung, in die es sich biegt. Hazel hat so etwas noch nie gemacht. Auf dem ersten Bild lade ich Hazel ein, auf mich zuzukommen, indem ich ihr meinen Raum anbiete und innerlich frei mache (man kann sehen, wie ich mich „verdünne“, oder?). Hazel ist nicht ganz sicher, ob sie der Einladung folgen soll, die Gerte, meint sie, und die erhobenen Arme könnten dem widersprechen...

Beachten Sie, wie in der Folge der Prozess

des Verstehens durch das ganze Pferd wandert. Ihr Kopf hat verstanden, die Schulterpartie ist auf diesem ersten Bild noch für „Lieber Wegbleiben“. Ihre Hinterhand ist dabei relativ unbeteiligt. Auf dem zweiten Bild kommt die Stute mit der Vorhand. Sie kreuzt das linke Vorderbein über das rechte. Ihr Zweifeln verlagert sich dann weiter rückwärts in die Hinterhand, und man kann die Zurückhaltung am linken Hinterbein geradezu ablesen. Doch jetzt, nachdem sie vorne noch einen Schritt zur Seite gemacht hat, gibt sie das Körpergewicht nach rechts ab und kommt auch mit ihrem linken Hinterbein! Ihr nächster Schritt ist dann der, der im Anfangsbild zu Beginn des Kapitels zu sehen war. Meine Gerte bleibt die ganze Zeit auf Hazels Kruppe gerichtet; nicht, weil sie dort, wie sie anfangs noch glaubt, ausweichen soll, sondern damit sie sich ihrer inneren (hier also der rechten) Hinterhand bewusst bleibt: Denn nicht ein – wie auch immer geartetes – „Beine-Kreuzen“ macht den eigentlichen Sinn dieser Lektion aus, sondern dass und wie ihr inneres Hinterbein die Last des Körpers übernimmt und in die veränderte Richtung trägt. Und genau so haben wir diese neue Bewegung miteinander entwickelt.

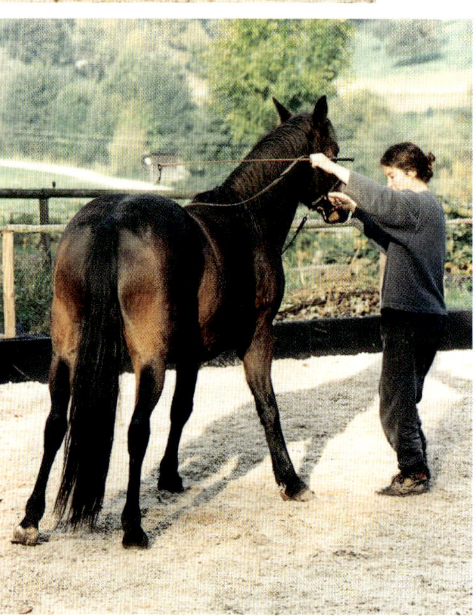

IM MITTELPUNKT DAS PFERD

In unserer Arbeit bemühen wir uns, dem Pferd zu nützen und es zu fördern. Hat nicht auch die Dressurreiterei dieses Ideal? Heißt es nicht auch dort, dass die Ausbildung dem Wohl des Pferdes dient und seiner Gesundheit zugute kommt? Pferde sollen gefördert und weiter ausgebildet werden: Dazu dienen Gymnastizierung, Versammlung, Durchlässigkeit. Hakt man genauer nach, so merkt man aber bald, dass es dabei leider nicht um das Pferd als solches geht, sondern um die Kultivierung und Konservierung der Arbeitskraft des Pferdes. Denn auch hier ist das eigentliche Ziel, die maximale Leistung des einzelnen Tieres zu erhalten, nur eben mit sorgsam geplanter Strategie. So war es gedacht. Inzwischen fehlt allerdings vielen Dressurreitern längst die Geduld und das Wissen für ein solches Vorgehen, und die Praxis sieht völlig anders aus: Da werden die Lektionen aus den Pferden herausgepresst. Oft ist jedes Mittel recht, um zum Erfolg zu gelangen – und der liegt heute nicht mehr in einer langen Leistungsfähigkeit. Wichtig ist der Turniersieg, für den man bestimmte Bewegungsabläufe willkürlich einübt und beim Pferd zusammenhangslos abruft. Nicht Entfaltung, sondern Mechanisierung des Pferdes wird gefordert. Für den, der als Dressurreiter seine Ideale ernst nimmt, mag eine gute Turniernote allenfalls ein Nebeneffekt sein, kann aber niemals Zweck seines Handelns werden.

„Vorwärts!" – „Schneller!" – „Schau nach rechts!" – „Kopf hoch!" – „Nach rechts abwenden!" – „Nimm den Hintern gefälligst rein! Wirst du wohl!" – „Anhalten! Füße parallel!" – „Drei Schritte zurück! Drei vor! Fünf Schritte zurück!" – „Kriech nicht, streng dich an!" – „Schneller!" (anderer Gang) – „Falscher Fuß!!" – „Halt!" – „Schneller!" (gleicher Gang) – „Nach links!" – „Nach rechts!" – „Nach links!" – „Nach rechts!" – „Nach links!" – „Nach rechts!" – „Kopf nach innen!" – „Kopf runter!" – „Langsamer!" (anderer Gang) – „Stillgestanden!"

Wenn man versuchsweise einmal in Worte übersetzt, was ein Reiter seinem Pferd mitteilt, während er es arbeitet, so ist leicht einsichtig, dass wir uns hier nicht auf einer Tanzbühne, sondern auf einem Exerzierplatz befinden. Die Gedankenstriche stehen dabei für Hilfen – Korrekturen – Strafen. Ein Moment nur, doch für das Tier geht es endlos so weiter.

Dressurreiten bedeutet heute leider zu oft nicht, mit einem Pferd zusammen zu arbeiten. Der Reiter arbeitet sein Pferd – sprich: er bearbeitet es. Er konzentriert sich auf die Fehler des Pferdes und sucht diese in mühevoller Schleifarbeit zu beheben. Er entscheidet, was richtig und was falsch ist. Die Wahrnehmung der Fehler geht von äußeren – pferdefremden – Kriterien aus. Der Reiter findet sein Reittier zum Beispiel steifer, wenn er rechtsherum reitet, weil es nur ungern in diese Richtung abwendet. Deshalb übt er auf dieser Hand vermehrt und arbeitet daran, diesen Ungehorsam abzustellen und sein Pferd verstärkt nach rechts zu biegen. Vielleicht will er auch die Hinterhand des Pferdes im Galopp aktiver haben oder die Rücken- und Halsmuskulatur seines Tieres aufbauen. Er macht Übungen dafür und benutzt vielleicht Hilfszügel, die ihn diesem Ziel näherbringen sollen. Der Reiter versucht, sein Pferd nach seinem Willen zu formen, so gut (oder schlecht) er es eben versteht.

Zusammenarbeit ist etwas anderes. Ich habe keine Idealvorstellung, nach der ich mein Pferd zu formen versuche – steht mir doch ein lebendiges Wesen gegenüber, nicht totes Material, das man nach Belieben bearbeiten kann und darf. Reitkunst, wie ich sie verstehe, kann nur eine Kunst für Pferde sein und muss ihnen dienen! Nicht dem Ehrgeiz, der Show, der Volksbelustigung. Wir wollen, dass zwischen Pferd und Mensch ein so guter Kontakt besteht, dass Verständigung und Vertrauen herrschen – eine hierarchiefreie, lustvolle Atmosphäre. Wie sie im gemeinsamen Spiel entsteht. Nur zu diesen Bedingungen kann ich einem Pferd etwas Neues anbieten: Hilfe, Zusammenarbeit. „Gibt es etwas, was du verbessern möchtest? Fühlst du dich dort vielleicht nicht wohl?" Die Energie und das Selbstvertrauen, sich mit solch wunden Punkten auseinanderzusetzen, gewinnen wir aus dem Spiel. Denn das Pferd braucht Mut, ja Übermut dazu.

KÜNSTLERALLÜREN

Das Pferd, ein Künstler, und der Mensch, der ihm bei seiner Kunst assistiert – diese Beziehung demonstriert uns Passaro gerne und deutlich. Er hat hier das Sagen! Und ich habe lediglich die entsprechenden Hilfen zu geben. Und zwar auf die richtige Weise – wenn ich sie nicht angemessen dosiere und gedrängelt habe, wie hier, ist die Konzentration des Schaffenden gestört: „Moment! So geht das nicht! So kann man nicht arbeiten!" Ich muss Abbitte leisten. Nach entsprechender Huldigung erhebt sich der Meister würdevoll.

Pferdespiel, Pferdearbeit, Pferdekunst – nachdem sich Passaro gesammelt hat, nimmt er die Arbeit gelassen wieder auf und bastelt weiter an seiner Passage. Ich darf dabei helfen.

ROLLENWECHSEL

Die Rahmenszene mit Toppur zeigt uns den viel umstrittenen, spannenden, kritischen Moment, in dem der Mensch vom zweckfreien Zusammenspiel zu zielgerichteter Arbeit wechseln will. Zusammenarbeit, die ja für das Pferd neu ist, die es in einer solchen Form nicht kennt. Kein Wunder, dass es Vorbehalte hat, solange es Sinn und Zweck einer solchen Zusammenarbeit nicht begreift. Dass Islandhengst Toppur dann dennoch so bereitwillig kooperiert, mir zuhört und meine Anregungen umzusetzen versucht, ist sein Verdienst, nicht meiner.

Den Übergang zur Arbeit kann man nicht einfordern. Dieser Moment, das macht uns das Pferd auch sehr deutlich, ist ein Scheideweg. Hier können wir das Wertvollste verlieren, das, weswegen wir uns eigentlich auf die Reise gemacht haben – unser Pferd. Es weicht zurück, es möchte gehen, flieht vor uns und diesem unverständlichen Druck. Meist können Pferde ja nicht wirklich aus der Situation fliehen, und der Mensch macht um so nachdrücklicher weiter. Die Flucht verlagert sich jetzt in den Körper des Pferdes: Muskeln, die wegzucken, abgehackte Bewegungen, ein furchtsam hochgerissener Kopf, ein qualvoll geöffnetes Maul... Oh, nein, so wollten wir es doch gar nicht!

Deswegen werden wir es auch nicht tun. Wir werden stoppen, wenn unser Pferd „Nein!“ sagt. Wir lassen es dann, versuchen es anders. Wir werden das Pferd nicht auf unseren Weg zwingen, sondern gehen den gemeinsamen Weg so, wie unser Pferd gehen möchte. Wir fragen es um seine Erlaubnis, diskutieren darüber – und hören vor allem zu. „Okay, Toppur. Entschuldige. So war das nicht gemeint.“ Wir denken noch einmal darüber nach. Also eine Pause und dann ein erneuter Versuch von mir. Und tatsächlich, Toppur folgt meiner Bitte. Er benutzt jetzt sogar seine Hinterhand vermehrt, weil ich ihn darauf hinweise. Aber war ihm von Anfang an klar, was ich wollte, als ich aus dem freundschaftlichen Spiel hinüberwechselte?

Sobald ein Pferd die Erfahrung gemacht hat, wie hilfreich und nützlich es sein kann, mit Hilfe des Menschen zu arbeiten, wird der Übergang in den Arbeitsprozess kein Problem mehr sein. Im Gegenteil. Die Pferde profitieren von beidem, von Arbeit und Spiel, wechseln von selbst hin und her und machen kaum mehr einen Unterschied. Der kleine Braune und der Schimmel auf den vorangegangenen Bildfolgen befinden sich bereits in diesem Stadium. Und je länger der Weg ist, den wir schon miteinander zurückgelegt haben, je weiter die Zusammenarbeit sich entwickelt zwischen uns und sich einer gemeinsamen Kunst nähert, desto mehr ändern sich die Rollen. Die Arbeit wird zur Sache des Pferdes, es formt die Kunst. Es entwickelt klare Vorstellungen, wie unser Beisammensein auszusehen hat und was dabei herauskommen soll. Es fordert von uns ernsthaftes Arbeiten ein: „Bitte keine albernen Spiele, lass uns zur Sache kommen.“ Der Mensch wird zum Hilfslehrer, der seinem Pferd assistiert – und ein Leitsatz der klassischen Reitkunst, die Worte „das Pferd holt sich die Hilfen“, wird plötzlich sehr lebendig. Aber davon an anderer Stelle!

DER ZWEITE TEIL DES GESPRÄCHS – TOPPUR WENDET

Der Übergang vom Spiel zur Arbeit ist zu Anfang nicht leicht zu verstehen für unser Pferd. So war Toppur erst enttäuscht, denn er möchte nicht bearbeitet werden. Wir halten an, und ich versuche ihm zu vermitteln, dass es ein Vorschlag war, dass ich eine nützliche Idee hätte und gute Absichten. Wir probieren es daraufhin noch einmal, und ich bemühe mich, ihm zu zeigen, worum es mir geht. „Wie wäre es, wenn du deine Hinterhand in der Kurve mehr benutzt?" Toppur strengt sich sichtbar an und befolgt meinen Wunsch. Aber ob der Hengst jetzt tatsächlich die Absicht meiner Aufforderung versteht? Was für einen Sinn macht die Sache mit der Hinterhand? Arbeit muss für das Pferd einen Sinn haben. Ich übe Kritik am Pferd und möchte, dass sie ankommt. Und außerdem: Wer lässt sich schon gerne kritisieren, wenn er sich sowieso von vornherein schon benachteiligt fühlt? – Leider ist das in der Regel so, wenn wir uns draußen befinden wie hier, denn in freier Natur herrscht heute der Mensch. Deshalb wäre mein Anliegen für den Hengst anderswo besser verständlich. Mehr Freiheit und eine gelöstere Atmosphäre hätten wir auf dem Reitplatz. Wir werden das Gespräch deshalb nachher mit Toppur an diesem Ort fortsetzen. Wer dabei sein möchte: Wir treffen uns zum nächsten Kapitel in der Reitbahn, mitten auf dem Zirkel!

„Am ruhenden Punkt
der kreisenden Welt
ist der Tanz,
wäre der Punkt nicht, der ruhende,
So wäre der Tanz nicht –
und es gibt nichts als den Tanz."
T.S. Eliot

VON DER KUNST, IM KREIS ZU GEHEN

Kaum zu glauben! Dieses Pferd hat sich Zeit seines Lebens nur hart und steif und mit viel zu hoher Muskelspannung bewegt. Heute präsentiert sich der jetzt zwanzigjährige Araberwallach mit geschmeidigen, fließenden Bewegungen voll elastischer Kraft. Für dieses „Wunder" hat er zwei Jahre lang nichts anderes getan, als seinen Körper auf dem Zirkel in der Reitbahn langsam und bewusst Schritt für Schritt zu erkunden. Sie sehen hier Passaro, der lässig-losgelassen, in hoher Versammlung, mit tiefgebeugten Hanken und am Schlabberstrick piaffiert.

LAUFTIER PFERD

Bewegung ist das Element des Pferdes. Kaum geboren, schon auf den Beinen, übt es die erste Kunst der Pferde: Laufen. Seine vier Füße sind sein kostbarstes Gut. Wenn es sie sicher und geschickt zu gebrauchen weiß, wird es aus allen Gefahren leichtfüßig entkommen. Bewegungs-Sicherheit ist sein Lebensprogramm. „Lerne, die Beine richtig zu setzen!", flüstert die innere Stimme. „Vorne die beiden kannst du noch sehen, aber deine Hinterhufe, die musst du fühlen!" Immer dringlicher wird die Stimme. „Lerne gehen! Lerne rennen! Lerne fühlen!" Das kleine Pferd wächst, wird größer, schwerer... Immer neu muss es lernen, seine Bewegungen an den sich verändernden Körper anzupassen, wenn es nicht ungeschickt und schwerfällig werden will. Und dort hinten, genau dort, wo es keinen Überblick hat und wo es sich am unsichersten fühlt, weil jeder angreifen kann, genau dort sitzt seine Kraft, der Antritt, die Power.

Bewegung ist das Element der Pferde. Pferde tanzen, balzen, jubilieren und trauern mit ihren Körpern. Ihre Seele findet so ihren bewegten Ausdruck. Bewegung ist die Kultur, die Musik, die Sprache, das Leben der Pferde.

Ein Pferd fühlt sich so, wie es läuft, und es läuft so, wie es sich fühlt.

WAS INTERESSIERT EIN PFERD?

Wenn wir ein Pferd auffordern, etwas mit uns gemeinsam zu unternehmen, wird es sich recht bald die Frage stellen: Wozu mache ich das eigentlich? Natürlich können wir Leckerlis geben, es loben oder eine Belohnung in Aussicht stellen. Im letzten Kapitel haben wir gesehen, dass ein Pferd bei einem gutem Verhältnis durchaus zu gewissen Vorleistungen bereit ist, nur um seinem Menschen einen Gefallen zu tun. Doch ist das Pferd nicht so geartet wie ein Hund, der schon dann überschwänglich begeistert ist, wenn er seinen Herrn zufrieden stellen konnte. Das Pferd wird sich fragen, warum wir das von ihm wollen, und wir sollten eine Antwort haben. Pferde sind anders – und Pferdeglück ist anders.

Wir können unser Pferd zu einer saftigen Weide bringen, wo schon seine Freunde warten oder ein paar nette Stuten, wenn es sich um einen Hengst handelt. Ein solches Unternehmen wäre für das Pferd erfreulich und unmittelbar verständlich. Also deshalb sollte ich diesen Weg entlanglaufen, das war eine gute Idee von dir! Aber so verhalten wir uns wohl eher selten. In der Regel sind die Folgen der geforderten Leistungen für das Pferd weniger angenehm, anstrengend bis schmerzhaft, ja sogar schädlich. Und nahezu immer ohne Sinn. Nun, wenn wir eine wirklich freiwillig erbrachte Leistung vom Pferd möchten, so müssen wir ihm erklären und beweisen, dass es von dieser Leistung auch selbst profitiert. Und dann beginnt die Sache für das Pferd plötzlich sehr interessant zu werden.

Wofür interessiert sich ein Pferd? Was kann ich tun, um meinem Pferd einen Vorteil zu verschaffen? Einen Vorteil, den es nicht auch so hätte, wenn es allein ist und Herr seiner selbst? Ich kann mein Pferd natürlich stunden-, tage-, jahrelang einsperren, so dass es heilfroh ist, wenn es sich überhaupt irgendwie bewegen darf. Bewegung ist nun mal ein Grundbedürfnis des Pferdes, und es entsteht damit eine ähnliche Notsituation, als wenn man ihm Futter oder Wasser vorenthält. Sein Bewegungsdrang staut sich auf, es wird explosiv und achtet nicht mehr auf sich selbst. Die dumpfe Ödnis des Gefangenseins ist auf Dauer noch schlimmer als der Stress mit dem Reiten. Deswegen sind auch Boxen- oder gar Ständerpferde „dankbarer" zu arbeiten als Pferde, die in einer Herde und auf der Weide sind. Denn je mehr sich die Lebensbedingungen für das Pferd verbessern, desto weniger wird es zu allem bereit sein, egal was man mit ihm anstellt!

Wenn ein Pferd aber genug Bewegungsmöglichkeiten hat, laufen und spielen kann, wie es will, was dann?

Bewegung ist die Natur des Pferdes! Auf seinen Beinen fühlt es sich zu Hause. Sicherheit durch Bewegung – von der ersten Stunde seines Lebens an widmet ein Pferd sich der Kunst des Laufens.

ZUM BEISPIEL SHANE

Im Herbst letzten Jahres war es dem jungen Shane doch noch einmal geglückt, sich auf den Reitplatz zu drängeln. Ich halte es nicht für gut, Jungpferde regelmäßig dranzunehmen, und vermeide es eher, selbst wenn sie es anbieten. Nun hatte es Shane aber doch geschafft. Wir haben ein paar Minuten etwas miteinander gemacht, er fühlte sich gut dabei, war sehr stolz und bewegte sich auch so: „Du gehst ja toll!“, sagte ich ihm. Und den ganzen Winter lang erinnert der Bursche sich (und mich) an diese wenigen Minuten. Wenn ich die Hengste auf ihre Winterweide rauslasse, so laufen sie dabei meist an mir vorbei. Merkt Shane, dass ich ihn auf eine bestimmte Art ansehe – und er versucht mir, ich weiß nicht genau wie, zu vermitteln, dass ich ihn ansehen soll – so wölbt er den Hals und beginnt gravitätisch stolz zu laufen. „Hey, schau mal, wie schön ich gehen kann!“ Es gefällt ihm, die Blicke auf sich zu ziehen und mir Bewunderung zu entlocken. Es gefällt ihm, mich mit seinen Bewegungen zu beeindrucken. Es gefällt ihm, so erhaben zu laufen. Und ich freue mich darüber, dass Shane mich auf diese Art und Weise anspricht!

Bewegung ist etwas so Wichtiges für Pferde, ein so zentraler Lebensbereich, dass sie sich Zeit ihres Lebens dafür interessieren! Genauer: Es interessiert sie die Qualität der Bewegung. Sie sind immer bereit, neue Möglichkeiten zu finden, um sich zu verbessern. Wie eine solche Veränderung aussieht, damit wollen wir uns jetzt näher befassen.

DAS WAR EINMAL… Max, wie er früher um die Kurve ging: Wie ein Frachtschiff, das auch noch vorne überladen ist. Die Vorderbeine werden bei solchen Wendemanövern in der Schrägbelastung stark strapaziert.

DAS WAR EINMAL...
Kim bei der Zirkelarbeit. Er beginnt hier schon, auf seinen Körper zu horchen. Die starke Verspannung seiner Rückenmuskeln, eine Art Schutzschild gegen „all-das-dort-oben", erlaubt ihm noch kein weites Untergreifen seiner Hinterbeine. Kim war damals, geritten oder nicht, ein sehr stark zusammengezogenes Pferd.

DAS WAR EINMAL...
Passaro, wie er sich bewegte, nachdem wir schon einige Monate zusammen gearbeitet hatten. Er kämpft und wütet nicht mehr gegen alles und reißt auch die Umzäunung des Reitplatzes nicht mehr nieder. Entsprechend ist seine Körperspannung eher niedrig, denn wenn sie höher wird, explodiert er noch immer – und das möchte er eigentlich nicht mehr. Lange Zeit lässt Passaro sich nur fallen, dehnt und streckt seine über Jahre verhärteten Muskeln. Der Schwerpunkt seines Körpers liegt auf den Schultern. Dieses Bild zeigt Passaro drei Jahre vor der mustergültig tief gesetzten Piaffe auf der Eingangsseite zu diesem Kapitel.

DIE VERWANDLUNG DER PFERDE

Wenn der Kontakt mit dem Menschen für Pferde hilfreich wird, können sie sich im Laufe der Zusammenarbeit völlig verändern. Wir zeigen Ihnen hier die Anfänge einer Arbeit, die vielleicht äußerlich dem Longieren ähnelt, aber auf einer ganz anderen Ebene stattfindet: Es geht dabei nicht um ein Bewegen des Pferdes, sondern um die Qualität der Bewegung selbst. Die nebenstehenden Bilder zeigen die drei Pferde Max, Kim und Passaro im ersten Arbeitsjahr bei uns. Nicht dass ein Pferd läuft, sondern wie es läuft, ist mir bei dieser Arbeit wichtig.

Es liegt in der Natur des Pferdes, sich mit der Qualität seiner Bewegung zu befassen, und es ist Zeit seines Lebens bestrebt, diese zu perfektionieren. Kann denn ich, ein Mensch, der selbst Jahre brauchte, das Laufen zu lernen, dem laufgewaltigen Pferd in dieser Beziehung etwas nützen?

Ja, ich kann. Ich habe eine Menge Fähigkeiten, die dem Pferd in dieser Form nicht zur Verfügung stehen: die Fähigkeit zur Analyse, die Konzentration auf Details, meine Zielstrebigkeit oder ein gewisses strategisches Denken, mein persönliches kinästhetisches

Gefühl zusammen mit meinen eigenen Erfahrungen vielfältiger Bewegungsformen – vom Kriechen über das Krabbeln zum aufrechten Gehen. Dazu kommen noch die Beobachtungen und Ideen anderer Pferde, die mir vielleicht schon begegnet sind. Statt mein Pferd mit den mir zur Verfügung stehenden Möglichkeiten zu besiegen und zu drangsalieren, kann ich sie ihm doch auch zur Unterstützung anbieten! Was bedeutet das für die Pferde? Haflinger Kim, der sich so festhielt, dass er kaum vom Fleck kam – auch nicht, wenn er es wollte – erhielt ein breites Übungsangebot. Die dann von ihm bevorzugte Gymnastik waren endlose Volten und auch sehr viel Schulterherein. Durch diese Übungen dehnte er die Seiten seines Körpers abwechselnd und konnte seine Hinterbeine dann besser Richtung Körpermitte bringen. Er bekam erstmalig ein Gefühl für die Kraft, die eigentlich in ihm steckte.

Bei Passaro hingegen waren zuerst eher therapeutische Interventionen gefragt. Er brauchte einen Rahmen, der seine Aggressionsausbrüche nicht behinderte oder anfachte, sondern ihm so viel Sicherheit gab, dass er sie nicht mehr benötigte. Weil alles erlaubt war, musste er gegen nichts mehr kämpfen. Daraufhin arbeitete er über einen langen Zeitraum mit nur sehr niedrigem Körpertonus, ließ sich fallen, löste jahrelange Spannungen. Oft schlappte er lediglich mit hängender Unterlippe Runde um Runde durch die Bahn, nach außen hin lässig, innerlich aber hoch konzentriert – und ständig bereit, blitzartig eine Attacke zu schießen, wenn ihm etwas in die Quere kam (zum Beispiel, wenn einer von außen blöd guckte und er sich dadurch gestört fühlte). Wie Max das gemacht hat? Ein paar Seiten vorher ist er uns ja schon bei Arbeit und Spiel begegnet, und wir werden noch mehr von ihm sehen.

DIE ANATOMIE DER BEWEGUNG

Bevor uns hier das Pferd und seine Bewegung im Einzelnen beschäftigen, wollen wir uns vorab noch einmal in Erinnerung rufen, dass dieses Tier jahrmillionenlang in endlos weiten Räumen gelebt hat. Betrachten wir den Pferdekörper im Vergleich zu unserem, so fällt einiges auf: Obwohl das Pferd doch so viel mehr an Gewicht zu tragen hat als ein Mensch, sind seine Beine zierlicher und knochiger als unsere. Die Muskeln zu den Gliedmaßen sitzen dagegen hoch am Körper. So wie des Menschen meistbenutzte Körperteile, die Finger, werden die Pferdebeine über ein Sehnensystem gestreckt und geführt – krempeln Sie einmal den Ärmel auf und beobachten Sie Ihren Unterarm, während Sie die Finger auf und ab bewegen! Das Pferd hat dieses Bändersystem sehr effektiv genutzt. Es berührt den Boden nur jeweils mit der Spitze eines einzigen verlängerten Zehs und balanciert dabei eigentlich auf dem Nagelrand seines Mittelfingers (bzw. -zehs). So kann es mit einem Minimum an Energieaufwand weite Schritte machen. Sehr von Vorteil für ein Tier, das den Großteil des Tages „auf den Beinen" sein muss und dazu noch eine große Körpermasse herumträgt. Wer ständig mit einer halben Tonne Lebendgewicht auf Futtersuche durch die Landschaft zieht, braucht ein energetisch optimiertes Bewegungssystem, damit sein Energieverlust dabei nicht größer wird als der Zugewinn durch die Nahrung. Das Stehen und Laufen in flachem Gelände kostet ein Pferd relativ wenig Kraft. Mit einem kurzen Muskelzug werden die schlanken Beine maximal bewegt. Sie sind dabei allerdings weitgehend auf ein Vor- und Zurückschwingen eingeschränkt. Knie- und Ellbogengelenk haben nur wenig Freiheit, die Gliedmaßen sind am Körper gleichsam festgezurrt und pendeln von vorne nach hinten. Der Bewegungsapparat des Pferdes ist für eine lineare Fortbewegung auf den weiten Ebenen konzipiert. Es kann lange, gerade, weite Strecken äußerst ökonomisch zurücklegen. Hier ist es der perfekte Läufer. Bis in die Hufspitze hinein ist das Pferd darauf spezialisiert, während der Bewegung Muskelenergie zu sparen. Es hält seinen Körper auf schmaler, hoher, horizontaler Linie und bewegt sich mit großer Übersetzung. Wie bei einem Rad mit hohen Speichen ist diese Fortbewegung kräfteschonend auf weiten, ebenen Strecken. Pferde sind hoch spezialisierte Bewegungstiere. Aber gerade weil sie für Bewegung geschaffen sind, sind sie in diesem Bereich auch anfällig bei Fehlbelastungen und sehr gestört bei Behinderung. Ein Pferd, das sich schlecht bewegt, fühlt sich nicht wohl in seiner Haut.

PFERDEKOMMUNIKATION – DAS PFERD ALS LEHRER zeigt uns, wie man's macht. Es stellt eine Autorität dar, der wir die Ehre erweisen und respektvoll zuhören müssen. Reno hat immer die obere Position und mit wohlwollendem Auge alles im Blick.

„Klassische Reitkunst gedeiht nur dort, wo der Mensch im Pferd ein ebenbürtiges Geschöpf sieht."
G. E. Löhneysen, 1609

DAS PROBLEM DER AUSBILDUNG

Ein Pferd muss, eben auf die Welt gekommen, sein Gleichgewicht halten und laufen lernen, sonst kann es keinen Schluck Muttermilch zu sich nehmen und überlebt kaum einen Tag. Es tut in seiner ersten Zeit als Fohlen nichts anderes, als immer und immer wieder das Laufen zu üben, in jeder Geschwindigkeit, unter allen Bedingungen. Es lässt keine Möglichkeit ungenutzt, sein Gefühl für Bewegung auf jede erdenkliche Weise zu schulen. Das ist auch nötig, denn es hat ja auf vergleichsweise dünnen Gliedmaßen hoch oben einen immer schwerer werdenden Körper auszubalancieren, und mit dem Wachstum verändert sich das Gleichgewicht laufend. Das Körpergewicht verzehnfacht sich nahezu, die Proportionen verschieben sich immer wieder, mal wachsen die Beine mehr vorne, mal hinten. Es ist verheerend, wenn schon die jungen Pferde in die Ställe wandern, bevor sie überhaupt richtig ausgewachsen sind. Wen wundert's, dass sie, solchermaßen auf engstem Raum eingepfercht, ihr Bewegungsgefühl nicht entwickeln können. Selbst wenn sie als Youngsters noch ausgiebig toben durften, so ist ihr Körper heute schwer und plump im Verhältnis zu damals. Und den Rest ihres Fohlengefühls, das sie vielleicht noch hatten, treibt ihnen dann das Anreiten aus dem Leib. Kein unbeschwertes Spielen mehr, keine Bewegungsexperimente und Erfahrungen, sondern Kontrolle und Leistungsdruck von außen. Ein Mensch auf dem Rücken, der nicht nach (Körper)Gefühl sucht, sondern Gehorsam verlangt.

Wer sich mit dem Pferd und seiner Bewegung beschäftigt, sieht sich hoch komplexen Zusammenhängen gegenüber, von denen er als Mensch kaum Kenntnis hat. Pferde bewegen sich schöner ohne den Menschen. Der Anspruch an den Ausbilder ist sehr hoch, wenn er die Bewegung eines Pferdes zum Guten verändern will. Zerstören lässt sie sich dagegen leicht. Die mechanische „Verbesserung" der Pferdebewegung ist ein aussichtsloses Unterfangen, diesen Anspruch kann ich niemals erfüllen. Ich brauche ständig Ratschläge, Korrekturen, Hinweise. Bin ich noch auf dem richtigen Weg? Mein Pferd ist bei mir! Ich gehe nicht allein. Und ich bin heilfroh, dass ich es fragen kann: „Was könnte dir gut tun? Welche Bewegung ist besser für dich? Wie fühlt sich das an?"
Ein unabhängiges Pferd setzt seinem arbeitswilligen Menschenpartner einen hohen Maßstab, denn die Arbeit wird daran gemessen, wie hilfreich und nützlich sie sich Tag für Tag auf das Tier auswirkt. Unser Pferd äußert sich freimütig. Es kann „Nein!" sagen, „So nicht!". Es zeigt uns klar, wo wir stehen – da können wir uns nichts mehr vormachen. Aber das hilft uns auch, denn genau diese Klarheit bringt uns auf den richtigen Weg. Ein solch kommunikatives Pferd ist ein unersetzlicher und unbestechlicher Lehrer.

Bei der Ausbildung von Pferden gibt es eine große Grauzone und eine Menge Fragen, die man als Mensch für sich nicht beantworten kann. Es ist niemals völlig klar, ob das Pferd etwas nicht verstanden hat, ob es einfach nicht will oder ob ihm vielleicht etwas weh tut und letztendlich schaden wird. Es trennt den erfahrenen vom unerfahrenen Ausbilder, dass Ersterer sich mit mehr Wissen und Techniken, vor allem aber auch mit mehr Selbstbewusstsein in dieser Grauzone bewegt. Gewissheit haben sie beide nicht. Die Maßnahmen erweisen sich erst im Nachhinein als unangemessen, und die Rechnung kommt vielleicht Jahre später, wenn das Pferd längst schon einige Besitzerwechsel hinter sich hat – wer weiß da noch, was vorher war? Pferde sind individuell sehr verschieden. Wer mit Pferden auf gleicher Ebene arbeitet, hat einen kommunikativen Partner, der ihm jederzeit deutlich macht, ob, wann und wo etwas nicht stimmt! Das erlaubt dem Ausbilder eine sichere und sofortige Kurskorrektur: Denn das Pferd zeigt den Weg.

WIE BEWEGE ICH MICH EIGENTLICH SELBST?

Tagtäglich bringen wir, als wäre es ganz selbstverständlich, unseren Körper – der ja immerhin auch einiges wiegt – viele hundert Male in Bewegung. Wir stehen morgens auf, gehen zum Fenster. Wir laufen die Treppe hinunter. Setzen uns auf einen Stuhl, erheben uns wieder... Wie machen wir das eigentlich? Kaum einer von uns denkt darüber nach, auf welche Weise er seinen Körper bewegt. Es ist lange her, seit wir es lernten, längst werden nur die fertigen Bewegungsmuster abgerufen.

Vielleicht haben Sie noch niemals Heuballen auf einen Hänger gegabelt oder Futtersäcke befördert, aber neulich, als der schwere Schrank verrückt werden musste, oder beim Heben der Getränkekästen – ob wir unseren Rücken dabei schädigen oder schonen, ist eine Frage der Technik. Es kommt darauf an, den Körper im Verhältnis zur Belastung richtig zu platzieren. Ob wir gehen oder laufen, tragen oder ziehen: Entscheidend ist, dass die Bewegung vom günstigsten Punkt ausgeht, damit sie uns nicht unnötig anstrengt und wir uns nicht übermäßig körperlichem Verschleiß aussetzen. Wer den richtigen Punkt findet, kann die Welt aus den Angeln heben! Wie ich etwas hochhebe oder trage, wo ich stemme und schiebe, das gibt den Ausschlag. Um Größeres zu bewegen, muss die Energie an der richtigen Stelle ansetzen – es reicht nicht, sich einfach nur anzustrengen. Sonst vergeude ich meine Kräfte, zerre und verdrehe meinen Körper und verletze ihn vielleicht sogar noch. Damit Schweres leicht und beweglich wird, müssen wir mit dem Schwerpunkt gehen, dem eigenen und dem fremden, und sie beide durch den Fluss gerichteter Kraft verbinden.

VOM GLEICHGEWICHT DER KÖRPER

Wer seine Wirbelsäule gesund erhalten will, trägt und hebt möglichst nah an seinem Körperschwerpunkt. Wer schon einmal Beschwerden mit den Kniegelenken hatte, wird sich hüten, sein Bein zu schräg oder zu weit weg vom Körperschwerpunkt zu setzen – er spürt sofort, wie schädlich eine solche Bewegung ist, wenn der Hebel der Muskelkraft am falschen Punkt ansetzt und das Gelenk ungünstig belastet. Autsch! Vielleicht hatten Sie auch selbst schon mit derartigen Problemen zu kämpfen. Das kann Ihnen jetzt helfen, die Besonderheiten der Pferde zu verstehen. Denn all diese Probleme von Schwerpunkt und Gleichgewicht, Bewegungsrichtung und Schubkraft – all das wirkt beim Pferd noch verstärkt. Sein Körperschwerpunkt liegt viel höher, sein Leib ist wesentlich schwerer, und die Stützen, die Beine, die alles tragen müssen, bestehen praktisch nur aus dünnen Knochen und Sehnen, was bedeutet, sie sind wenig flexibel und anfällig für seitliche Fehlbelastung. Und schließlich bewegt sich ein Pferd auch häufig noch sehr schnell.

Es ist für ein Pferd also entscheidend, wie es seine Beine setzt. Die Qualität und die Ökonomie seiner Bewegungen, die Gesundheit des Körpers oder sein frühzeitiger Verschleiß hängen davon ab, ob seine Hufe genau den richtigen Punkt finden. Trifft das Pferd diesen Punkt immer genau, werden seine Bewegungen leichtfüßig und mühelos. Es hat plötzlich viel mehr Energie, weil seine Kraft nicht mehr im Kampf gegen das eigene Gewicht verloren geht. Es kann mit der Schwerkraft spielen, federn, schwingen, schweben...

Kennt das Pferd diesen Punkt nicht – vielleicht, weil es solche Erfahrungen niemals machen konnte oder weil man sein Körpergefühl zerstört hat – so bewegt es sich zäh, kraftaufwendig, ungelenk und in hohem Maße verschleißend. Wen wundert's, dass ihm dann auch irgendwann das Laufen keine Freude mehr macht. Auf solche Art ist alles ja auch nur belastend.

In der Pferdearbeit geht es darum, zusammen mit dem Pferd den magischen Punkt zu finden, die richtige Stelle im Verhältnis zum Körper: für genau diese Bewegung, für genau diese Beine, genau diesen Körper in genau dieser Haltung. Gelingt uns das und haben wir diesen Punkt, so können wir gemeinsam die Welt aus den Angeln heben. Das enorme Gewicht des Pferdes spielt kaum mehr eine Rolle. Und auch nicht das zusätzliche des Reiters. Den magischen Punkt zu finden: Das ist das Geheimnis der Reitkunst, das Geheimnis der tanzenden Pferde.

WIE HÄLTST DU ES MIT DER KURVE? Diese so harmlos erscheinende Frage trennt in der Reiterwelt die Spreu vom Weizen. Die junge Connemarastute Hazel hier am Anfang ihrer Ausbildung. Sie wendet zwar auch über das innere Vorderbein wie Max auf Seite 116, versucht aber zusätzlich, ihre Hinterhand mit einzubeziehen. Dafür setzt sie das innere Hinterbein weit gestreckt unter den Körper. So kommt sie zwar leichter durch die Kurve, aber der gesamte Körper gerät so wie bei einem Motorradfahrer in Schräglage – wodurch das Pferd schnell wegrutschen kann und sein Stützapparat zwangsläufig stark strapaziert wird.

Jetzt liegt Hazel nicht schräg in der Kurve wie ein Radfahrer, sondern macht es eher wie ein Gelenkbus: Sie wendet, indem sie sich in ihrer Körpermitte verstärkt biegt. Bei beiden Methoden liegt Hazels Drehpunkt kurz hinter der linken Schulter, etwa da, wo auch ihr Schwerpunkt natürlicherweise liegt. Hinter ihr wartet schon Joy. Sie wird uns gleich zeigen, wie sie es macht.

DER SPRINGENDE PUNKT

Dem Pferd Flügel verleihen, so dass es sich leicht und fließend bewegt – welcher Reiter wünscht sich das nicht? Die Suche nach dem Punkt der Schwerelosigkeit stellt ihn allerdings vor drei Probleme: Das Pferd ist kein statischer Gegenstand, sondern bewegt sich ständig und verändert dabei seine Körperhaltung. Damit verändert sich natürlich auch dauernd die Lage dieses Punktes. Um den springenden Punkt zu finden, muss ich mein Auge für die Bewegungen des Pferdes schulen und ein sicheres kinästhetisches Gefühl entwickeln – aber das ist längst nicht alles, denn der Schwerpunkt des Pferdes ist auch von seinem Gefühlsleben abhängig und ändert sich bei Gemütsbewegung: Ein Pferd beispielsweise, das sich erschreckt, hat seinen Schwerpunkt sofort weit vorne, es „fällt auf die Schulter“. Es ist also auch wichtig, jederzeit zu wissen, wie es sich gerade fühlt, um den Schwerpunkt zu bestimmen. Das

dritte Problem ist, wie ich dem Pferd diesen Punkt dann vermittele und es dazu bringe, schließlich noch seinen Fuß dorthin zu setzen... – kein Wunder, dass man sich als Reiter damit ein Leben lang abmühen kann. Dort allerdings, wo viele Reiter ihre Suche heutzutage ansetzen, im Pferdemaul nämlich, da liegt dieser Punkt der Schwerelosigkeit mit Sicherheit nicht. Das Gebiss ist niemals der springende Punkt! Dazu müsste das Pferd schon einen Kopfstand machen.

Auch wir werden uns jetzt auf die Suche machen. Damit uns das nicht zu weit führt, erleichtern wir uns die Sache ein wenig: Wir befragen die Pferde zu diesem Thema und gehen dabei ein bisschen im Kreis. Es geht um:

DAS PFERD IN DER WENDUNG

Tag für Tag gehen unzählige Pferde Runde um Runde im Kreis. Reitbahn, Führring, Zirkel, Volten und immer wieder Ecken: Was passiert eigentlich mit einem Pferd, wenn es die eingeschlagene Richtung wechselt? Wie geht es ihm dabei? Wie fühlt es sich an, auf vier Beinen einen Kreisbogen zu laufen? Es scheint so selbstverständlich, denn ein Pferd muss das ja in unserer begrenzten Welt ständig tun: um die Kurve gehen. Aber es ist nicht selbstverständlich! Lassen Sie uns ein paar Runden zusammen mit den Pferden gehen, damit wir es verstehen.

Dieses Pferd, das heute unter der Obhut des Menschen nur mehr von Ecke zu Ecke läuft, war einst ein spezialisiertes Lauftier für weite, gerade, ebene Strecken. Auf harten Grassteppen bewegt es sich stetig und ökonomisch, gegebenenfalls auch sehr schnell. Doch der Körper des Langstreckenläufers ist nicht dafür vorgesehen, blitzschnell loszusprinten und zuzuschlagen wie der einer Raubkatze, sich wieselflink um Bäume zu winden oder durchs Unterholz zu schlüpfen und Haken zu schlagen wie der eines Hasen. Die Veranlagung zur Gradlinigkeit spiegelt sich im gesamten Körperbau der Pferde – und auch in ihrer Psyche. Das wandernde Pferd sieht etwas in der Ferne, steuert darauf zu oder weicht großräumig aus. Junge und entspannte Pferde verraten ihrem Reiter stets, wo sie als Nächstes hingehen werden: immer der Nase nach, dorthin, wohin der Blick geht. Wenn etwas Abseitiges die Aufmerksamkeit fesselt, wird angehalten, denn gleichzeitig seitwärts blicken und geradeaus laufen, das geht gegen die Pferdenatur. Je erregter ein Pferd ist, desto mehr kommt seine gradlinige Orientierung zum Durchbruch – manch einer hat schon den Kopf geschüttelt über das „bescheuerte Viech“, das den kurzen Umweg außen herum nicht findet und dann kopflos durch die Hecke oder den Zaun springt, nur um auf die Gegenseite zu gelangen.

Pferde kommen aus dem offenen Raum. Wo keine Umwege nötig sind, sondern der direkte, kürzeste Weg zählt. Ihr Denken verläuft nicht in Kurven gewunden. Am entschiedensten linear ist unzweifelhaft die Flucht. Durchgehende Pferde rennen nahezu blindlings geradeaus. Sie flüchten wie vor einem Steppenbrand – und das ist in unserer heutigen Welt, in der die Pferde jetzt leben, sehr gefährlich. Pferde können in ihrer Linearität so gefangen sein, dass sie Hindernissen nicht mehr ausweichen, sondern sich hineinstürzen; so sind schon furchtbare Unfälle passiert. In der Welt der Pferde ist dieses gradlinige Verhalten natürlich einmal sinnvoll gewesen. Wendungen in solch hohem Tempo sind dort unnötig. Und riskant, denn sie belasten den Spannbandapparat des schlanken Pferdebeins sehr stark.

Ist deshalb jede Wendung für ein laufendes Pferd unnatürlich und auch gefährlich? Im Grunde schon, doch gibt es Ausnahmen: Spiel und Kampf. Spielende und kämpfende Pferde drehen und wenden ihren Körper auch in hoher Geschwindigkeit. Allerdings verfügen sie in solchen Momenten auch über ein außergewöhnliches, nicht alltägliches Gleichgewicht – ein Gleichgewicht nämlich, das näher als sonst bei den Hinterbeinen liegt. Das gewöhnliche Gleichgewicht des Pferdes beim Grasen und Schlendern kann man sich hilfsweise so vorstellen wie das einer Schubkarre, allerdings mit zwei auseinanderstehenden Vorderrädern. Von hinten kommt der Antrieb, die Last wird vorne gehalten und gestützt. Dieses Gleichgewicht des Pferdes wird unter der Gefühlsaufwallung von Spiel und Angriff nach hinten verschoben. Was diese Verschiebung Richtung Hanken bewirkt und wie sie die Beweglichkeit erhöht, können wir leicht an uns selbst ausprobieren, wenn wir uns einmal selbst in den Vierfüßlerstand begeben.

JOYS WEG IN DIE BIEGUNG 1. TEIL *Joy ist ein eher gestrecktes Pferd mit langen Linien, wie man sie bei Zuchtstuten gerne sieht. Von sich aus bewegt sie sich wie ein Schiff um die Kurve, dreht sich dabei um die Vorhand. Wir versuchen hier, den Drehpunkt in der Bewegung etwas weiter nach hinten zu verlegen, zum Reiterbein hin. Selbst wenn ein Pferd noch nach Schubkarren-Art läuft, sind es nicht die Zügel, die es wenden. Das geschieht von hinten her! Der innere Zügel hängt durch, der äußere wirkt lediglich begrenzend und hilft der Stute, auch die äußere Schulter mit in die Wendung zu nehmen und nicht stecken zu bleiben.*

AUF BIEGEN UND BRECHEN

Ein Pferd, das sein Gewicht auf die Hinterbeine nimmt, wird viel beweglicher und kann auch ohne weiteres die eingeschlagene Richtung wechseln. Diese Gleichgewichtsverschiebung bedeutet allerdings einen erheblichen Mehraufwand an Kraft, als ob ein Mensch sich mit gebeugten Knien fortbewegt. Ein solche Vergeudung von Energie wird dem Pferd natürlich sehr fern liegen, wenn es sich verunsichert und gestresst fühlt bei der Arbeit. Solange es aber einen Großteil seines Körpergewichtes mit der Vorhand abstützt und hinten lediglich schiebt, sind Zirkel und Wendungen eine Gefahr für seine Beine. Wer sein junges Pferd liebt, sollte deshalb das Longieren am Anfang der Ausbildung lieber vermeiden, um es vor Fehlbelastungen zu schützen.

Die meisten Pferde sind von ihrem Gleichgewicht her gar nicht fähig, mit ihrem Reiter auf gesunde Art zu wenden. Dennoch wird gerade das immer und immer wieder geübt: um das Pferd „zu biegen". Doch ein Pferd wird durch erzwungenes Abbiegen und steif ausgeführte Wendungen nicht biegsamer. Im Gegenteil, es verfestigt sich darin und verfällt auf Notbehelfe. Die Schubkarre schwenkt um die Kurve, die Hinterhand schlingert nach außen... Der ganz schlaue Reiter drückt sein Pferd dann in die Bahnecke – auf Biegen und Brechen! Je mehr sein Pferd dabei auf der Vorhand läuft, desto mehr kann es durch solche Zwangsmethoden zu Schaden kommen.

Ein Pferd kann nicht gebogen werden. Biegung – wenn man denn darunter nicht einen abgeknickten Hals oder ein sonst irgendwie in Stücke gebrochenes Pferd versteht – lässt sich nicht erzwingen! Weil das so ist, wird inzwischen sogar behauptet, die gleichmäßige Längsbiegung des Pferdekörpers sei anatomisch unmöglich. Was nicht stimmt. Sie ist lediglich nicht von außen her machbar, sie lässt sich nicht durch Menschenhand gewaltsam herbeiführen: Ein Pferd muss diese Art von Körperausrichtung erst lernen. Wer die Biegung des Pferdes mechanisch herstellen will, lernt sie tatsächlich nie kennen. Es ist erschreckend, dass man heute kaum mehr ein Pferd sieht, das korrekt durch die Kurve kommt! Es ist geradezu schon ein Prüfstein für seriöse Ausbildung lediglich die harmlose Frage zu stellen: „Wie hältst du's mit der Wendung?", und man weiß, woran man bei diesem Reiter ist.

Nur das Pferd selbst kann seinen Körper gleichmäßig biegen. Nur das Pferd selbst kann sich auf korrekte Weise ausrichten. Denn die Biegsamkeit des Pferdes ist entlang seines Körpers ungleichmäßig verteilt. Wenn Druck von außen kommt, wird es dem Druck an den instabilsten Regionen nachgeben. Es knickt sozusagen an seinen schwachen Stellen ein. Wobei, wie bei uns, die Wirbelsäule in der Halsregion und im Lendenbereich am empfindlichsten ist. Die Gegend der Rippen hingegen wird durch diese naturgemäß versteift und ist deshalb widerstandsfähiger. Der Mensch kann also das Pferd – durch welchen Kunstgriff auch immer – nur abknicken, aber niemals von Kopf bis Schweif gleichmäßig biegen. Dazu muss das Pferd das Prinzip des Biegens verstanden haben und sich selbst biegen wollen! Es kann nur von innen her zu dieser Form der Körperausrichtung kommen. Ohne weiteres jedoch lässt sich ein korrekt vorbereitetes Pferd zur Längsbiegung des Körpers anregen, wie Sie auf den Luftbildern von Kim sehen. Der Haflingerwallach weiß allerdings schon, wie man's macht; Passaro und ich geben ihm lediglich einige Erinnerungshilfen.

DREI STELLUNGNAHMEN VON KIM ZUM THEMA BIEGUNG

Kim wendet sich hier nach rechts, wie er es gewohnheitsmäßig tut. Er dreht Kopf und Hals in die gewünschte Richtung, der Rest seines Körpers ist davon nicht betroffen. Das mit dem Abknicken des Halses verschobene Gleichgewicht stabilisiert er durch das nach außen versetzte Vorderbein.

Kim hatte zum Zeitpunkt der Aufnahmen schon fast ein Jahr an sich gearbeitet, und er wusste damals bereits eine Menge über das Biegen – zumindest, wenn man ihn daran erinnerte. Die Gerte übernimmt hier diese Funktion, so wie der innere Schenkel beim Reiten.

Kim ist auf dem zweiten Bild nicht mehr abgeknickt, sondern gebogen. Aber noch zu sehr im vorderen Bereich, die Biegung kommt nicht gleichmäßig aus dem ganzen Körper. Kims Wahrnehmung und Aufmerksamkeit ist im Moment noch vornehmlich zur Seite und weniger nach hinten gerichtet – was sich ändert, als Passaro zu Hilfe kommt: Jetzt ist der Haflinger auf der ganzen Länge seiner Wirbelsäule harmonisch gebogen. Er braucht so auch hinten keinen Ausleger mehr, die Beine befinden sich jetzt geschlossen unter dem Körper. Beachten Sie, dass das Pferd, mit zunehmend korrekterer Biegung von hinten her, dabei dann gleichzeitig in Hals und Kopf wieder gradliniger und stabiler wird. Je mehr es sich also im Körper biegt, desto weniger knickt es den Hals ab.

Die meisten Pferde werden über den Zügel in eine Wendung gesteuert – warum lernen sie dabei bloß nie, sich wie gewünscht zu biegen?

Kim steht auf dem ersten Bild und wendet den Kopf, um etwas zu betrachten. Laufen würde er in dieser Haltung von sich aus nicht, wie sollte er auch bei solch einseitiger Überlastung das Gleichgewicht halten? Wird ein Pferd über Zügel gelenkt, ergibt sich aber etwa ein solches Bild. Die Vorwärtsbewegung verstärkt dann noch die Tendenz des Pferdes zum Abknicken, weil der Geradeausschwung des Körpers es im Hals regelrecht auseinanderbrechen lässt.

Auf den nächsten zwei Bildern zeigt uns Kim, wie sich ein geschultes Pferd biegt: Zuerst ist die Biegung im vorderen Bereich bis Widerrist noch zu stark betont. Kim ist noch nicht voll auf den eigenen Körper konzentriert, seine Absicht ist bei den Hinterbeinen noch nicht angekommen. Dann aber richtet er sich aufmerksam und ausgewogen an einer imaginären Linie aus. Sie durchzieht seinen Körper von Kopf bis Schweif gleichmäßig wie eine Perlenschnur – von oben können wir sie entlang seines Aalstrichs und Mähnenkamms gut verfolgen.

JOYS WEG IN DIE BIEGUNG 2. TEIL Wohin setze ich meine Beine, damit sie sich genau an der richtigen Stelle befinden? Sie können hier sehr schön sehen, wie Joy genau darauf achtet, was sie mit ihrem rechten Hinterbein macht. Diese Konzentration hat sie in der Zusammenarbeit mit dem Menschen gelernt, jetzt setzt sie das Gelernte selbstständig ein.

DIE SACHE MIT DER FLIEHKRAFT

Was macht denn die Wendung für ein Pferd so besonders schwer? Mal abgesehen davon, dass sein Körper und dessen Mechanik für kurvenreiche Strecken nicht konstruiert ist, so ist es besonders das Körpergewicht, welches dem Pferd in der Kurve zu schaffen macht. Denn der schwere, lange und unflexible Leib des Pferdes wird hoch über dem Boden bewegt und ist damit sehr anfällig für die in Wendungen auftretenden Zentrifugalkräfte. Es wird aus der Kurve getragen, und zwar sehr nachdrücklich; so wie ein zu schneller Zug aus der Kurve kippt. Je hochbeiniger, je länger, je steifer, je schneller ein Pferd sich bewegt, mit desto mehr Schwierigkeiten hat es bei Richtungswechseln zu kämpfen. Muss ein Pferd ungeachtet seines unpassenden Gleichgewichts wenden, so wird es versuchen, sich schon vorher auf die Fliehkraft einzustellen. Dazu gibt es verschiedene Möglichkeiten: Es nimmt den Kopf als Balancierstange nach außen und wirft sich herum – so hat es den Körper aber nicht gut unter Kontrolle, sieht unscharf und kann Bodenschwierigkeiten schlecht ausgleichen. Es kann sich auch in die Wendung legen, um die Fliehkraft abzufangen. Hierbei besteht ebenfalls die Gefahr, wegzurutschen und sich zu zerren. In beiden Fällen werden die Gliedmaßen schief belastet und stark strapaziert. Wenn das Pferd sich wie ein Motorradfahrer nach innen lehnt, so bewegt es sich ja nicht wie dieser auf einer, sondern läuft auf zwei parallelen Spuren. Deshalb verschiebt sich sein Körper dann parallelogrammartig. Es scheint außen tiefer zu werden: ein Gefühl, das viele Reiter kennen. Die beiden genannten Hilfsmanöver in der Kurventechnik sieht man besonders bei den Westernpferden, sie sind auch noch bei starken Verspannungen ausführbar. Das herkömmlich gerittene Pferd hingegen muss meist den Kopf nach innen in Bewegungsrichtung nehmen, denn so führen es die Zügel. Bleibt aber sein Körper ansonsten gerade, weil es sich nicht zu biegen gelernt hat, so drückt das Pferd mit dem Hinterteil nach außen, fällt nach innen oder driftet über die äußere Schulter weg. (Das dann aber bitte nicht für „Schulterherein" halten!!)

Die günstigste Möglichkeit für eine gelungene Wendung ist, Antrieb und Drehachse so eng wie möglich zueinander zu legen. Dort, wo Energie entsteht, ist sie nämlich am effektivsten zu lenken – also gleich dort schon die gewünschte Richtung einschlagen. Deshalb wendet ein auf der Hinterhand versammeltes Pferd viel schneller und leichter. Es muss nicht auf schräge Hilfsmanöver ausweichen, sondern kann ausbalanciert sogar durch eine Pirouette galoppieren. Übrigens sind wir Menschen ein gutes Beispiel für diese erhöhte Beweglichkeit auf den Hinterbeinen. Durch unsere aufrechte Körperhaltung sind Schwerpunkt und Drehachse sehr günstig und machen ein schnelles Herumwenden leicht. Wir haben von daher weit weniger Probleme, wenn wir die eingeschlagene Richtung wechseln wollen.

Längsbiegung und Schwerpunktverschiebung nach hinten erleichtern dem Pferd die Sache mit der Wendung. Doch wie vermittele ich das meinem Pferd? Denn es braucht dazu in aller Regel die Anregung durch den Menschen. Die den Text begleitenden Bilder der beiden Connemarastuten Hazel und Joy zeigen verschiedene Stadien des Lernprozesses. Das erste Thema in der Kurve ist die Längsbiegung. Und die kann ein Pferd erst lernen, wenn es weiß, dass es uns nicht ausweichen soll, sondern den Hilfen des Menschen entgegenkommen kann: Es wendet sich zu statt ab. So kann es sich um Gerte oder Schenkel biegen, nimmt das Gebiss an, statt zu flüchten, und wölbt dem Reitergewicht seinen Rücken entgegen... aber wir wollen nicht auf das nächste Kapitel vorgreifen.

Jetzt sehen wir erst einmal Toppur zu, wie er sich mit dem Problem der gebogenen Linie befasst. Zuerst sind es kleine, vielleicht kaum sichtbare Veränderungen, die bei der Arbeit entstehen. Doch dann findet ein Pferd, das positiv geschult, gearbeitet und motiviert wird, wie von selbst in die korrekte Körperhaltung.

JOYS WEG IN DIE BIEGUNG 3. TEIL Das zentrale Bein in der Wendung ist das innere Hinterbein. Von ihm her entwickelt das Pferd die Bewegung und Biegung. Noch einmal Joy, wie ich sie dabei unterstütze, ganz bewusst und präzise den Fuß auf den richtigen Punkt zu setzen. Sie selbst kann am besten erfühlen, wo er ist – ich helfe ihr, dabei aufmerksam und konzentriert zu bleiben. „Ja, genau!"

Das Untersetzen des einzelnen Hinterbeins ist hier zum gemeinsamen Ziel geworden, für das wir uns beide bemühen. Und das Pferd wechselt von der Konzentration auf den Reiter zur Konzentration auf den eigenen Körper – das ist Pferdeausbildung, wie wir sie verstehen!

KUNST FORMEN IM KREIS

Ganz konzentriert auf dem Zirkel: Toppur beteiligt uns hier an seinem Erfahrungsprozess. Er lernt Schritt für Schritt, seinen Körper auf einer gebogenen Linie zu beherrschen – „austarieren“ nenne ich es. Vergleichbar mit einem Tänzer, der auf einer Stange, einem Seil oder dem Schwebebalken sein Gleichgewichtsgefühl schult. Welchen Fuß setze ich wohin? Wie belaste ich ihn , und wohin verschiebe ich mein Körpergewicht? Wo ist mein Schwerpunkt jetzt, und wo wird er gleich sein?

Die Bilder machen deutlich, dass es bei diesem Prozess um Wahrnehmung geht: Wie das Pferd sich selbst dabei wahrnimmt. Es führt keine mechanische Bewegung aus, sondern wandert mit seinem Bewusstsein immer mehr nach innen, in sich selbst hinein. Es horcht und fühlt aufmerksam in den eigenen Körper. Dabei lernt das Pferd über sich selbst, es hängt nicht etwa von äußeren Hilfen ab, sondern arbeitet ganz selbstständig. Auf dem ersten Bildpaar sehen wir, dass Toppur zuerst noch über sein inneres Vorderbein in die Wendung geht. Weil ich ihn darauf hinweise, biegt er sich dann vermehrt: Man kann auf dem zweiten Bild erkennen, wie er sein inneres Hinterbein seitlich unter den Körper setzt. Wir beide konzentrieren uns dabei genau auf diesen Vorgang. Wäre mein Einwirken zu diesem Zeitpunkt stärker, und würde ich hier mehr machen, als bloß passiv „da zu sein“ und mitzugehen, dann würde Toppur in dieser Phase lediglich verstärkt seitlich ausweichen – und sicher schnell in Schräglage geraten.

Auf dem zweiten Bildpaar sind sich Mensch und Pferd schon sehr viel näher. Meine Hilfen kommen als Hilfe an – Toppur ist konzentriert auf seinen Körper, kümmert sich weniger um mich. Jetzt kann ich das Untersetzen des Hinterbeins ganz forsch unterstützen, denn Toppur nimmt es sich, wie er es braucht! Achten Sie darauf, wie der Hengst sich Mühe gibt, seine Beine auf eine Linie zu setzen – das macht ihn beweglicher und stärker. Er ist damit näher an seinem „magischen Punkt“, als wenn er die Füße weiter außen breitbeinig setzt. Der Arbeitsabstand zwischen uns verringert sich noch ein wenig, und Toppur probiert das Ganze jetzt im Trab aus. Er hat ja schon vorher selbstständig den Schwierigkeitsgrad erhöht, indem er die Kreise immer enger zog. Jetzt versucht er zur engeren Biegung auch noch eine höhere Gangart: Sportlerehrgeiz! Auch für den Außenstehenden ist hier sehr gut zu erkennen, wie das Pferd immer zielstrebiger seinen eigenen Weg findet. Es ist Toppur, der den Prozess vorantreibt, ich begleite und unterstütze ihn dabei, doch er ist der Aktivere bei der Sache! Sehr interessant ist auch noch die Entwicklung dieses Pferdes unter einem ganz anderen Aspekt. Innerhalb der wenigen Minuten auf dem Platz verändert sich seine ganze Ausstrahlung. Auf den anfänglichen Bildern sieht Toppur noch eher jungenhaft naiv aus, doch während der Arbeit gewinnt er deutlich an Selbst-Bewusstheit. Der Hengst versammelt sich, richtet sich auf, fühlt sich sicherer. Er tritt ein in eine neue Dimension und wirkt imposanter, größer: selbstbewusster eben.

DIE DRITTE DIMENSION

Ein Pferd, das sich zu biegen lernt und seine Beine bewusster und präziser setzt, bewegt sich ökonomischer und sieht auch schöner aus. Das ganze Pferd wirkt anders. Wir haben eben gesehen, wie der Islandhengst auf dem Zirkel geradezu eine Verwandlung durchmacht, die seine Ausstrahlung sehr verändert. Wodurch geschieht das? Und in so kurzer Zeit? Ist Toppur einfach stolz, weil er eine so gute Leistung vollbringt? Erscheint er deshalb so auffallend größer, imposanter, majestätischer? Sicher, die Qualität der Bewegung hat Rückwirkungen auf die Psyche eines Pferdes – wir werden uns mit diesem wechselseitigen Einfluss noch ausführlicher beschäftigen. Doch die wachsende Größe und imponierende Optik dieses Pferdes hat noch einen ganz realen körperlichen Hintergrund: Hier kommt die dritte Dimension der Bewegung zum Tragen. Man kann sich gradlinig bewegen – die erste Dimension –, und man kann Kurven gehen und kreuz und quer durch die Gegend laufen – die zweite Dimension. Man kann aber auch immer ein wenig nach oben gehen: indem man sich aufrichtet. Dieses Größerwerden durch Aufrichtung ist eines der wichtigsten Prinzipien der Reitkunst und hat schon für viel Verwirrung gesorgt. Wir werden jetzt mit Hilfe der Pferde versuchen, den Weg in die dritte Dimension zu finden.

Wie viele Mittel haben Reiter schon ersonnen, um ihre Pferde aufzurichten! Vom Auf satzzügel, der den Pferdekopf über das Genick oben hält, zu künstlichen Reitergestellen (smart jockey) werden alle möglichen Tricks versucht, um den vorderen Bereich des Pferdes zu heben. Die meisten davon sind schlicht Tierquälerei. Nun ist das schon aus ganz einfachen Gründen so nicht machbar: genau so wenig, wie Münchhausen sich am eigenen Schopf aus dem Sumpf zu ziehen vermochte. Man kann ein Pferd nicht aufrichten, man kann lediglich seinen Kopf und Hals hochzerren. Das gewünschte Größerwerden des Pferdes lässt sich nicht manipulativ herstellen, sondern es erwächst aus einer stimmigen Schulung des gesamten Pferdes. Diese so genannte „passive Aufrichtung“ wird nicht aktiv hergestellt; sie entsteht nebenbei, wenn das Pferd beginnt, auf eine bestimmte Art und Weise zu gehen. Eigentlich wird es dabei hinten tiefer.

Kim, Hazel und Joy werden uns näher erläutern, wie es dazu kommt. Denn sie haben es in der Wendung gelernt.

Wenn ein Pferd auf gebogenen Linien geht, so haben seine Hinterbeine mehr Platz, weiter vorzutreten als gewöhnlich. Der einzelne Hinterhuf folgt ja jetzt nicht auf kürzestem Weg seinem entsprechenden Vorgänger, sondern zielt diagonal in Richtung auf den Körpermittelpunkt zu. Es besteht also keine Gefahr, sich von hinten selbst in die Füße zu treten – was ungeschickten, nicht ausbalancierten Pferden häufig passiert, besonders wenn ihr natürlicher Bewegungsablauf durch den Reiter oder auch durch Hufeisen aus seinem erlernten Gleichgewicht gerät. Das Pferd in der Biegung braucht nicht kürzer zu treten, sondern kann so weit vorgreifen wie möglich, ohne dabei um sein Vorderbein fürchten zu müssen. Es kann das alles also erst einmal mit seinem Hinterbein ausprobieren, ohne sich zu sorgen, ob es gleichzeitig vorne auch früh genug den Fuß wegnimmt. So kann es sich eine sichere Basis schaffen. Kim setzt sein linkes Hinterbein tief unter den Körper. Zudem belastet er dieses Bein länger und kurzzeitig auch stärker als das momentan äußere Hinterbein. Mit diesem einseitig weiteren Vorgreifen bewegt er schließlich auch seine Kruppe anders, er kippt das Becken ein wenig nach unten ab und nimmt die linke Hinterbacke zu Hilfe, um mit dem Bein noch weiter nach vorne unter den Schwerpunkt zu kommen.

Haflingerwallach Kim in der Wendung: Sein Körper ist schön gleichmäßig gebogen. Ausgangspunkt und Zentrum der Bewegung ist das innere Hinterbein. Die nach innen gewandte Körperseite des Pferdes ist frei und leicht, die Hinterhand greift weit vor Richtung Schwerpunkt.

Hazel tritt mit dem Hinterbein weit vor und unter ihren Körper, gleichzeitig kippt sie das Becken ab und senkt einseitig die Hüfte. Durch diese Bewegung übt das gestreckte innere Hinterbein Zug aus, der schräg über die gedehnten Rückenmuskeln geht, hin zur äußeren Vorhand des Pferdes – so dass diese dadurch leichter und höher herauskommt: Hazel richtet sich von hinten her auf, sie wird „groß in der Wendung“.

DER RICHTIGE DREH

Was passiert, wenn ein Pferd versucht, den Fußungspunkt der Hinterbeine und seinen Schwerpunkt näher zueinander zu bringen? Indem es, wie Hazel eben, jetzt zusätzlich noch seinen Schwerpunkt weiter nach hinten verlagert?

Falls Sie selbst ausprobieren wollen, wie es sich anfühlt: Legen Sie Ihr rechtes Bein auf einen Hocker oder den Sofarand und greifen Sie mit der linken Hand Richtung Fußzehen. Etwa diese Art von Dehnung spürt das Pferd. Und sie verstärkt sich, wenn man noch dorthinein Gewicht legt, wenn man sich nach hinten nimmt. Das Pferd vollzieht also in der Wendung eine Art Stretching, und es beugt einseitig die Hüfte. Die Dehnung verläuft quer über den Rücken. Das Pferd erscheint jetzt eher dreidimensional gebogen oder in sich gedreht. Die Wirbelsäule ist ja kein starrer Stecken, sondern sozusagen ein in alle Richtungen beweglicher Gliederstab. Das bedeutet für uns Menschen, dass wir unseren Körper nicht nur nach vorne, nach hinten und zu jeder Seite beugen können, sondern Schultern und Hüften auch noch gegeneinander drehbar sind. Die reine Längsbiegung eines Pferdes fühlt sich ungefähr so an: Stellen Sie sich gerade hin und lassen Sie dabei die Arme seitlich vom Körper hängen. Versuchen Sie jetzt, einen Arm Richtung Boden hin länger zu machen – Ihr Körper biegt sich nach einer Seite, die andere Seite wird gestreckt. Auf dieser Bewegungsachse reagieren Sie auch, wenn Sie jemand mit dem Finger in die Seite sticht: wie ein Pferd, das dem Sporn weicht. Was wir hingegen hier bei diesen Pferden sehen, entspricht eher Folgendem: Das rechte Bein steht auf einem kleinen Hocker oder einer Treppenstufe, und Sie wenden sich dabei ein bisschen nach rechts – ja, vielleicht so, als würden Sie eine Wendeltreppe hochgehen. Aufwärts-vorwärts-seitwärts statt vorwärts-seitwärts verläuft die Bewegung: Bei Toppur ist diese Entwicklung gut zu sehen. Und sogar Joy zeigte in der vorhergehenden Bilderserie (Joys Weg in die Biegung – 3. Teil) schon die Tendenz, sich aufzurichten. Weil diese Pferde sich von hinten her und aus sich selbst heraus biegen, gelingt ihnen ganz selbstverständlich der richtige Dreh – das Bild gleich nebenan (aus der Längsbiegung) macht es deutlich.

Hazel hat uns gerade gezeigt, wie sie den richtigen Punkt findet und sich daraus dann ihr ganzer Körper von hinten her aufrichtet. Wenn Pferde die innere Hüfte senken und den Schwerpunkt nach hinten verlagern, so können sie sehr viel angenehmer und zentrierter wenden, als wenn sie nur horizontal in Längsrichtung abbiegen. Die Beine bleiben auch bei extremen Wendungen noch unter dem Körper und werden nicht schief belastet. Diese Haltung ist für das Pferd sehr viel günstiger, um den in der Kurve auftretenden Fliehkräften zu begegnen, und es lernt, sie federnd elastisch abzufangen. Ob ein Pferd plan auffußt, lässt sich auch aus dem Tritt der Hufe erkennen: Unsere Pferde hier spuren selbst in den Ecken keinen Hufschlag in die Bahn – nur bei Gastpferden müssen wir den Sand manchmal wieder glätten und ihnen zeigen, wie man sicher um die Kurve kommt.

Auch Joy hat jetzt den Dreh raus – und sie entdeckt, wie fix sie plötzlich wenden kann, wenn sie ihr Körpergewicht auf das innere Hinterbein nimmt. Sie hat daraufhin so schnell nach links gedreht, dass ich von der Rasanz ihres Manövers überrascht werde und ein klein wenig mit dem Oberkörper „hinterherhinke". Können Sie das erkennen? Joy hatte mich eigentlich in die Bewegung mitgenommen, dabei aber nicht berechnet, dass ich so hoch oben sitze und dadurch bei der Beschleunigung träger und später bin als sie.

Achten Sie auch darauf, wie Joy für das Wendemanöver ihre Unterstützungsfläche verkleinert hat und sich dadurch beweglicher macht – wie eine Eisläuferin in der Pirouette. Sie hat dazu ihre Hinterhand tief gebeugt und weit untergeschoben und sich gleichzeitig aufgerichtet. Ihre Vorderbeine sind kaum belastet und trotz der Geschwindigkeit nicht in Schräglage. Obwohl Joy fast auf der Stelle dreht, setzt sie ihre Beine gerade unter den Körper und fängt den Schwung dort auf, wo sie ihn auch entwickelt hat: mit der exzellenten Dynamik ihrer elastisch federnden Hanken.

Aus der Längsbiegung ist eine Aufwärtsbewegung geworden. Joy hat den richtigen Punkt gefunden, der es ihr leicht macht, die Richtung zu wechseln, auch mit Reiter. So wenden Pferde, die den Dreh raus haben.

Joy will es jetzt wissen: Oh la la, geht das schnell, wenn man's auf diese Art macht! Mit tief gebeugten und weit untergeschobenen Hinterbeinen wendet sie kraftvoll und nahe am Schwerpunkt. In wenigen Wochen hat sich die ehemals fast schwerfällige Joy in eine rasante Powerlady verwandelt.

WIE BIEGUNG ZU VERSAMMLUNG FÜHRT – FÜNF SCHRITTE ZUR PASSAGE

Das Pferd nutzt hier das Durchlaufen der Ecke, um seine Versammlung so weit zu erhöhen, dass es mühelos in eine erhabenere Bewegungsform findet. Verfolgen wir einmal genau, wie Passaro das macht:

Zuerst sehen wir ihn in schön gesammeltem Rahmen, wie er dynamisch und taktmäßig herantrabt. Im nächsten Schritt bereitet er sich schon auf das Passieren der Ecke vor, indem er seine Hinterhand besonders aktiviert und weit untergreift. Die Energie durchfließt seinen auf die Biegung schon leicht eingestellten Körper ungehindert von der Schweifrübe bis zur Nasenspitze. Der nächste Schritt lässt ihn durch eine Idee zu viel an Schubkraft rechts in der Lende zu gradlinig werden für die gebogene Linie, auf der er sich gerade befindet – und wir bemerken es beide: Mit dem vierten Schritt wölbt Passaro seinen Körper und stellt ihn wieder auf die gebogene Linie ein, indem er sein rechtes Hinterbein noch betonter Richtung Körpermitte setzt. Dadurch kommt dieses Bein vermehrt zum Tragen, und Passaro nutzt den Moment, um seine schwungvolle Trabaktion in hohe Versammlung umzuwandeln (Schubkraft in Tragkraft) – und er beginnt, aus der Ecke heraus zu passagieren.

DER MAGISCHE KREIS

Grundlage für sinnvolle und erfolgreiche Veränderung von Pferden ist der Wunsch und Wille des einzelnen Tieres, sich und seine Bewegungsmöglichkeiten zu verbessern. Aber es wird das nur in einer sicheren Atmosphäre tun wollen! Und es möchte dabei gefragt werden und mitreden dürfen, denn schließlich geht es um seinen zentralen Lebensbereich. Es möchte sich selbst entfalten und nicht von außen her verändert werden. Denn neben der Gefahr, die ein solch fremder Eingriff für das sensible System eines ganz auf Bewegung – und damit auf ein labiles Gleichgewicht – eingespielten Organismus wie den des Pferdes bedeutet, ist die erzwungene Übungsform auch ein massiver Verlust von körperlicher und persönlicher Freiheit.

Pferde wehren sich nicht gegen Veränderung, sie wehren sich dagegen, verändert zu werden! Die beste Motivation – das gilt für Menschen genauso wie für Pferde – ist der eigene Antrieb!

Das hört sich jetzt vielleicht sehr abstrakt an für jemanden, der nur das Prinzip Treiben oder Getriebenwerden kennt. Sobald aber die Chemie stimmt zwischen mir und meinem Pferd, beginnen überall kleine Veränderungen zu entstehen, zuerst vielleicht ganz unscheinbar, beiläufig. Die Pferde fangen selbst damit an, zuerst zögernd, probeweise.

Auf der Basis von Freiheit verändern sich die Pferde dann sehr schnell. Sie durchlaufen mit einer geradezu unheimlichen Dynamik verschiedene Ausbildungsstadien und üben das Gelernte häufig auch alleine noch weiter. Deshalb ist eine solche Arbeit ungemein effektiv und übersteht auch längere Pausen. Denn das Pferd kennt den Weg, weil es ihn selbst erarbeitet hat. Es holt sich seine Hilfen regelrecht ab, ja es benutzt den Menschen als Ausbilder – ein seltsames, sehr bewegendes Gefühl, so zu reiten.

DIE KRAFT DER WANDLUNG

Das Schönste ist, dass es in der Arbeit mit den Pferden endlich einen unbestechlichen Maßstab für die Qualität des eigenen Tuns gibt: die Zustimmung des eigenen Pferdes. Seine Begeisterung wächst, es wird immer versessener darauf, sich zu bewegen, sich zu versammeln, es belagert den Reitplatz – dann kann meine Arbeit so falsch nicht sein! Und erst recht, wenn Pferde krank oder sonstwie gehandikapt sind – wer, wenn nicht mein Pferd, kann mir sagen, was sinnvoll ist, was schmerzhaft? So erging es mir mit Reno, der sich vor einigen Jahren kaum mehr bewegen konnte. Er humpelte mühsam zur Tränke, Schmerzmittel halfen ihm bald auch nicht mehr. Nervenschnitt vielleicht, so der Tierarzt, aber käme er so ganz ohne Gespür noch auf unseren steilen Bergweiden zurecht? Reno war bis dahin ein Feld-, Wald- und Wiesenpferd gewesen, ohne jedes Interesse an Bahnarbeit – doch plötzlich entdeckte er das Prinzip! Er lernte Versammlung. Er entlastete seine Vorhand. Heute initiiert er Lektionen wie Piaffen, Pirouetten, Levaden, um so auf die Hinterhand zu kommen. Er ist nicht zu stoppen. Inzwischen übt er, zweiundzwanzigjährig und unheilbar lahm, an der Krönung, der Kapriole. Man muss ihn erlebt haben, wie er sich herrisch in die Reitbahn drängt, an manchen Tagen zunächst erbärmlich hinkend, wie er seine Assistenten zusammensucht, die ihm helfen sollen, und nicht eher die Arena wieder verlässt, bis er mit sich selbst zufrieden ist. Wir stehen und staunen. Ich selbst war keineswegs Experte in diesen Dingen, sondern habe diesem Pferd nur einmal vor langer Zeit ein Prinzip nahe gebracht, wie ich es hier tue. Alles andere erklärte er dann mir.

Wenn ein Reiter mit seinem Pferd in der Reitbahn Biegungen, Wendungen und Zirkel ausführt und die Bewegungen des Pferdes dabei zu verbessern sucht, so nennt man das Dressurreiten. Im alltäglichen Sprachgebrauch bezeichnet der Begriff „Dressur" die geist- und seelenlose Ausführung einer vorgegebenen Handlung. Dressur ist leere Form. Die Ausbildung von Pferden trägt diese Bezeichnung leider meistens zu Recht. Das Tier hat keine Chance zu verstehen, was es da tut, und nimmt keinen Anteil an der ausgeführten Handlung. Pferdeausbildung, das bedeutet leider noch immer die Mechanisierung des Pferdes zum Vorteil des Reiters: damit es reibungsloser und besser funktioniert. Doch irgendwie möchten heute viele Reiter zur Verbesserung ihres Pferdes beitragen, und traditionsgemäß ist das ein besonderes Argument aus der klassischen Rei-

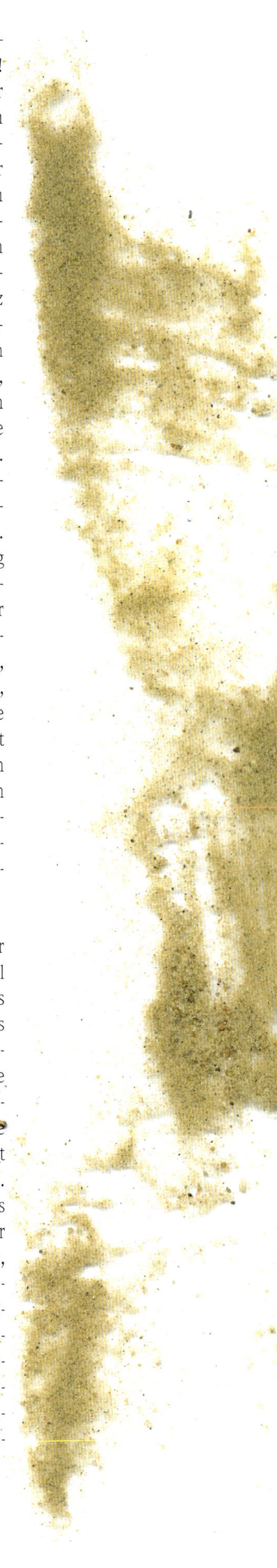

terei. Manche Menschen sind sogar davon überzeugt, dass Pferde durch eine derartige reiterliche Formung erst zu ihrem wahren Selbstausdruck gelangen.

Tatsächlich liegt in der klassischen Reitkunst ein gewaltiges Veränderungspotential. Nur, wie kann ein Pferd die eigentliche Absicht begreifen, wenn der Reiter sie selbst nicht kennt? Wenn ihm jede Hufschlagfigur, jede Lektion, die er gegen das Pferd durchsetzt, scheinbar mehr am Herzen liegt als das Tier selbst? Reitkunst – so will mir scheinen – ist ohne Freiheit, Spontaneität und Persönlichkeit nicht denkbar. Reitkunst muss etwas anderes sein als das Aneinanderreihen automatisierter Bewegungen. Tiere, kunstvoll in Form gebracht, gehalten durch die vielleicht kaum sichtbaren Fäden von Kommando und Kontrolle – all das sind nur Variationen mechanischer Dressur. Kunst kann nur dort entstehen, wo es einen Freiraum gibt für Inspiration, verschiedene Gestaltungsmöglichkeiten und eine spontane Freude am Tun. Kunst mit Pferden muss kein Marionettentheater sein, es kann auch Kunst sein zum Wohle der Pferde!

Es gibt bestimmte Bewegungsfolgen, die Pferden wirklich helfen können, sich selbst und ihren Körper weiterzuentwickeln. Die bewusste Erfahrung der eigenen Körperlichkeit wirkt auf ihre Psyche, lässt sie souverän und selbstbewusst werden. Gleichzeitig verändern sie sich körperlich, weil ihr Selbstempfinden wächst und ihr Vertrauen zu sich selbst – eine Sache, die ich persönlich ungemein spannend finde. Im nächsten Kapitel werden Sie darüber hören.

Inzwischen hat Islandhengst Toppur nicht nur gelernt, wie man auf der Kreisbahn sein Gleichgewicht hält, sondern noch mehr: Er hat gelernt, wie man den Zirkel zur Weiterentwicklung und Vervollkommnung des Gleichgewichts nutzt. Das Ergebnis ist grandios. Toppur springt, wunderbar ausbalanciert und perfekt konzentriert, in geradezu barocker Galoppade: Bewegungskunst!

»Ich leistete niemals Widerstand.
… Ich fühlte, daß ich nicht das Recht hatte,
einen anderen zu ändern,
wenn ich nicht selbst offen dafür war,
von ihm geändert zu werden.«
Martin Buber

VON DER KUNST DER VERÄNDERUNG

EMOTION – GEFÜHLE IN BEWEGUNG

Haben Sie schon einmal vor Freude geweint? Oder vor Aufregung gezittert, obwohl es gar nicht kalt war? Vielleicht kennen Sie auch das Gefühl, vor Angst wie erstarrt zu sein: Man fühlt sich wie taub, als ob der Körper nicht mehr zu einem gehöre. Man bewegt sich hölzern, ungelenk und ist unkoordiniert bei allem, was man dann tut. Die einfachsten Handgriffe können danebengehen, weil man so unter Druck steht. Es macht eine Aufgabe schwerer, nicht leichter, wenn sie mit Angst verbunden ist. Ängste lähmen die Energie, versteifen den Körper und hemmen seine Beweglichkeit wie Bleigewichte.

Unser Gefühlsleben spiegelt sich in unserem Körper, in seiner Haltung, in seinen Bewegungen. Wenn wir Schwieriges gemeistert haben, fällt uns ein Stein vom Herzen, und wir atmen auf, weil die emotionale Belastung von uns genommen ist. Wir fühlen uns beschwingt und erleichtert – plötzlich ist alles ganz einfach! Emotion, da steckt die Bewegung schon im Wort. Was uns bewegt, geht unmittelbar zusammen mit der Art und Weise, wie wir uns bewegen. Das Innenleben wirkt auf das äußere Bild. Es wächst einer vor Stolz und geht wie auf Wolken – doch wie ist das bei den Tieren? Auch ein Pferd geht in aufgerichteter Haltung, wenn es sich entsprechend fühlt. Es sieht plötzlich aus, als ob es größer sei. Tiere sind ihren Emotionen noch näher als wir Menschen. Auch für Pferde hängt Gefühl und Bewegung zusammen, und das innere Gleichgewicht findet im Körper seinen äußeren Ausdruck. Ein Pferd läuft so, wie es sich fühlt; und es fühlt sich so, wie es läuft.

Wenn wir etwas an den Pferden verändern wollen, so sollte uns die besondere Verbundenheit von Bewegung und Gefühl immer präsent sein. Ein Pferd wird sich in seinem Körper nie wirklich ändern können, wenn sich sein Innenleben nicht entsprechend verändern darf. Das bewusst zu erkennen ist sehr wichtig. Wir werden noch sehen, was diese Sache mit den Gefühlen im Einzelnen bedeutet und wie sie sich auf unsere Arbeit auswirkt. Wer könnte uns in dieses Thema besser einführen als die Pferde selbst? Beginnen wir also bei ihnen. Fragen wir zuerst einmal sie. Fragen wir Max. Denn niemand zeigt uns so deutlich wie er: Bewegung und Gefühl sind eins.

WIR NANNTEN IHN DONNERKEIL

Als ich ihm zum ersten Mal begegnete, hatte er sich gerade wieder einmal für ein paar grüne Halme durch den Zaun gearbeitet: „das Mäxle". So hieß er damals. Ein kleines, schwabbelig-dickes Pony, es war mit einem Strick an einen Obstbaum gebunden, doch selbst so konnte es sich noch zwischen den Zaunlatten durchschieben.

Max – ich erinnere mich vor allem an seine Augen. Sie waren voll Traurigkeit und hinter einem dichten Schopf drahtiger schwarzer Haare versteckt. Der kleine braune Wallach blickte sein Gegenüber nicht an. Er zielte nur nach Fressbarem und zog dann wie ein Bulldozer unbeirrt dorthin. Auch eine (rosa) Führkette, die häufig zur Anwendung kam, vermochte ihn kaum daran zu hindern. Andere Dinge interessierten ihn nicht. Doch ach, da war noch etwas: Max wollte nicht allein bleiben oder allein fortgehen. Er klebte ganz fürchterlich an anderen Pferden. Er begann schon zu schwitzen, wenn man ihm lediglich das Halfter überstreifte und er allein weggehen sollte. Denn nur in der Gruppe fühlte er sich geborgen. Aus Angst vor dem Alleinsein walzte er notfalls auch Menschen und Zäune nieder. Solche Kräfte hielt auch die Führkette nicht mehr. Die Furcht weckte ungeahnte Energien in dem massigen Kerl. Wer nicht wegsprang, wurde in wilder Panik umgetrampelt. Ein ungehobelter Dickwanst? Ein ängstliches kleines Pferd, dessen großes, mutiges Herz tief unter Fettmassen vergraben lag – ihm selbst unzugänglich. Max schirmte sich ab. Es war ihm gleich, dass man ihn nicht sonderlich achtete, er beachtete ja auch nur das Fressen. Aber eigentlich war er wütend und enttäuscht von Menschen. Doch solche Gefühle sind gefährlich, also hatte er sie hinuntergeschluckt, in sich hineingefressen. Max blieb ein netter Kerl, vielleicht etwas unförmig. Pony eben.

Max kam zu uns. Ich begann, mit ihm zu arbeiten, und er gab sich alle Mühe. Er lernte

Stark, frei und absolut konzentriert: Islandhengst Toppur schätzt die mentale Unterstützung, aber sonst braucht er keine Hilfe, um so mächtig und erhaben zu galoppieren. Er weiß auf den Punkt zu springen – gemeinsam haben wir Kraft gesammelt im Kreis.

eifrig und freute sich über jedes Lob (vor allem in essbarer Form). Er taute etwas auf und zeigte sich offener und fröhlicher. Ein kindlicher Wallach, etwas zurückgeblieben vielleicht, denn gegenüber den anderen Pferden benahm er sich wie ein unsicherer Jährling. Trotz seines fortgeschrittenen Alters klapperte er noch unterwürfig mit den Zähnen wie ein Fohlen und bat mit dieser Geste in der Herde um Schutz und Schonung. In der gemeinsamen Arbeit veränderte sich sein Gang, und Max schwankte schon bald – dank Schulterherein – nicht mehr so breitbeinig daher wie früher. Trotz seiner Willigkeit geriet die Ausbildung jedoch dann an eine Grenze: eine natürliche, wie es schien. Mehr war bei diesem extrem vorlastigen Körper einfach nicht drin. Für Pflügearbeiten wäre dieses gewichtige Pony mit seiner bulligen, etwas überbauten Form, den kurzen Beinen, dem stämmigen, speckbepackten Nacken, der massigen, schweren Schulter sehr gut geeignet – aber ihn mit Anforderungen quälen, für die er einfach nicht geschaffen war, an denen er nur scheitern konnte? Wir kamen bis zu kleinen Schritt-Travers und ersparten uns weitere Mühen.

Dann sah ich Max eines Tages auf der Weide zu einem fremden Hund laufen. Er stampfte imponierend mit dem Vorderbein auf und verjagte den Eindringling kurzerhand – so viel Kampfgeist hatte ich dem schüchternen Wallach gar nicht zugetraut! Kurz darauf hatte ich in der Reithalle eine Eingebung: Ich trat gegen die Bande und forderte den kleinen Max auf, dasselbe zu tun. Ich lockte ihn mit Leckerlis, nahm sein Bein und klopfte es an das Holz. Erst traute er sich nicht, legte zart den Huf an – ich war begeistert, feuerte ihn an. Als er das erste Geräusch erzeugte, zuckte er zurück und erwartete Ärger. Ich beruhigte ihn, kickte selbst an das Holz, so dass es dröhnte. Es dauerte nicht lange, und Max donnerte gewaltig mit dem Vorderfuß an die Bande. Es erzeugte einen Riesenlärm. Max genoss den Krawall in vollen Zügen und konnte nicht genug davon kriegen. Ich entfernte ihn von der Bande. Er begriff, dass es um die Geste ging, und berauschte sich, statt am Krach, jetzt an der machtvollen Geste. So weit, so gut. Aber plötzlich wurde der kleine Max schwierig. Er hatte eine gewaltige Waffe entdeckt: seinen eigenen Körper. Er fühlte sich stark und war sauer auf die ganze Welt. Wähnte er sich getrieben oder gegängelt, griff er unverzüglich an. Er konnte dann quer durch den Longierzirkel auf mich zuspringen, schlug vorne aus und stampfte aggressiv in meine Richtung. Max beherrschte sogar den Doppelschlag mit beiden Vorderbeinen. Dabei strahlte er so etwas aus wie: Mich bedroht nie wieder einer! Wer es versucht, den mache ich platt! Andererseits verlangte er nach gemeinsamer Arbeit, sonst durchbrach er die Umzäunung und erschien auf dem Reitplatz. Vorzugsweise dann, wenn gerade ein anderes Pferd konzentriert arbeitete: „Jetzt bin ich dran, sofort!" So blieb mir nichts anderes übrig, als ihn zufrieden zu stellen. Es war eine seltsame Zeit: Max schlenderte dampfend vor Muffeligkeit an meiner Seite und forderte alle zwei Schritte ein Leckerli als Tribut. Wie wir diese Zeit überstanden haben? Indem ich alles gemacht habe, was Max wollte. Gebührend Angstschweiß vergossen, ihn mit Leckerlis vollgestopft und ihm erzählt, wie beeindruckend er wäre und ob er mich vielleicht gnadenhalber noch einmal leben lassen könnte. Ich habe alles peinlichst vermieden, was den Anschein erwecken könnte, ich würde mir irgendeine Art von Dominanz anmaßen über ihn. Nur ein Schnalzen entfuhr mir hin und wieder (eher unwillkürlich), wofür ich mich sofort zu entschuldigen hatte.

Während dieser ganzen Phase habe ich diesem Pferd nichts entgegengesetzt, sondern es nach Kräften unterstützt, befriedigt und bestärkt. Ich habe Max während unserer Gespräche auf dem Reitplatz bedient, beschwichtigt und bewundert. Er hat mich eingeschüchtert und ausgenommen. Doch ich wusste, dass er wusste, dass ich wusste... Wir taten so „als ob" – und gleichzeitig war es eine sehr ernste Situation für uns beide. Nach einiger Zeit ist Max dann wieder zur reinen Geste zurückgekehrt, jetzt ohne den Zorn und mit souveräner Gelassenheit. Es gab ja nichts, wogegen er kämpfen musste. Heute ist er in Schwung und Schub kaum zu bremsen. Max ist überzeugt von sich und seiner Stärke, und er präsentiert sie voller Selbstbewusstsein. Sein spanischer Schritt ist grandios, seine Schulter leicht; er weiß sich auf die Hinterhand zu setzen: Max hat seine Grenzen durchbrochen und weit hinter sich gelassen. Er hat sich völlig verändert. Dieses neue Pferd bewegt sich geschmeidig und großartig, voll Stolz und Würde. „Es ist ein Gefühl, als ob ein gewaltiger Wal fliegt!", sagte einmal eine seiner Schülerinnen ehrfürchtig, als sie ihn reiten durfte. Max weiß, dass er sich selbst übertroffen hat. Und Max weiß zu beeindrucken. Wenn Maximilian Donnerkeil – das ist sein Kampfname – die Arena betritt, müssen alle Gespräche verstummen. Max zieht sämtliche Aufmerksamkeit auf sich. Seine gewaltige Ausstrahlung zieht jeden Zuschauer in den Bann.

Kleines Pferd mit großer Geste: Maximilian Donnerkeil, damals in der Reithalle.

GEWOHNTE BEWEGUNG – VERTRAUTES GEFÜHL

Wenn wir mit dem Pferd zu arbeiten beginnen, hat es sich schon jahrelang auf eine bestimmte Weise bewegt. Jetzt kommt der Mensch daher und will die gewohnte Bewegung verändern. Selbst wenn die Art und Weise, wie dieses Pferd läuft, wendet und sich hält, nicht nur rein anatomisch bedingt ist, so wissen wir ja selbst aus eigener Erfahrung, wie schwer es ist, Gewohnheiten zu verändern, mit denen man schon viele Jahre lebt. Auch wenn wir uns einer besseren Alternative bewusst sind und eine bestimmte Fehlhaltung selbst verändern wollen, so bleiben wir oft nicht lange dabei, denn die alten Muster sind stärker als die besten Vorsätze.

Letztlich ist nicht entscheidend, was wir ab und zu tun, sondern was wir normalerweise tun – und da bleiben wir unwillkürlich beim alten Schema. Schließlich ist es so schon immer am bequemsten gewesen. So wird dann auch bald das Neue auf alte Weise getan. Ein Training kann folglich die Bewegungsgewohnheiten des Alltags nicht einfach ausschalten. Meist werden sie dabei sogar eher noch mehr gefestigt. Es gelingt schon uns Menschen nur selten, wirklich zu neuen, alternativen Bewegungsformen zu finden – selbst wenn wir dazu angeleitet werden. Und das soll für Pferde erreichbar sein? Obwohl wir Menschen doch so viel bewusster sind? Können Pferde tatsächlich selbstständig zu neuen Bewegungen finden? Oder muss man sie ständig in der ungewohnten Form halten, weil sie sonst sofort in die alte Gewohnheit zurückfallen? Muss der Mensch nicht ununterbrochen dafür sorgen, dass sein Pferd die Haltung nicht verliert und aus der gewünschten Form gerät – „auseinanderfällt", wie der Reiter sagt.

Vielleicht blättern Sie noch einmal zurück zu den Fotos aus den Anfangsjahren von

Passaro, Kim und Max auf Seite 116 und 117. Vergleichen Sie diese frühen Aufnahmen mit den übrigen Bildern der drei Pferde im Buch. Nicht nur die äußere Haltung ist völlig verschieden! Da läuft Passaro, noch immer in seiner Vergangenheit gefangen, rastlos in seiner Flucht, und er beginnt sich einzugestehen, dass er müde und kaputt ist vom ewigen Kampf. Da ist Kim, mit seinem leicht verwirrten Gesichtsausdruck, ein manchmal ungewollt gewalttätiges Pferd, das sich der Welt nie wirklich gewachsen fühlte, obwohl es den Jahren nach längst ausgereift war. Und da ist Max, introvertiert auch er, die kleine dicke Walze, immer dem Erdboden verhaftet und nur bestrebt, gewichtiger und massiger zu werden... Diese Pferde leben in ihrer Welt, ihr Ausdruck ist eher nichts-sagend. Sie wirken wenig kommunikativ. Oder welchen Eindruck machen diese Fotos von damals auf Sie – verglichen mit denen aus späterer Zeit? Nehmen Sie darauf Unterschiede wahr?

DER KÖRPER LÜGT NICHT

Jede Körperhaltung hat ihre eigene Energie, ihre ganz besondere Aussage. Da geht einer aufrecht durchs Leben, mit wachem, offenen Geist und bewegt sich gelöst, geschmeidig, im Fluss elastischer Kraft. Er begegnet einer neuen Situation mit Neugier und ist erfreut über die Gelegenheit zu lernen. Wie anders dagegen der Misstrauische, der in gedrückter Stimmung, stockend und gehemmt auftritt. Er bewegt sich gehetzt, wie in Erwartung von Nackenschlägen. Seine Haltung gegenüber allem Neuen ist unflexibel und ängstlich. Er hält seinen Körper starr und geduckt, als wäre der Angriff schon leibhaftig, den er befürchtet. So bestimmt die Geisteshaltung weitgehend die Körperhaltung, und die Bewegungen des Gemütes spiegeln sich unmittelbar in der Art und Energie der Körperbewegungen. Die innere Haltung eines Menschen und seine äußere bilden eine Einheit; wie zwei Seiten einer Münze sind sie untrennbar miteinander verbunden.

Gefühl zeigt sich in Bewegung. Das ist übrigens ein Dilemma bei angelernten körpersprachlichen Manövern, wie sie in Kursen gerne vermittelt werden. Ist die Gestik nicht mit wahrem Empfinden verbunden, so erzeugt sie Disharmonie – und das wird von einem wachen Gegenüber entsprechend wahrgenommen. „Gib Acht auf den, dessen Bauch sich beim Lachen nicht bewegt!" warnt ein chinesisches Sprichwort. Die angeblich so todsicheren Verkaufstricks, die man mit Vorliebe Vertretern beibringt, sind solch aufgesetzte Gesten. Ein sensibler Mensch lässt sich von einem solchen Auftreten kaum überzeugen und spürt die Unstimmigkeit – und schon gar ein Pferd! Ist das gezeigte Verhalten nicht authentisch, so registriert unser Unterbewusstsein das und meldet, dass da irgendetwas nicht stimmt. Es verschafft uns in Gegenwart dieses Menschen ein unangenehmes Gefühl. Der spricht nicht so, wie er denkt. Der lächelt und sagt freundliche Worte, doch... Je nach Gesprächspartner kann solche Unstimmigkeit geradezu unheimlich wirken. Es entsteht ein Bild von Verwirrung, Unaufrichtigkeit, gar Betrug. Was will er wirklich?, frage ich mich beunruhigt. Vertrauen kommt jedenfalls nicht auf, wenn einer seine wahren Absichten zu überspielen versucht. Er verbreitet unharmonische Energien, weil innen und außen nicht übereinstimmen.

DURCH ZWANG ZUM STOLZ?

Pferde nehmen es durchaus wahr, wenn wir Menschen „mit gespaltener Zunge" sprechen. Und sie sind dadurch alarmiert, denn auch der heranschleichende Jäger versucht, seine eigentliche Absicht so weit wie möglich körpersprachlich zu verbergen, und gibt sich harmlos. Die Diskrepanz zwischen innen und außen erzeugt Unbehagen, beim Gegenüber und in uns selbst.

Mit sich selbst übereinstimmen, eins sein mit sich selbst – diesen Zustand kennen heute nicht mehr viele Menschen. Oft sind wir uns unserer Disharmonien gar nicht bewusst, doch sie wirken sich gerade auf Pferde sehr negativ aus. Gleichzeitig aber verlangen wir Pferden gedankenlos Disharmonie ab und versuchen sie zu einer ähnlich gespaltenen Lebendigkeit zu zwingen. Nun bezieht aber das Pferd einen Großteil seiner Kraft gerade aus der ungebrochenen Einheit von Ausdruck und Empfinden. Eine bestimmte Geste zu machen, das hat eine bestimmte Aussage im Sprachbereich der Pferde. Sich auf eine bestimmte Art zu bewegen, ist der unmittelbare Ausdruck des Empfindens. Jede Bewegung ist ein Gefühl. Das Pferd

kann nicht stolz gehen, wenn es sich nicht stolz fühlt! Bewegung ist Botschaft. Wenn ein Pferd höhere Lektionen lernt unter dem Reiter, so soll es Haltungen zeigen und sich so bewegen, als wäre es ein selbstbewusster Hengst. Doch auch ein Mensch, der in einer Zwangsjacke steckt, die man ihm übergestülpt hat, wird niemals locker und fröhlich zu tanzen beginnen oder gar mit großen, imponierenden Gesten daherkommen. Genau das aber verlangt der Reiter vom Pferd. Er versucht, dem Pferd die stolze Haltung abzuzwingen, oft mit aller Gewalt. Was so erreicht wird, ist leere Geste, Marionettentanz, Verzweiflungszauber – der Kreatur abgerungen durch Menschenmacht. Zum Gefallen der Zuschauer, die ebenfalls menschlich fühlen.

Hochgefühle aber beflügeln Mensch wie Pferd! Wenn ein Pferd in erhabener Stimmung ist und sich imposant fühlt, wird es die erhabene Form freudig annehmen und sie mit Leben und Ausdruck füllen. Zwingen wir aber das Pferd in eine Haltung, die nicht mit seiner Stimmung in Einklang zu bringen ist, so erzeugen wir eine tote Sprache, die das Pferd seinem Körper entfremdet. Es muss die Einheit mit sich selbst verleugnen und wird aus seinem Körper vertrieben wie aus einem eroberten Gebiet. Das Pferd muss sich von seinen Bewegungen trennen und seinen ureigensten Ausdruck aufgeben. Es wird sprachlos, unbeholfen, machtlos. Aber ist es vielleicht möglich, die körperliche Integrität des Pferdes zu respektieren und zu achten – und es dennoch zu verändern?

DER INNERE WEG

Die Piaffe eines Pferdes entstammt einem völlig anderen Empfinden als dem eines Zuckeltrabes mit gesenktem Kopf. Nahezu alle Lektionen, die wir Menschen den Pferden antrainieren möchten, haben im natürlichen Verhalten eine bestimmte Bedeutung. Die Bewegungen entsprechen einer besonderen Stimmung – und auf diese können wir Einfluss nehmen.

Verändern wir das Gefühl des Pferdes ins Positive, so beginnt die enge Verbundenheit von innen und außen plötzlich positiv zu wirken: Gutes Gefühl schafft gute Bewegung, und gute Bewegung schafft gutes Gefühl. Diese Wechselwirkung kennen wir und nutzen sie selbst, um uns von schlechter Stimmung zu befreien. Bestimmte Körperhaltungen, freiwillig gewählt, haben einen starken Einfluss auf das Bewusstsein. Die Energie guter Bewegung regt allgemein an und heitert düstere Stimmungen auf. Das ist beim Menschen nicht anders als beim Tier. Wenn ich mich bewusst entscheide, trotz meiner miesen inneren Befindlichkeit zum Tanzen zu gehen, so kann das Tanzen mein inneres Befinden verändern. Denn es hat, wie jede Bewegung, eine eigene Energie – und diese Aussage, dieses äußere Tun wird innerlich mit der dazugehörigen Bedeutung gefüllt. Das kann allerdings nur geschehen, wenn dieses Tun ein bewusstes Tun ist und mir nicht aufgezwungen wird. Wenn ich tanzen muss, obwohl ich mich nicht dazu in der Lage fühle und es nicht will, so verschlechtert sich mein inneres Befinden nur noch mehr. Freiwilligkeit und bewusste Aktion sind also ausschlaggebend für eine solche Veränderung.

Sobald wir die mit der Bewegung verbundene Energie bewusst wahrnehmen und auf uns wirken lassen, kann sie uns helfen und verwandeln. Bewusste Bewegung kann innere Kräfte befreien. Die zaghafte Körperhaltung mit schlaffer Muskelspannung lässt kein kämpferisches Gefühl aufkommen, aber wenn sich der Rücken strafft, man deutlich und kraftvoll auftritt und mit jedem Schritt die feste Antwort des Erdbodens spürt... plötzlich blitzen die Augen, und das starke Gefühl ist da!

Der Zusammenhang von innerer und äußerer Energie kann lähmend wirken oder beflügelnd, einengend oder befreiend – nur verleugnen lässt er sich nicht. Wer ihn bewusst wahrnimmt, kann auf diese Weise seine gesamten Kräfte nutzen. Deshalb sind die alten asiatischen Kampfkünste auch eine geistige Disziplin. Deshalb betreiben Sportler mentales Training: um alle Kräfte auf die maximale Leistung zu konzentrieren. Deshalb ist auch die Ausbildung von Pferden auf einer mentalen Grundlage so enorm effektiv. Denn das Pferd eröffnet sich mit der bewussten Bewegung ein ungeahntes Kräftepotential, das ihm sonst nicht oder nicht mehr zur Verfügung steht. In der gemeinsamen Arbeit findet es zu sich selbst.

bleibt Shannon gehemmt. Er fühlt sich nicht sehr wohl in seiner Haut. Was erwartet man hier von ihm?

SHANNON UND DER SATTEL

Auch Shannon möchte jetzt in den Reitplatz. Aber er weiß nicht so recht, was das soll, als dann plötzlich die Frau mit ihm dort zu spielen versucht. Er macht eher zögernd mit. Kirsten ist ja kein Pferd, und da kann er ja nicht so einfach unbekümmert drauflosrempeln wie bei seinen Pferdefreunden! Obwohl er Zuspruch bekommt, die Frau ihn ermutigt und ihm die sichere Innenposition überlässt, bleibt Shannon gehemmt. Er fühlt sich nicht sehr wohl in seiner Haut. Was erwartet man hier von ihm?

„Weißt du was? Wir spielen, dass du groß bist.“ Die Frau holt eine Decke und wirft sie – ganz selbstverständlich – auf den Rücken des jungen Hengstes. Sie hantiert hin und her. Shannon wartet. Er konzentriert sich: Jetzt passiert etwas mit ihm! Was das wohl wird? Er horcht nach hinten, hört zu, was sie macht. Dann der Sattel. Alles hängt zwanglos herum, die Frau macht keine große Sache aus ihrem Tun. Stattdessen ist sie immer dicht bei Shannon, lobt und bestärkt ihn. Er ist nie allein, denn sie ist nur für ihn da, probiert ein Spiel mit ihm aus. Die Aufmerksamkeit der Frau umhüllt Shannon wie ein schützender Kokon. Da kann er sich dann überlegen, ob ihm die Aktion gefällt. Shannon muss keineswegs mitspielen, und das weiß er auch. Der geringste Unwillen seinerseits hätte die Sache beendet. Das ist ein Spiel, das sie für ihn macht. Die Frau „beruhigt“ ihn auch nicht dabei – wieso auch, er ist gar nicht beunruhigt. Sie gibt ihm ein Leckerli, krault ihn, gurtet an...

...und Shannon fühlt zum ersten Mal in seinem Leben eine Decke, Sattel, Gurt und Steigbügel an seinem Körper. Niemand schreibt ihm vor, dass er still stehen oder ruhig bleiben soll – und gerade deshalb ist er es. Denn dieses erste Satteln ist ein Angebot, das in völliger Übereinstimmung mit seinem Empfinden entsteht und sich danach richtet. Shannon kann das Ganze einfach einmal ausprobieren, was sich Kirsten da für ihn ausgedacht hat. Wieder laufen die beiden zusammen los. Im Trab klappern die Steigbügel auf die Decke. Was ist das? Ist da oben jemand? Das ist jetzt doch etwas unheimlich. Shannon verspannt sich ein bisschen, deshalb rutscht auch die Decke beim Laufen ein Stück weiter unter den Sattel. Schon ist Kirsten da, sie hat seine Unsicherheit gespürt. Und was tut sie? Sie stellt sich neben Shannon – und klopft auf den Sattel! Sie verstärkt das Klappern: „Das ist lustig, guck mal!“ Shannon kann ja gerade dort nicht gut sehen, also versucht er zu fühlen: Sie klopft auf seinem Rücken und doch nicht auf seinem Rücken. Wie geht denn das? Er geht rückwärts und – seltsames Gefühl dort hinten. Aber eigentlich nicht schlimm, nur halt ungewohnt.

Jetzt trabt er zuversichtlicher: Klappern macht nix! Und dann, auf dem letzten Bild, ist der Sattel wieder runter und, ganz wie zu Anfang, traben die zwei noch eine Runde zusammen. Etwas ist geblieben. Es ist nicht das Ding auf dem Rücken. Betrachten Sie die Bewegungen des jungen Hengstes. Sie sind jetzt anders.

"Der Himmel befindet sich dort, wo du gerade bist, und da gilt es zu üben."
Morehei Ueshiba, der Begründer des Aikido

DAS GANZE PFERD

Wie sieht eine solche Ausbildung aus? Wie fängt sie an? Auf den vorhergehenden Seiten ist eine Mensch-Pferd-Begegnung von Anfang bis Ende zu sehen: Shannon und Kirsten treffen sich auf dem Platz, und der junge Hengst macht erste Bekanntschaft mit einem Sattel. Sie beginnen hierbei fast von vorne, denn es ist in vielerlei Hinsicht ein erstes Mal: Shannon kennt Kirsten zwar vom Pflegen, Füttern und Misten, aber sonst kennt er nicht viel. Er weiß noch nicht, dass ein Mensch auch Spiel- und Lernpartner sein kann, und ist auch nicht so beharrlich im Beobachten wie der gleichaltrige Shane (der ja auch hier wieder zuschaut). Geübt oder gearbeitet wurde hier also noch nichts. Wie soll man es nennen, was die beiden da tun? Spiel? Arbeit? Der Mensch hat hier eine besondere Aufgabe – worauf muss er achten, was muss er berücksichtigen? Auf eine solche Art mit Pferden zusammenzusein, das erfordert von allen Beteiligten große Offenheit in jeder Hinsicht: ständig bereit sein, Impulse aufzunehmen und zu geben, auf zufällig entstandenen Situationen aufbauen, Begonnenes weiterführen und wieder loslassen... Kreativität ist gefragt.

Doch was macht Kirsten eigentlich? Sie läuft mit Shannon, und sie lässt es wieder, als er sie nicht versteht. Sie sucht nach einer anderen Idee, die für Shannon in diesem Moment besser passen könnte. Sie sieht den Sattel, der da zufällig noch hängt – und improvisiert. Ihre Wachheit und Fürsorge lassen eine Atmosphäre der Sicherheit entstehen, in der das junge Pferd allem Neuen vertrauensvoll begegnen kann. Ein Pferd und ein Mensch: Die Beziehung ist hier der entscheidende Faktor. Sie lässt ein spontanes Spiel entstehen. Nebenher geht es darin auch um einen Sattel, doch wesentlich ist die Harmonie, der Austausch zwischen den beiden. Die Beziehung erschafft ihnen diese ganz eigene, intime Welt. Shannon spielt darin ohne Bedenken mit. Er ist völlig offen für Kirstens Ideen – und er hat am Ende auch etwas davon! Vergleichen Sie die Bilder des jungen Hengstes vor und nach seiner Begegnung mit dem Sattel. Sehen Sie, wie unterschiedlich er läuft? Das erste Bildpaar zeigt Shannon mit leicht gehemmten Bewegungen und leicht desorientierter Mimik: die hochgezogene rechte Nüster, der verdrehte Hals, die ungerichteten Ohren. Es sind nur kleine Anzeichen, doch inzwischen sind wir schon ein wenig geübter, die Gefühle der Pferde zu lesen, und können sie nachvollziehen. Shannons Bewegungen wirken verhalten, gebunden. Betrachten Sie noch einmal das letzte Bild. Wie fühlt sich der Junghengst jetzt? Ein Vergleich der Szenen macht deutlich: Shannon hat seine ganze Haltung geändert. Plötzlich trabt er sehr schön schwungvoll und ausgewogen. Der Unterschied zu den Anfangsszenen ist gewaltig – und das in einer Viertelstunde. Wie ist dieses junge Pferd denn so schnell dahin gekommen? Sein Gefühl, sein Bewusstsein hat sich geändert! Sie erinnern sich, als Kirsten klopfte, und er nach rückwärts horchte und fühlte, statt davonzulaufen? Zu Anfang der gemeinsamen Aktivität hat Shannon nur auf Kirsten geachtet und nicht auf sich selbst. Jetzt hat er seine Aufmerksamkeit auch nach innen gerichtet, nicht nur nach außen. Er bewegt sich daraufhin viel harmonischer und im Einklang mit sich selbst. Shannon spürt seinen Körper mehr, geht sowohl selbstbewusster als auch körperbewusster aus der Begegnung hervor.

MIT PFERDEN DENKEN

Der Mensch versucht gewöhnlich, die Pferde dazu zu bringen, seinen Vorgaben zu folgen. Sie sollen ihn verstehen und tun, was er sagt. Wir gehen hier den umgekehrten Weg und versuchen, den Pferden zu folgen. Wir möchten sie verstehen. Was sagen uns denn die Pferde? Eine so harmonische Situation wie die eben gezeigte ist nicht möglich, wenn der Mensch mit dem festen Vorsatz ans Pferd herangeht: Heute soll es einen Sattel tragen! Diese Art von Denken engt ein. Das Pferd wird nicht gefragt, sondern mit der Entschlossenheit des Menschen konfrontiert. Ein solches Denken zerstört jede spielerische Atmosphäre – nicht wegen seines vom Ernst des Reitens geprägten Inhaltes, sondern durch die Art, wie es zustande kommt: gänzlich ohne das Pferd. Es sind keine gemeinsamen Gedanken. Sie entstehen nicht im Austausch. Es sind einsame Entschlüsse. Aber alles Denken vor dem Pferd hat hier nichts zu suchen – mit dem Pferd zu denken, das ist der Schlüssel zu der hier gezeigten Arbeit. Gespräche mit Pferden lassen sich nicht im Voraus gestalten. Das geistige Band lässt sich nicht erzwingen. Und jede planende Idee zerfließt im Wechselspiel unserer Improvisation. Natürlich ist es sehr wichtig, sich dessen bewusst zu sein, was man als Mensch im Zusammensein mit dem Pferd tut. Doch Bewusstsein bekommt hier eine andere Aufgabe. Es begleitet das gemeinsame Tun und ist zugleich aufmerksam für das eigene, in jedem einzelnen Moment. Es geht nicht um irgendein Ziel. Es geht darum, in jedem Moment körperlich wach zu sein für das, was da ist, mit all unserer vorhandenen Sensibilität, und entsprechend zu reagieren.Natürlich brauchen wir, um unsere Pferde richtig zu verstehen, einiges an Taktgefühl, Einfühlungsvermögen und Einfallsreichtum. Vor allem aber brauchen wir das ständige Gespräch mit dem Pferd: „Was möchtest du? Was kann ich für dich tun?" Diesen Dialog niemals abreißen zu lassen, ist die grundlegende Voraussetzung für alles Weitere. In der gemeinsamen Arbeit übernimmt der Mensch dann die Aufgabe, aus den vorhandenen Möglichkeiten die jeweils passende Übung für dieses besondere Pferd und seine heutige Stimmung zu finden. Die Idee zu dieser Übung kommt meist sehr direkt in Gegenwart des Pferdes: Toppur, wie er wendet – und wir üben auf dem Zirkel. Shane, der sich vor Gegenständen auf dem Boden fürchtet – und wir üben mit dem Reifen. Hazel mit ihrer Tendenz, Platz zu machen, nachzugeben, auszuweichen – und wir üben Travers. Passaro, den seine Vergangenheit verfolgte – und wir üben die Piaffe. Shannon, dem der Kontakt zu sich selbst abging – und er bekommt einen Sattel aufgelegt. In der Zusammenarbeit mit dem Menschen beginnen die Pferde, ihre Schwächen auszugleichen und in Stärken zu verwandeln.

VOM SINN UND UNSINN DER LEKTIONEN

Je nachdem, wie, in welchem Zusammenhang und mit welcher Absicht wir mit dem Pferd etwas üben, kann diese Tätigkeit ihm eine völlig andere Botschaft vermitteln. Wenn das, was wir tun, in Abstimmung mit unserem Pferd geschieht, sein Wohl im Auge hat und das dem Pferd auch deutlich wird, so erfährt es dieselbe Übung in völlig anderer Weise, als wenn wir aus reiner Willkür so verfahren. Die Handlung muss einen erkennbar positiven Bezug zum Pferd haben, sie sollte nicht einfach unserer Laune entspringen. Nur so kann es aus der Sicht des Pferdes zu einem Aha-Erlebnis durch eine bestimmte Bewegung kommen. Nehmen wir einmal das Rückwärtsgehen, eine für Pferde unter natürlichen Umständen seltene und ungewohnte Bewegungsform: Erzwungenes Rückwärtsgehen ist eine harte Zurechtweisung, eine Disziplinarstrafe, die ein renitentes Pferd schnell zum Aufgeben und zur Unterwerfung bringt. Pferde gehen nur ungern zurück, denn damit laufen sie in den einzigen Bereich hinein, wo sie nichts sehen können. Interessanterweise verschwindet dieser eigentlich völlig verständliche Widerwille, wenn wir die Übung gemeinsam mit dem Pferd erarbeiten. Da unsere Arbeit ganz um das Pferd zentriert ist, kann es seine natürliche Furcht ablegen. Und unter diesem so anderen Vorzeichen steckt in der unüblichen Bewegung ein hohes Veränderungspotential. Ein Pferd, das bewusst rückwärts schreitet, spürt den eigenen Körper, die eigene Mitte auf ganz neue Weise. Denn ähnlich wie in hoher Versammlung balanciert, trägt und schiebt das Pferd dabei sein Körpergewicht über die Hinterbeine. Es fühlt nach hinten, in Richtung Hinterhand: dort, wo die Quelle der Kraft ist.

Die passende Übung ist niemals eine Zwangsjacke, sondern ein Angebot. Das Pferd probiert aus und kann entscheiden, ob die Lektion zu ihm passt. Deutlich wird das an der Wirkung: Das Pferd fühlt sich in der Lektion so wohl wie in einem maßgeschneiderten Anzug. Es sieht besser aus, bewegt sich besser und will die Lektion gar nicht mehr ausziehen. Einem erfahrenen Ausbilder wird es vielleicht schneller gelingen als dem Laien, die passende Form für dieses Pferd zu finden. Doch letztlich ist es unser Pferd selbst, das die äußere Form mit innerer Kraft füllt. Es entdeckt die neue Bewegung für sich selbst. So wie Max es tat mit seinem Spanischen Schritt. Andressiert bleibt es bei der leeren Geste, die das Pferd zu nichts führt. Mit Sinn gefüllt und bewusst erlebt kann die richtige Lektion dem Pferd ein Tor öffnen in eine neue Welt. Denn die Lektionen der klassischen Reitkunst tragen beide Möglichkeiten in sich: Sie können Instrumentarium der Erniedrigung sein, aber auch stärkstes Mittel, den entfremdeten Körper und die angeschlagene Psyche zu heilen und dem Pferd eine neue Perspektive seiner selbst zu geben.

Die Berührung durch den Menschen kann eine Einladung sein, bewusster zu fühlen. Das hier ist weniger ein „Lob" für Toppur, der auf diesem Bild gerade seine Zirkelerfahrung aus dem letzten Kapitel abschließt, sondern eine Berührungshilfe, die der Erinnerung dient: Diese Körperregion war gerade die wichtigste. Wir lassen das soeben Gelernte noch nachklingen: Hier ist es, hierum ging es! Mit deiner Hinterhand hast du das gemacht! Und der Hengst schaut und fühlt zurück.

Hilfen sollten wirklich helfen: und zwar dem Pferd. Entscheidend ist, wie mein Pferd sich dabei fühlt! Sogar Peitschen können auf eine positive, unterstützende Art gebraucht werden. Dafür ist allerdings dringend erforderlich, dass mein Pferd auch dieses Hilfsmittel annimmt und nicht vor ihm flieht. Dass es hinhorcht in Richtung Hilfe. Sehen Sie Toppurs Ohr? Der Hengst trabt schön schwungvoll. Die auffällig getaktete Bewegung wird nicht von außen hergestellt, sondern entsteht durch das erhöhte Bewusstsein des Pferdes auf seine eigene Hinterhand – dort, wo der Ursprung seiner Kraft sitzt. Toppur taucht nicht etwa weg, zieht ängstlich den Hintern ein oder weicht aus, sondern scheint sogar noch höher zu federn, der Peitschenhilfe entgegen.

DIE HILFEN UND DAS GEFÜHL FÜR DEN EIGENEN KÖRPER

Damit ein Pferd sich weiterentwickeln kann, muss es eine bestimmte Richtung einhalten, muss seine Arbeit ein Ziel haben. Biegsamkeit und auch Versammlung können zu solch einem Ziel werden und sind auch für ein Pferd erstrebenswert. Es kann unsere Intention durchaus verstehen – und es hat auch das bessere Gefühl, ob die Richtung noch stimmt, weil es die Veränderung direkt erfährt. Trotzdem schätzt und sucht es die Begleitung des Menschen auf seinem Weg. In der Regel wird es uns brauchen, zumindest, damit wir die Atmosphäre schaffen, in der ihm diese Arbeit möglich ist, spielerisch und ernsthaft zugleich. Das Pferd braucht unsere Hilfe, denn es reicht nicht, einfach zu üben – und irgendwann kommt dann plötzlich die Piaffe. Lektionen können den Pferden sehr wichtige Gefühle vermitteln – allerdings nur, wenn sie den Sinn einer Übung verstehen. Nur die bewusst ausgeführte Bewegung besitzt das gewünschte Potential zu positiver Veränderung. Das Entscheidende an einer Lektion ist das Gefühl des Pferdes dabei. Erst wenn die Pferde wissen, was sie tun, können sie umfassend und dauerhaft davon profitieren. Wenn sie es bewusst tun. Und genau hier brauchen Pferde unsere Unterstützung.
Wenn ein Pferd mit einer bestimmten Übung weiterkommen möchte, beispielsweise weil es Lust an der Versammlung bekommen hat, so ergeht es ihm wie uns Menschen: Mit dem direkten Ziel vor Augen gerät das Gefühl für den Körper in Gefahr. Sie kennen sicher ähnliche Situationen: Man schüttet den Kaffee um, weil man an die Butter kommen will. Man streckt sich nach einem Buch ganz oben im Regal, ist knapp davor – und plötzlich kippt der Stuhl. Vor lauter Eifer und Zielstrebigkeit hat man sich selbst vergessen. Kopf und Bewusstsein sind schon dort, wo man hinmöchte, und nicht mehr dort, wo sich der eigene Körper im Moment tatsächlich befindet. So kommt man sehr schnell aus dem Gleichgewicht. Vielleicht sogar zu Schaden: weil man den Kontakt zu sich selbst verliert und sich überfordert. Auf dem Weg, den wir gemeinsam mit unserem Pferd zurücklegen, werden wir ihm bald weniger das Ziel zu zeigen haben, als seinen Eifer bremsen müssen. In solchem Kontext geht es darum, das Pferd an seinen Körper zu erinnern und das Gleichgewicht zu wahren. Wer das verinnerlicht hat, dem erschließt sich auf einmal ganz mühelos das Geheimnis richtiger Hilfengebung. Denn auch wenn ein Pferd genau weiß, was es will, kann der Mensch ihm eine wichtige Hilfe sein. Eine Hilfe zur Konzentration, damit es beim Prozess des Veränderns den Kontakt zu sich selbst nicht verliert.

DIE „RICHTIGEN" HILFEN

Wer mit Pferden arbeitet, sie reitet und ausbildet, kennt eine Vielzahl von Möglichkeiten, diese Tiere zur Ausführung bestimmter Bewegungen zu bringen. Maßnahmen, die dem einzelnen Pferd helfen sollen, den Wunsch des Menschen zu verstehen und zu befolgen. Man spricht deshalb von „Hilfe", auch wenn man genauso gut das Wort Befehl, Drohung oder Strafe dafür sagen könnte. Lediglich deshalb, weil dem Menschen logisch strukturierte Systeme leichter fallen, lernen Reiter diese „Hilfengebung" als ein Regelsystem, bevorzugt nach Skizzen, die wie Schalttafeln für das tierische Sportgerät anmuten. Damit aber ein Lebewesen auf solche Art funktioniert, muss man sehr viel Mühe investieren, muss es gründlich passend gemacht und durchmechanisiert werden. Auf dem Weg zum tierischen Automaten sind gelegentliche Äußerungen von Lebendigkeit der Natur nach nicht auszuschließen. Die Mittel zur Disziplinierung werden dann mal sanfter, mal härter dosiert. Doch selbst dabei ist die Botschaft an das betroffene Pferd völlig verschieden, je nachdem in welchem Zusammenhang und mit welcher Absicht diese Maßnahmen ans Pferd gebracht werden. Mit Sicherheit sind Kommandos, Einschüchterungen und Strafmaßnahmen für Pferde keine willkommene oder erwünschte Unterstützung. Solange die Aktionen des Menschen Befehl, Drohung oder Warnung sind, achtet das Pferd mehr auf diese als auf sich selbst und wird versuchen, sich vor dem angekündigten Schmerz zu schützen. Statt sein Bewusstsein dort zu erhöhen, wird das Pferd sein Gefühl zurückziehen, weil es die bedrohte Körperregion in Sicherheit bringen möchte. Es versucht der Einwirkung zu entgehen und ist deshalb auf sie fixiert wie auf einen glühenden Span, der sich nähert. Eine bewusste Bewegung kann sich so nicht entwickeln.

Hilfen nützen dem Pferd nur dann, wenn sie nicht eingesetzt werden, um die Übermacht des Menschen noch weiter zu verstärken und durchzusetzen. Man kann die Einwirkungen auf das Pferd nicht so ohne weiteres in positiv oder negativ unterteilen; frei nach dem Motto: Gewichtshilfen besser, Zügelhilfen schlechter, alles so fein wie möglich. Das sind lediglich äußere Kriterien, die nicht automatisch auf einen feinfühligen Dialog und eine pferdefreundliche Ausbildung rückschließen lassen. Es kann auch anders sein: Wer die absolute Macht hat, kann auch leise reden oder braucht bloß die Augenbraue zu heben – schon sein Blick reicht aus, dass der Unterlegene vor Angst zusammenzuckt. Was also zählt, ist die dahinterliegende Absicht beim Einsatz der Hilfen und das Gefühl des Pferdes dabei. Dienen diese Hilfen dem Pferd? Dient der Reiter damit dem Pferd? Oder werden sie nur eingesetzt, um den Reiterwillen durchzusetzen? Ein Pferd kümmert es nicht, ob wir unsere Einwirkungen als natürlich oder unnatürlich bezeichnen oder ob sie für einen menschlichen Betrachter sichtbar oder unsichtbar sind, ein Pferd möchte einfach nur angst- und schmerzfrei sein. Das macht für das Pferd den Unterschied.

Der innere Zustand eines Pferdes wird dem Betrachter oft nicht deutlich, besonders wenn es lernen musste, dass Flucht sinnlos ist und es kein Entkommen gibt vor der Macht des Menschen. Es lernt zwar, alles Verlangte zu tun, doch befindet es sich geistig immer im Rückzug. Es reagiert auf negative Dinge, die es vermeiden möchte. Dieses Kriterium gilt für alle Arten von Manipulation in der Arbeit mit Pferden. So ist auch die rein körpersprachliche Attacke keineswegs gewaltlos, selbst wenn das Pferd dabei nicht berührt wird. Sie ist besonders im begrenzten Raum problematisch, wo für das Pferd keinerlei Rückzugsmöglichkeit besteht. Denn eine Bedrohungssituation wird ja nicht erst durch den körperlichen Kontakt geschaffen, sondern lebt schon weit vorher auf: mit der Angst des Bedrohten. Mit dem Finger am Abzug. Wer ein Pferd gegen Zäune drängt oder in die Enge treibt, spielt mit der Platzangst, die dieses Steppentier so unweigerlich überfällt. Angst ist und bleibt Grundlage einer solchen Arbeit.

Erst wenn ein Pferd uns und unsere Hilfsmittel in keiner Weise mehr bedrohlich empfindet, kann man in einer solchen Anordnung arbeiten, wie wir es hier tun: Toppurs Weg ist nach außen begrenzt, und ich darf keine weitere Begrenzung sein. Doch Toppur sieht nicht so aus, als befürchte er, entlang des Zaunes in die Enge zu geraten. Obwohl die Peitsche sogar auf ihn zielt, fühlt er sich offensichtlich nicht eingeklemmt oder bedrängt. Er trabt selbstbewusst weiter und schwingt sein äußeres Hinterbein wie eine Antwort auf die gezielte Aktion des Menschen: ein souveränes Pferd.

FINDE DIE MITTE!

Zentrieren – können Sie sich unter diesem Wort etwas vorstellen? Sich zentrieren heißt, die Aufmerksamkeit nach innen zu lenken, in Richtung der eigenen Mitte. Zum Zentrum der Kraft, der energetischen Mitte unseres Körpers. Es befindet sich ungefähr vier bis fünf Zentimeter unter dem Bauchnabel – „Hara" nennen die Japaner es, „den Einen Punkt". Er bildet den Grundstein für alle Meditationsformen und ist für den Aufbau physischer Kräfte verantwortlich. Denn hier ist das Zentrum der körperlichen Schwerkraft. Und es ist auch ein Bereich, der zu unserer psychischen Energie in direkter Verbindung steht. Gelingt es, diesen Punkt zu finden, setzen wir große psychische Energien frei, die unser Wohlbefinden in spektakulärer Weise beeinflussen können. Zentrieren ist ein Verschmelzen von geistigen und körperlichen Energieformen, das man heute durch mentales Training in vielen Sportarten herzustellen versucht. Das Wissen um diesen zentralen Ort als Quelle der Kraft ist schon uralt. In den asiatischen Kampfsportdisziplinen wie Judo, Karate, Kendo, Aikido wird traditionsgemäß neben dem körperlichen Training sehr viel Wert auf die Schulung der geistigen Ebene gelegt. Es ist dort sehr wichtig, sich in der eigenen Mitte zu zentrieren. Erst dann kommt die technische Bewegung. Wenn der Schüler sich die geistige Disziplin angeeignet hat, ist er maximal konzentriert und dennoch entspannt. Er ist im Einklang mit sich und seinem Gleichgewicht – und kann dann alle gesammelte Energie in einer explosiv-konzentrierten Form nach außen freisetzen.

Was hat das alles mit Pferden zu tun? Geht es jetzt etwa darum, die Pferde mit Judo-Techniken in den Sand zu legen? Natürlich nicht. Dennoch macht es Sinn, diesen Punkt zu suchen und sich mit diesem Prozess zu beschäftigen, der uns die eigenen Kräfte erschließt. Wir brauchen die Kunst des Zentrierens. Wir brauchen sie für die Pferde. Denn wir wollen, dass unsere Pferde ihr gesamtes Potential nutzen. Wir wollen, dass sie diese Kunst lernen!

Die Kunst des Zentrierens – das ist die Kunst der Versammlung!

BEWUSSTE BEWEGUNG

Die Bewegung nach hinten als Antidot zur Flucht nach vorne: Die Connemarastute Hazel schreitet konzentriert rückwärts. Man kann gut erkennen, wie sie in sich hineinhorcht und in die Schritte hineinfindet. Rückwärts zu gehen ist für Pferde eine Bewegung, die sie von sich aus äußerst selten tun. Denn direkt hinter sich sieht auch das rundumsichtige Pferd nichts, es geht also dabei genau in den „blinden Fleck" seines nahezu vollständigen Sichtkreises hinein. Gerade deshalb ist aber auch das bewusste Nach-rückwärts-Schreiten eine sehr schöne Fühlübung, die dann allerdings gar nichts mit Zurückweichen oder einem Gehorsamstest zu tun hat. Schon eher mit Versammlung: Denn der Schwerpunkt verlagert sich nach hinten, weil das Pferd sich nach hinten konzentriert. Hazel kriecht nicht, wie so häufig gezeigt, lediglich deshalb rückwärts, weil der Weg nach vorne versperrt ist, und stemmt mit den Vorderbeinen, sondern sie wählt die Richtung bewusst und im Einklang mit ihrem menschlichen Partner.

Auf dem zweiten Bild sehen Sie, wie Hazel ihr Gewicht über das Hinterbein hinweg nach hinten nimmt. Sie setzt die Vorderbeine zuerst zurück, ihr Körper wird dadurch kürzer und runder, daraufhin nimmt sie dann das Gewicht zurück und setzt die Hinterbeine. Auf den letzten beiden Bildern beginnt sie wieder erneut mit den Vorderbeinen und leckt dabei, um die geistige Spannung lösen. Denn sie ist hochkonzentriert. Man kann es ihr gerade auf den ersten Bildern am Gesicht ablesen. Es erfordert eine ruhige, zielgerichtete Kraft vom Pferd, so in sich hineinzuhorchen. Die mitfühlende Hand hilft der Stute, die Konzentration auch während der Schritt-für-Schritt-Bewegung zu halten, und lenkt ihre Körperwahrnehmung in Richtung Kruppe und Hinterhand.

ZUR NATUR DER VERSAMMLUNG

Versammlung – wer schon einmal mit Pferden und ihrer Nutzung näher zu tun hatte, hat bestimmte Vorstellungen dabei. Kaum eine Sache wird von Reitern so vehement diskutiert: was echte Versammlung ist und was nicht, wie man sie erreicht und wie nicht, wozu man Versammlung braucht und wozu nicht. In den verschiedenen Stilrichtungen der Reiterei bestehen zur Versammlung sehr unterschiedliche Ansichten. Generell ist man sich einig, dass ein Pferd, das Versammlung praktiziert, brauchbarer wird, also angenehmer zu reiten ist. Außerdem hält es länger, denn das Gerittenwerden schadet ihm dann weniger, weil die Mehrbelastung durch das zusätzliche Reitergewicht von den muskulöseren Hinterbeinen verstärkt mitgetragen wird. Nun, an dieser Theorie mag einiges dran sein, aber Pferde wird man so dafür nicht begeistern. „... damit ich dich besser/ länger reiten kann!" – diese Begründung ist für mein Pferd veständlicherweise wenig attraktiv. Was für ein Interesse sollte es haben, seinen Nutzwert zu erhöhen? Versammlung ist anstrengend und kostet erheblich mehr Muskelkraft, als wenn das Pferd im alltäglichen Energiesparmodus läuft. Wer geht schon freiwillig mit gebeugten Knien? Gerade ein Pferd wird sich wohl kaum aus freien Stücken auf so unökonomische, verschwenderische Art bewegen. Deshalb muss Versammlung künstlich erarbeitet, vom Reiter erzeugt werden, sagen zumindest seriöse Pferdefachleute. Eine echte und wirklich freiwillige Versammlung halten sie schlichtweg für unmöglich. Warum sollte ein Pferd, das nicht dazu gedrängt wird, auch solch einen Mehraufwand an Kraft freiwillig betreiben?

Die Elemente der Versammlung sind durchaus natürlichen Ursprungs. Wir sehen sie auch bei freilebenden Pferden: in der Anspannung eines Kampfes, im Spiel und besonders, wenn ein Pferd anderen Pferden imponieren will. Also in einer ganz bestimmten Situation, wo es gerade nicht darum geht, mit seinen Kräften hauszuhalten, sondern – im Gegenteil – sie in ihrer Gesamtheit zu mobilisieren. Man will den Konkurrenten ausstechen, seine Kräfte messen. Energie ist im Übermaß da, und während man in der Atmosphäre des Spiels die Energie auszugleichen sucht, stellt das Imponiergehabe diese Energie zur Schau und protzt mit ihr: Ich habe mehr als genug!

Allerdings, damit sich Pferde auf solche Art verhalten, brauchen sie ein sicheres Umfeld, eine sorglose Atmosphäre. Denn sich den Luxus leisten, mit seiner Kraft verschwenderisch umzugehen, das kann ein Pferd nur, wenn es sich sicher fühlt, wenn es nicht durch äußere Umstände gezwungen wird, sich zu bewegen. Ein Pferd, das sich natürlicherweise in einer Form präsentiert, die der Versammlung ähnlich ist, fühlt sich dabei übermütig und stolz, selbstbewusst, souverän und kämpferisch: Herr über den Raum, König der Steppe!

DIE LUST UND DAS GEFÜHL

Was passiert eigentlich genau, wenn ein Pferd sich versammelt? Wir haben das Prinzip schon im letzten Kapitel beobachten können. Auf der gebogenen Linie lernte das Pferd bereits, sich versammelter zu bewegen, wenn auch vorerst nur zu einer Seite hin. Linksrum war die linke, rechtsrum die rechte Hinterhand mehr gefordert. Jeweils mit seiner inneren Körperseite hat das Pferd in jeder Kurve Versammlung geübt. Jetzt tritt es mit beiden Hinterbeinen weiter unter, so dass diese näher zum Körpermittelpunkt kommen und nicht nur schieben, sondern auch tragen können. Das Pferd unterstützt bei jedem Schritt sein Gewicht vermehrt mit den Hinterbeinen. Es winkelt die Gelenke der Hinterhand beidseitig stärker ab, so dass sich die Kruppe insgesamt senkt und der Bewegungsimpuls nach vorne-aufwärts verläuft. Es verlagert den Schwerpunkt seines Körpers nach hinten und beugt die Hanken, so dass die Vorhand freier wird und sich aufrichten kann. So gewinnt es eine größere Beweglichkeit nach allen Seiten hin.

Mit wachsender Versammlung wird das ganze Pferd flexibler und reaktionsschneller, verbraucht jetzt zwar mehr Muskelkraft, schützt und schont aber seine Bänder und Knochen; denn jede Belastung, auch die seitliche, wird aufgefangen, abgefedert und gedämpft. Die Schritte sind kraftvoll und weich, mit der Eleganz eines Tänzers spielt das Pferd mit der Schwerkraft, und die elastische Spannung der gebeugten Hinterhand gibt ihm die Geschmeidigkeit einer Katze. Eigentlich müsste es doch ein tolles Gefühl

„Das Lied der Freiheit lässt sich nicht spielen auf dem Instrument der Gewalt."
Stanislaw J. Lec

sein für mein Pferd, so zu laufen... und sich dabei stolz und übermütig, selbstbewusst, souverän und kämpferisch zu fühlen!

Selbstgefühl, Selbsthaltung, Selbstbewusstsein: Das Geheimnis versammelter Bewegung ist Stolz und Euphorie.

Bevor wir nach Versammlung fragen, müssen wir uns die Frage stellen: Wie fühlt sich dieses Pferd? Wie fühlt es sich in Gegenwart des Menschen? Zum Imponiergehabe gehört eine gewisse Überheblichkeit, ein Überlegenheitsgefühl. Und zum Spielen gehört ein unbeschwertes, freies Gefühl: Übermut. Darf mein Pferd sich überhaupt so frei, stark und stolz fühlen – oder soll es sich meiner Dominanz bedingungslos unterordnen? Innere und äußere Stärke müssen sich verbinden, damit ein Pferd sich versammeln kann. Wenn man ihm eine versammelte Haltung aufpresst, die im Widerspruch zu seinem inneren Empfinden steht, wird diese Form vom Pferd abfallen wie eine schlecht klebende Schale. Wahre, freie Versammlung lässt sich nicht mit Unterwerfung kombinieren. Immer wieder muss das Pferd deshalb in die Form mühsam hineinmanövriert werden, fällt auseinander – innen und außen entsprechen sich einfach nicht. Ist es hier nicht doch eher der Mensch, der sich präsentieren will?

Versammlung ist nichts für Verlierer. Wenn mein Pferd vor meiner Gegenwart weicht und sich auf dem Rückzug befindet, so kann es meinen Versuch, es in dieser Gefühlslage zu versammeln, kaum verstehen – nur vielleicht als Versuch, es zu allem Übel noch in die Knie zwingen zu wollen. So am Ort festgehalten und unter Druck gesetzt, beugt es vielleicht Knie und Hanken, doch gerade nicht im Gefühl eigener Stärke. Das im Beisein des Menschen in die Defensive gedrängte Pferd kann es sich nicht leisten, überschwänglich-kraftstrotzend zu laufen: Wer weiß, wie weit man es noch treiben wird, wer weiß, wie weit es noch fliehen muss! Es ist also im Grunde zutiefst widersprüchlich, ein Pferd in die Versammlung hineintreiben zu wollen: Weicht es menschlichem Druck, so fehlt ihm das entsprechende Gefühl, bleibt es fest, so beharrt es auch in der alten Körperhaltung.

VON DER KUNST, DEN RICHTIGEN PUNKT ZU FINDEN

Wie lernt ein Mensch das Gefühl für die richtige Hilfe? Die erste Lektion zur Entfaltung unseres Einfühlungsvermögens beginnt Reno grundsätzlich am Boden. So wirkt er weniger einschüchternd und kann mit großer Ruhe und Geduld bequem auf die richtigen Stellen verweisen. Wir Menschen müssen anfangs ganz konkret mit den Händen begreifen lernen, was bei unserem Pferd ankommt, wie Reno hier mit mir demonstriert: Sein lustvoller Gesichtsausdruck gibt ein deutliches Feedback!

Mit der Zeit entwickelt man bei solcher Bodenarbeit ein umfassendes Gefühl und spürt dann auch beim bewegten Pferd den Punkt, wo es die menschliche Hilfe gerade gebrauchen kann.

BEWUSSTSEIN IN BEWEGUNG

Wie vermittelt man seinem Pferd ein solches Gefühl? Ist es möglich, von außen auf die innere Haltung des Pferdes Einfluss zu nehmen? Kann ich denn noch mehr tun, als es in seiner Eigenheit zu bestärken und mich selbst zurückzunehmen? Das Bewusstsein eines Pferdes verändern – was kann ich aktiv dafür tun, damit es sich besser fühlt?

Was für Möglichkeiten gibt es, einen anderen Menschen auf eine ganz bestimmte Region seines Körpers aufmerksam zu machen? „Hoppla, was hast du denn da?" – Wenn wir mit ihm vertraut sind, überlegen wir nicht lange, sondern handeln spontan und berühren ihn dort einfach mit der Hand. Es ist das Naheliegendste, damit er diese Körperstelle bewusster wahrnimmt. Berühren. Nicht fordernd. Fühlend. Dem anderen Menschen die eigene Aufmerksamkeit schenkend. Einfühlsames Berühren – dazu braucht es keine komplizierte Technik, sondern vor allem die offene Botschaft: „Ich bin hier bei dir." Und: „Versuch einmal, hierher zu fühlen. Hast du's? Kannst du diesen Bereich deutlich spüren? Wie geht es dir dabei?" Genau diese Art von Gespräch führen Hazel und ich mitein-

ander auf der vorangegangenen Bildsequenz. Ich lege meine Hand rückseitig an ihre Hinterhandmuskulatur, und Hazel lenkt ihr Bewusstsein in meine Richtung und beginnt, in ihren Körper hineinzuspüren: denn der Weg zu mir führt durch diesen hindurch. Den eigenen Körper erspüren – daraus entwickelt sich dann ein zuerst tastendes, dann immer gezielteres Rückwärtsschreiten. Die Bilder teilen auch nach außen etwas mit von diesem Prozess: Hazel horcht in sich hinein, konzentriert sich auf ihren eigenen Körper. Bewusst und gesammelt erprobt sie die neue Bewegung. Sie beginnt in Teilschritten, beginnt jeden neuen Schritt aus sich selbst heraus, und ich folge ihr. Das gemeinsame Schreiten entsteht aus dem Innern des Pferdes, erwächst aus seinem Gefühl. Was an diesem Tun eigentlich wichtig ist, geschieht im Pferd. Auf dem dritten Bild ist es deutlich zu sehen, wie nicht der Mensch, sondern das Pferd die neue Bewegung beginnt. Hazel bestimmt den Weg. Es geht ja um ihren Körper, ihr Gefühl!

Um das Bewusstsein eines Pferdes auf den eigenen Körper zu lenken, ist die einfühlsame Berührung eine wichtige Hilfe. Doch in der Praxis ist es nicht immer und überall möglich, ein Pferd auf diese Art mit der Hand zu berühren. Es geht eigentlich nur im Stehen oder wenn wir sehr langsam nebeneinander hergehen – doch was mache ich, wenn mein Pferd sich schneller bewegt? Dann kann eine Gerte sehr nützlich sein: wie ein feiner, verlängerter Finger. Eine Zeigehilfe. In einem solchen Sinn als Hilfsmittel verwendet, bündelt die Gerte unsere Konzentration auf einen Punkt. An ihr entlang fließt meine gesammelte Aufmerksamkeit zum Pferd, zu einem bestimmten Teilbereich seines Körpers. Zu diesem fließt dann auch die Aufmerksamkeit des Pferdes hin. Versteht sich von selbst, dass mein Pferd dazu unbedingt keinerlei Scheu, ja nicht einmal Respekt vor diesem Instrument haben darf. Sonst würde es bloß auf die Peitsche achten und sich vor ihr in Sicherheit bringen wollen. Doch gerade da, wo die Gerte hinzeigt, möchte ich ja, dass mein Pferd vermehrt hin-fühlt und nicht Gefühl zurückzieht, starr wird. Mit Hilfe der Peitsche möchte ich das Bewusstsein des Pferdes konzentrieren, nicht es in Aufruhr bringen. So eingesetzt erinnert die Gerte das Pferd an den eigenen Körper, die eigene Mitte. Betrachten Sie noch einmal die Aufnahmen von der Arbeit mit Toppur unter diesem Aspekt, besonders auch die aus dem vorhergehenden Kapitel, als er seine Kreise immer perfekter zog. Welches Verhältnis hat er zur Gerte? Wandelt es sich im Laufe der Arbeit? Neben der direkten und indirekten Berührung durch den Menschen gibt es noch weitere, sehr subtile Hilfen, die dem Pferd eine Botschaft vermitteln: Es ist die Art unserer Wahrnehmung. Der Blick – er teilt dem Pferd unsere Präsenz mit. Wie wir ein Pferd wahrnehmen, spielt eine entscheidende Rolle für das, was es von uns wahrnimmt. Hier wird die Sache jetzt wirklich ein wenig schwierig. Denn den meisten Menschen ist nicht bewusst, auf welche Art sie ihr Pferd ansehen. Das Pferd hingegen antwortet auf die Art und Weise unseres Blicks. Das kann zum Problem werden, wenn das Verhältnis zwischen Mensch und Pferd ein ziemlich technisches ist. Wir Menschen neigen zu einer Sichtweise, die ein Pferd sehr verunsichern kann. Der fokussierte, nach äußerlichen Angriffspunkten suchende „Jägerblick“ ist ihm unheimlich. Es fühlt sich taxiert, belauert. Selbst wir Menschen mögen es nicht, wenn uns jemand auf diese Art anschaut, obwohl wir uns nicht als Beutetier empfinden. Unsere Aufmerksamkeit zum Pferd hin sollte deshalb grundsätzlich passiv sein, rezeptiv, weich. Man entwickelt mit der Zeit eine Art „inneren Blick“, der einen die Umgebung nicht nur sehen, sondern auch spüren lässt. Aus dieser eher diffusen, ganzheitlichen Wahrnehmung heraus kann ein genaues Hinsehen dann zur wichtigen Hilfe für unser Pferd werden: Passaro fand im letzten Kapitel auf diese Art zur Passage. Sie sahen gerade, wie Kirsten den jungen Shannon durch ihre umfassende Aufmerksamkeit und Empathie so bestärkte, dass er sich am Ende viel flüssiger und zentrierter bewegen konnte. Und da war das erste Laufen mit Toppur ganz zu Anfang unseres gemeinsamen Weges: Nur ein Blick, eine innere gedankliche Richtung beeinflusste den Hengst und führte ihn zu sich selbst zurück. Hilfen, lediglich als gedankliche Vorstellung? Wir waren bei Shane, als er sich bemühte, seinen Fuß in den Reifen zu setzen: Die wichtigste Art, ein Pferd zu beeinflussen, scheint tatsächlich das zu sein, was wir denken!

„ICH TU, WAS DU DENKST!“ ODER: DIE MACHT DER INNEREN BILDER

Als ich sie kennen lernte, war die „Gedankenübertragung“ zwischen ihnen fast schon perfekt: Passaro und Kirsten. Es schien zumindest so. Passaro konnte die Gedanken von Kirsten lesen, und kommunizierte – wenn er wollte – auch so mit ihr. Dann spürte sie genau, was ihr Pferd dachte und was in ihm vorging. „Oh, das wünsche ich mir mit meinem Pferd auch!“, denken Sie jetzt vielleicht. Kirsten allerdings fand diesen Zustand nicht so angenehm, und damit das verständlich wird, muss ich ein bisschen von den beiden erzählen.

Sie trafen sich in einem Verleihstall, wo der dunkle Fuchs gerade dabei war, Richtung Schlachter zu wandern. Sämtliche Reitlehrer hatten es nicht geschafft, seinen Widerstand zu brechen und ihn gefügig zu machen. Kirsten, von so viel Kampfgeist beeindruckt, erlag diesem unbeugsamen Charakter und kaufte das als tückisch verschriene Tier frei, obwohl sie damals selbst in völlig ungesicherten Verhältnissen lebte. Doch die Faszination durch dieses rebellische Pferd war stärker als alle Vernunft. Vielleicht hat Passaro es schon damals verstanden, sich ihr gedanklich mitzuteilen. Jedenfalls, als die beiden zu uns kamen, war Passaro zwar nach außen hin noch immer ein echtes Ekel und teilte nach allen Seiten aus, aber darunter verband ihn mit Kirsten eine tiefe Sympathie. Passaro war nicht einfach „ein Pferd“ für Kirsten und Kirsten nicht einfach „ein Mensch“ für Passaro. Er biss und schlug nach ihr, aber sobald sie plante, für ein paar Tage zu verreisen, bekam er eine Kolik, so sehr schlug ihm das auf den Magen. Ihre tiefe Verbindung machte sich eher negativ bemerkbar: Er hatte Angst um sie, sie um ihn. Natürlich hatte Passaro jede Menge Marotten. Eine davon war, dass er, ehemals in Einzelhaft, sich furchtbar erregte, wenn man ein Pferd aus der Herde nahm, das von ihm gerade bevorzugt wurde. „Er geht gleich durch den Zaun!“, schrie Kirsten entsetzt. Das hatte er schon oft genug gemacht, mit brachialer Gewalt völlig irr irgendwo hineingesprungen, weil man ihn angeblich von etwas abhalten wollte oder trennte. Er konnte dann auch in alle Richtungen treten und sehr rabiat werden, denn, so war er überzeugt, man beabsichtigte da wieder eine Gemeinheit gegen ihn. Kirsten sah ihn so am Zaun entlanghechten, erbittert, empört, hysterisch, und sie sah auch, wo der Zaun am niedrigsten... und schon war Passaro drüben. Genau dann und dort, wo sie es befürchtet hatte. „So nicht!“, sagte ich mir. Da war ja kein Grund, sich so zu verhalten. Passaro wurde nicht allein gelassen, denn der Rest der Herde blieb auch zurück, und er war auch mit diesen Pferden befreundet. Wir wiederholten das Ganze. Ich instruierte Kirsten, ihrem Pferd diesmal nicht gedanklich Vorschub zu leisten. Aber es war abzusehen, dass sie damit im Moment überfordert war, so ließ ich sie das andere Pferd nehmen und schickte sie weg. Passaro versuchte dasselbe mit mir, wilde Entschlossenheit signalisierend: „Ich spring' gleich!“ „Ja, ja. Du wirst einen elektrischen Schlag bekommen.“ Passaro stutzte. Auf dieses innere Bild war er nicht gefasst. „Diese Elektrozäune sind echt fies, man sollte lieber aufpassen, dass man denen nicht zu nahe kommt!“ Passaro wurde unsicher. Wie war das? Ein Stromschlag? Das wollte er nicht! „Na, du hältst auch lieber Abstand zum Zaun. Eigentlich ganz schön idiotisch, so hin und her zu laufen. Die andern stehen da drüben im saftigem Gras und schlagen sich die Bäuche voll...“ Und wieder tat ich nichts, als lässig herumzustehen und mir lebhaft ein Bild von dem Gesagten zu machen. Passaro überlegte. Er wurde ganz ruhig – und verhielt sich dann genauso, wie ich es mir vorgestellt hatte.

War es vorher Kirsten gewesen, die ihm unbewusst die mentale Unterstützung zum Sprung gegeben hatte, so legte ich ihm jetzt auf demselben Kanal ein vernünftigeres Verhalten nahe. Ich suggerierte ihm eine andere Handlungsweise, indem ich mir diese Gedanken ausmalte. Vielleicht kann man sich das wie eine Idee vorstellen, die Passaro plötzlich zufiel, so wie man als Mensch ein Wort aufschnappt. Er fand sie gar nicht so schlecht und war am Ende ganz zufrieden mit sich.

Die mentale Hilfe basiert auf dem Vermögen des Pferdes, die Gefühle und auch Absichten anderer, gefährlicher oder befreundeter Lebewesen intuitiv zu erfassen. Diese Fähigkeit ist vielen Pferdeleuten bekannt: das Pferd, das sich nicht einfangen lässt, weil der

Tierarzt gleich kommen wird. Das Pferd, das die Angst vor dem Hindernis spürt und verweigert. Das Pferd, das den Kommandos seines Reiters zuvorkommt – meist fällt uns ein solches Verhalten eher negativ auf. Doch die Fähigkeit der Pferde, sich einzufühlen, ist schon immer da. Ob wir es bemerken oder nicht, sie stehen in Verbindung mit uns. Vielleicht mussten ihre Vorfahren ein Gespür für die Gefahr durch den Menschen entwickeln – aus ähnlichen Gründen wie die Zebras bei den Löwen, Sie erinnern sich. Allerdings sind nicht alle Pferde dermaßen perfekt darin wie Passaro, und vor allem können nicht alle diese Fähigkeit so gezielt zu ihrem eigenen Vorteil einsetzen, wie er es tut. Im Nachhinein verwundert es nicht, dass dieser eher zarte Araber auch den härtesten Männern widerstehen konnte: Er suchte deren schwächste Stelle, indem er diese und den richtigen Zeitpunkt einfach bei seinen Gegnern abfragte – und reagierte dann entschlossen und mit durchschlagendem Erfolg!

Wie genau die Pferde das machen, ist sicher eine interessante Frage, und es wird vielleicht auch einmal eine wissenschaftliche Erklärung dafür geben. Für uns aber ist es im Augenblick noch mehr von Interesse, wie wir diese Fähigkeit in unsere Arbeit miteinbeziehen. Denn wir beide, das Pferd und vor allem auch der Mensch, können lernen, diese besondere Begabung des Pferdes jetzt zu positiver und vertraulicher Verständigung miteinander zu nutzen. Nicht nur bei Pferden wie Passaro ist die Arbeit mit inneren Bildern sehr erfolgreich. Gedankliche Vorstellungen stehen jedem jederzeit zur Verfügung. Es gibt ein geistiges Band, das Mensch und Pferd verbindet. Es ist schon immer da, nur es bewusst und positiv zu nutzen, das ist nicht immer leicht.

Wir brauchen dazu nämlich eine gewisse gedankliche Disziplin. Wir müssen lernen, unsere Gedanken bewusster zu führen. Ich nehme mir vor: Denk nicht an Schokolade! Und gerade dann geschieht es: Das Nicht-Gewünschte erscheint in meiner Vorstellung, und so denke ich an die Schokolade dort oben im Schrank, sehe die Verpackung vor meinem geistigen Auge, höre das Papier knistern, habe den Geschmack auf der Zunge... auch wenn ich es nicht will, gerade weil ich es nicht will! Damit das nicht passiert, muss ich an andere Dinge denken, an eine süße Orange, eine dampfende Tasse Kaffee... oder den letzten Urlaubstag am Meer. Das Wasser, die Wärme, das weite Gefühl. Nun, ich sollte mir auch bei meinem Pferd gute Alternativen überlegen, damit es sich nicht auf ungewollte Gedanken fixiert.

Schokolade ist ja ein harmloses Bild, aber was ist, wenn ich mir lebhaft ausmale, wie mein Pferd durchgeht, bockt oder scheut? Es könnte tatsächlich genau das tun, was ich befürchte, weil ihm oder mir keine andere deutliche Vorstellung in den Sinn kommt. Entwickeln Sie positive Bilder für Ihr Pferd! Um Missverständnissen vorzubeugen: Die mentale Verbindung zum Pferd ist absolut kein Machtmittel! Sie entzieht sich jeder dominanten Bestrebung. Ein Pferd kann nicht mittels Gedankenkraft manipuliert oder hypnotisiert werden, so wie von einer Art geistigen Fernbedienung gesteuert (mag diese Idee auch noch so faszinierend sein für den Größenwahn unserer Zeit). Ein Pferd wird die Verbindung sehr schnell abbrechen, wenn der Mensch sich unpassend benimmt oder seinen Vorteil auf solche Weise gegen die Interessen des Pferdes durchzusetzen versucht. „Nein, danke!" Und das war's dann. Vielleicht kann gerade deshalb unsere Einbildungskraft eine so mächtige Hilfe sein: weil sie an sich frei ist von jedem Zwang. Gesellt sie sich allerdings zu einer Zwangsmaßnahme hinzu, kann Letztere sehr massiv wirken, doch mit bloßer Willenskraft allein gelingt es niemandem, Macht auszuüben. Denn die Gedanken sind frei. Wir können unserem Pferd gedanklich ein Verhalten nahe legen, aber es fühlt sich in keiner Weise gebunden und entscheidet für sich selbst. Es muss meine Idee nicht nutzen. Auch wenn meine Gedanken vielleicht den Anstoß geben, handelt mein Pferd aus sich selbst heraus. Diese Eigenschaft macht die mentale Unterstützung so ideal geeignet für das Pferd in der Versammlung.

DAS ZENTRIERTE PFERD

Und noch einmal zeigt er uns, was Veränderung bedeutet: Max, dieser heute so beeindruckende Athlet. Durch bewusste Körperschulung hat er aus sich ein völlig anderes Pferd gemacht. Zwischen den Bildern rechts und links liegen zwei Jahre. Interessanterweise sehen wir ihn hier nicht nur in derselben Gangart, sondern auch in derselben Stimmung – jeweils im Spiel. Max hat seine Körperhaltung inzwischen so grundlegend verändert, dass er viel kürzer und kraftvoller wirkt. Die mächtig bergauf gesprungene Galoppade, der selbst-gehaltene, versammelte Trab... am faszinierendsten aber ist die gewaltige Ausstrahlung dieses Pferdes, seine Aura: souverän, gesammelt, würdevoll in sich ruhend. Max hat zu seiner inneren Stärke gefunden, zur Quelle versammelter Kraft.

SINNBILDER DER VERSAMMLUNG

Der Gefühlshintergrund für die versammelte Bewegung eines Pferdes ist im Dominanzbereich des Menschen nur selten zu finden. In ihr findet ein Bewusstsein von Stärke und Überlegenheit seinen Ausdruck: „Ich kann alles tun!“, erwachsen aus der Gewissheit: „Ich muss nichts tun!“ Mit dieser Grundüberzeugung kann ein Pferd dann in der Folge zu verschwenderisch-versammeltem Gestus finden. Reitweisen, die traditionsgemäß viel Wert auf eine imponierende Form des Pferdes legten, waren deshalb bestrebt, den Stolz ihrer jungen Pferde nicht zu brechen – das musste so sein, wenn sie deren Versammlungsfähigkeit entwickeln wollten. „Du sollst dem jungen Pferd die Anmut nicht rauben und es nicht verdrießen“, so belehrte der französische Reitmeister Antoine Pluvinel im 17. Jahrhundert seinen König, „denn sie ist wie der Blütenstaub, der dann für immer verloren ist.“ Diese Erkenntnis, die er so poetisch in Worte fasste, ist heute auch unter den Bürgern und Edelleuten Europas nahezu in Vergessenheit geraten.

Schnelle und praktische Einreitmethoden sind beliebt, und sie zielen darauf ab, den Pferden jeden Widerstand von vornherein auszutreiben. Ihr erklärter Zweck ist, aus einem Pferd ein möglichst reibungslos funktionierendes Sport- oder Freizeitgerät zu machen. Die Individualität des einzelnen Pferdes wirkt dabei eher störend. Mit diesen Methoden erhält der Reiter vielleicht ein bequem bedienbares Tier, aber keines, das in der Arbeit unter dem Reiter aufblühen und Früchte tragen könnte, wie Pluvinel es möchte. Denn die Persönlichkeit eines Pferdes muss erhalten bleiben und wachsen dürfen, damit ihm der Weg zu echter Versammlung möglich wird.

Zentrieren bedeutet, die inneren und äußeren Kräfte zu verbinden. Ein Pferd, das sich versammelt, konzentriert seine Energie um den Körperschwerpunkt, der jetzt etwas weiter zurück und etwas tiefer liegt als gewöhnlich. Es „setzt sich“ auf der Suche nach dem eigenen Mittelpunkt. In allen Kulturkreisen gibt es geistige Techniken, die den Menschen dabei helfen sollen, zu ihrer Mitte zu finden. Nun ist das Zentrum inneren wie äußeren Gleichgewichts kein fixierter, statischer Punkt. Man verliert seine Mitte und findet sie wieder, wie ein Kreisel, der sich dreht, schwankt und aufrichtet, solange er sich bewegt. Zentrieren heißt, immer wieder zu sich selbst zurückzukehren, ins Zentrum des Zyklons. Vielleicht haben Sie schon einmal ein versammeltes Pferd gesehen: Es ist rund, verdichtet: geballte Energie! Die sonst vornehmlich für den Abschub verwendeten Hinterhandkräfte sammelt es unter seinen Schwerpunkt. Die Gelenkwinkel sind kleiner geworden, nehmen Gewicht auf und halten es, jederzeit bereit, abzuschnellen wie eine zusammengehaltene Feder. Denn nicht einem äußerem Druck beugt das versammelte Pferd seine Hanken, im Bewusstsein eigener Kraft setzt es sich unter Spannung. Es sammelt seine Energien auf einen Punkt, um die Schnellkraft zu erhöhen wie ein Tiger vor dem Absprung.

Eine stolze, selbstbewusste Gesinnung lässt sich nicht gewaltsam herstellen; Zwangsmaßnahmen bewirken lediglich, dass der souveräne Kern, den ein jedes Pferd in sich trägt, vielleicht für immer verloren geht. Echte Versammlung ist eine innere Haltung, die sich erst langsam entwickelt, ein Reifeprozess. Eine gute Ausbildung kann das unterstützen und fördern, denn es ist durchaus möglich, ein vertrauensvolles, befreundetes Pferd in die Versammlung hineinzulocken. Ich kann eine spielerische, lockere, euphorische Atmosphäre schaffen und es dazu ermutigen, mit seinem Schwerpunkt zu experimentieren. Ich kann es bestärken in seinem Selbstbewusstsein. Irgendwann wird mein Pferd dann auch beginnen, sich mit mir zu versammeln: Denn das passt ja jetzt zu seinem Gefühl. Und auf einmal fühlt es sich wendiger, beweglicher, energiegeladener. So wie Joy am Ende des letzten Kapitels, als sie entdeckte, wie schnell sie auf einmal drehen kann. Oder Passaro, der sich inzwischen mit Vorliebe großartig selbst zelebriert: indem er sich versammelt bewegt. Oder Toppur, der uns hier eingangs mit jedem Galoppsprung auf seine Isländerart stolze Erhabenheit vermittelte. Oder Max, der, beflügelt von seiner mentalen Stärke, sich selbst übertrifft. Oder wie Reno, der nach der Kapriole strebt, um das Ganze auf den Punkt zu bringen. Ach, und da haben wir noch El Paso, dem es so glückt, die Dame seines Herzens zu gewinnen...

WENN DIE KRÄFTE ZUSAMMENFLIEßEN

Ziel unserer Zusammenarbeit ist ein starkes Pferd: in jeder Hinsicht. Mein Pferd geht diesen Weg, und ich begleite es. Ich schaffe ihm den Raum, die Ruhe dazu, einen Rahmen, keineswegs aber störe ich es durch ständige Korrekturen oder lenke es durch meine Besserwisserei ab. Ein Pferd so ausbilden heißt: gemeinsam mit ihm die Mitte suchen, den einen Punkt, das Zentrum aller Aktivität. Ihm Möglichkeiten zu zeigen, wie es sich sammeln kann. Es selbst wählen zu lassen und mit ihm gemeinsam Übungen zu finden – wahrhaftige Hilfen für das Pferd. Denn sie erleichtern es ihm, das zu tun, was es gerne möchte: sich gut fühlen. Stimmt die Richtung, so habe ich daraufhin Mühe, den Arbeitseifer meines Pferdes zu bremsen. Denn was ist faszinierender, als zur eigenen Stärke zu finden?

Die Arbeit mit dem Pferd wird völlig anders, wenn es uns und unseren Angeboten nicht mehr ausweicht, sondern die Hilfe begrüßt. Toppur, unser isländischer Begleiter, zeigt sich zu Anfang dieses Kapitels im hochgradig versammelten, getragenen Galopp. Solch gravitätische Sprünge verlangen einen sehr konzentrierten Einsatz des ganzen Körpers, und Toppur balanciert sich im freien Raum selbstverantwortlich aus – nur die Stimme unterstützt ihn hier bei dieser Leistung. Ein auf der mentalen Ebene geschultes Pferd beantwortet die Konzentration seines menschlichen Partners auf völlig neue Weise. Nicht mit Schutz oder Entzug des betroffenen Körperteils („Hilfe, da wird es jetzt gleich weh tun, ich muss aufpassen, weg hier!"), sondern indem es ebenfalls sein Bewusstsein dorthin richtet. Konzentriert sich der Mensch, so ist das nicht mehr bedrohlich. Man muss sich nicht in Sicherheit bringen, wenn er – mit was auch immer – zielt. Im Gegenteil. Das Pferd antwortet seinem Menschen auf gleiche Weise und konzentriert sich ebenfalls dorthin. Diese gezielte Aufmerksamkeit erschließt dem Pferd ein enormes Kraftpotential. Es lernt, sich selbst zu entwickeln, seinen Körper zu schulen und sich bewusst zu versammeln.

Ein Pferd, das aus Gehorsam gegenüber dem Menschen oder gar aus Furcht vor Sanktionen – auch wenn diese im Moment nicht zu sehen sind – Kommandos befolgt, wird niemals irgendeinen tieferen Nutzen für sich selbst daraus ziehen können. Es wird nie wirklich von den ausgeführten Übungen profitieren, weil es diese Bewegungsmuster niemals für sich selbst erprobt und auslotet. Es entwickelt diese Muster nicht selbstständig und ist sich gar nicht bewusst, was es da tut. Was sich mit dieser Art von Befehlsausführung einzig erreichen lässt, ist gerade der Widerpart zu bewusster Bewegung: die bedingungslose Unterwerfung unter eine äußere Instanz, den Reiter.

Von seinem Wesen her bestrebt nach harmonischen Beziehungen, wird ein Pferd in der Regel tun, was man ihm abverlangt, soweit es das irgendwie kann. Aber der tiefere Sinn und Zweck der geforderten Übungen wird ihm so immer unverständlich bleiben. Versammlung nach Vorschrift ist leere Form. Ein gebrochenes Pferd bleibt auf ewig ein untergebenes Reittier, und es wird unter menschlicher Herrschaft nicht zu seiner wahren Kraft finden. Es wird niemals zu diesem herrlichen Geschöpf werden, von dessen freudiger Erregung, sinnlicher Gegenwart und überschäumender Lebensfreude wir Pferdeleute irgendwo in unserem Inneren alle träumen.

ZAUBER DER GEFÜHLE

Bernd, unser Fotograf, hat hier eine interessante Episode festgehalten, die sich am Rande des Reitplatzes ereignete: Der kleine El Paso hat gerade mit uns im Reitplatz gearbeitet und etwas Wichtiges über die Idee des Versammelns gelernt. Ihm waren ein, zwei besonders schöne Bewegungen gelungen, die ihm das Gefühl der Passage vermittelten. Stolzgeschwellt verlässt er die Arena, ganz im Bewusstsein seiner Kraft und Fähigkeiten.

Da passiert etwas! El Paso geht zu einem Kothaufen, schnuppert, markiert – seine Ausstrahlung ist offenbar völlig ungewöhnlich. Denn Atila, sonst souveränes Chefpferd und Wächter über die Tugend der Stuten, ist regelrecht geblendet und räumt verwirrt das Feld vor dem so verwandelten Kleinen. Es ist, als hätte El Paso auf einmal besondere Kräfte. Er fühlt sich wie Superman und wirkt auch so. Durch die imponierende Haltung fallen selbst die nahezu 20 Zentimeter Größenunterschied zwischen den beiden Pferden kaum mehr auf.

Diese Begebenheit ist besonders bemerkenswert, weil diese beiden Wallache sich schon lange Zeit kennen und El Paso, als typisches „Schlusslicht-Pferd", niemals auch nur den Gedanken gefasst hätte, die Herren von der Chefetage zu behelligen. Aber da gibt es noch jemanden: Hazel, die Connemarastute. Sie interessiert sich für den flinken Schecken und hat schon einige Male versucht, mit ihm zu flirten. Aber Atila hat ihr das strikt untersagt, und El Paso wagte es bis zum heutigen Tag nicht, auch nur in ihre Richtung zu schauen. Jetzt gesellt sie sich zu ihrem siegreichen Helden und erlaubt sich eine kurze, heftige Liebesaffäre: Sie verschwindet mit dem neuen Lover für eine Weile außer Sichtweite und sonnt sich in seiner uneingeschränkten Bewunderung.

„Wir sind nicht die einzigen Wesen
auf dieser Welt,
deren Gefühle eine Rolle spielen."

Jane Goodall

Tanz der Freude: ein Pferd, das frei spielt und sich frei versammelt. Auf einer Ebene mit dem Menschen entdeckt es seine Kräfte. Es fühlt sich stark und unwiderstehlich. Im Dialog mit seinem zweibeinigen Partner und Freund verleiht dieses Pferd seinem unbeschwerten Empfinden Ausdruck. Tänzerisch leicht verlagert es sein Gewicht auf die Hinterbeine und verkörpert, wozu es geschaffen wurde: Bewegung, Lebensfreude. Die Leichtigkeit des Seins.

STARKE PFERDE – STARKE FREUNDE

PFERDE UNTER SICH

Pferde reiten einander nicht. Kein Pferd sperrt ein anderes ein oder bindet es fest. Pferde bauen keine Zäune und kennen keine Grenzen.

Obwohl diese Tiere einander nicht brauchen, haben sie auch in den endlosen Weiten ihrer ursprünglichen Heimat in Gruppen gelebt. Was sie zusammenhält, ist nicht Furcht oder Zwang – und auch nicht die Möglichkeit einer organisierten Jagd, wie es die Wölfe tun. Obwohl die Nahrung der Pferde flächenmäßig eher weit gestreut ist, sind sie gerne zusammen. Denn sie mögen einander, allerdings nicht unterschiedslos, sie haben durchaus ihre Vorlieben. Pferde entwickeln enge Freundschaften. Was den Zusammenhalt der Herde bestimmt, ist das Band der Zuneigung, das von den einzelnen Tieren durch freundliche Aufmerksamkeit ständig verstärkt und erhalten wird.

KRIEG UND FRIEDEN

Es ist seltsam, dass wir Pferde einerseits für therapeutische Zwecke benutzen, weil sie ja so großmütig sind und einfühlsam die Schwächen von Kranken und Kindern verstehen, wir ihnen aber andererseits unterstellen, sie würden ohne strikte Erziehung und permanentes Führerprinzip zur Bedrohung für den Menschen. Die ständige Wiederholung solcher Theorien sagt wohl mehr über uns selbst aus als über die Natur des Pferdes.

Wer bedroht hier eigentlich wen? Da macht ein Pferd alle Anstrengung, um auch ja nicht auf seinen gestürzten Reiter zu treten, der es eben noch erbarmungslos traktiert hat. Selbst in einer deutlichen Kampfsituation verzichten die Pferde in der Regel auf Gegenangriffe – wenn sie sich wehren, dann meistens, weil sie vor Angst nicht mehr ein noch aus wissen. Den Pferden liegt nichts daran, Schwächen auszunutzen und andere Wesen zur Beute zu machen oder zu verletzen. Sogar ein Kampfstier muss zuerst angestachelt werden, damit er angreift. Der Mensch ist offenbar sehr geneigt, Pferden ein Verhalten zuzuschreiben, das viel eher auf ihn selbst zutrifft – oder meinetwegen auf ein hungriges Raubtier.

Ich kannte einmal einen Hengst, der aggressiv und schwierig war und den Großteil seiner Tage in einer dunklen Box hin- und herrannte. Das Pflegepersonal kam kaum mit ihm zurecht, doch es gab da einen Trick, um den rastlosen Renner mit absoluter Sicherheit ruhig zu stellen. Man schüttete so viel Stroh in seiner Box auf, dass es ihm bis zum Sprunggelenk reichte – und plötzlich bewegte sich dieses Pferd nur noch in Zeitlupe. Des Rätsels Lösung war: das Stallkaninchen! Es hoppelte frei herum und besuchte den Hengst öfter, um von seinem Hafer zu fressen. Er konnte es in der hohen Streu nicht mehr sehen, und aus Angst, es versehentlich zu treten, traute er sich kaum mehr, einen Schritt zu tun. Dieses Pferd war frustriert und wütend, aber es zügelte seine innere Erregung – für ein kleines, diebisches Kaninchen.

Wir Menschen beginnen den Pferden schon im zarten Alter das Bewusstsein ihrer Kraft zu nehmen, gewöhnen sie an Ohnmacht und Willkür. Fohlen sind nicht so stark wie erwachsene Pferde und machen weniger Schwierigkeiten, wenn man sie gewaltsam unterwirft. Man hält sie fest, fixiert den kleinen Körper durch Hochbiegen der empfindlichen Schweifrübe, das erste Halfter wird über den Kopf gestülpt, dann zerrt man das Fohlen am Strick hinterher. Über sein Befinden dabei macht sich kaum einer Gedanken: Was Hänschen nicht lernt... Aber was lernt dieses Pferdekind wirklich? Dass rohe Gewalt die Umgangssprache der Menschen ist? Dass ihm nichts übrig bleibt, als sich in Unverständliches zu fügen? Vielleicht gibt es auf, wird schreckhaft, fürchtet sich bald vor jeder Geste. So jedenfalls kann ein junges Pferd nicht verstehen, was man von ihm will, und irgendwann versucht es das auch nicht mehr. Doch schon mit einem Fohlen lässt sich auf andere Art kommunizieren. Statt ein junges Pferd einfach zu zwingen und einzuschüchtern, können wir ihm Hilfe, Erklärungen, Zuneigung bieten. Obwohl wir ihm jetzt kräftemäßig noch gewachsen sind, beachten wir seine Gefühle und behandeln es liebevoll und mit Respekt. Wollen wir nicht von ihm später genauso behandelt werden?

DIE GROßE SHOW

Was ist das denn hier? Kirsten und Max spielen miteinander ein Kampfspiel. Max verteidigt sein Territorium, den Reitplatz, mit Löwenmut gegen die böse Peitschenschwingerin, die ihn auf so unverschämte Weise reizt. Gerade ehemals schüchterne Pferde haben einen großen Sinn für solche Spiele. Sie lieben es, so zu tun „als ob“, und genießen ihre wiedergefundene Stärke. Max ist in Hochstimmung. Wie eine riesige Raubkatze fliegt er leichtfüßig über den Sand, ganz eins mit seiner Rolle als König der Arena!

Nur ein tiefes, sicheres, gegenseitiges Vertrauensverhältnis erlaubt Spiele mit pseudoaggressiven Elementen: Genau wie Neckerei und eine bestimmte Art von Scherzen nur zwischen Menschen möglich ist, die einander sehr zugetan sind. Ohne vorhergehendes Einverständnis und für Fremde sind solche Spiele blanke Provokation, die zu Recht Verstimmung und echte Aggression hervorrufen können. Unter wirklich guten Freunden hingegen sind sie ein Zeichen allerbester Stimmung!

RESONANZ DER GEFÜHLE

In dem Moment, in dem ein Pferd uns heute begegnet, hat es schon eine Menge verloren von seinen ursprünglichen Möglichkeiten: zumindest die, ein freies Dasein zu führen. Ohnmacht und Enge sind zwei zutiefst Angst auslösende Faktoren, bei jedem von uns, ob Mensch, ob Pferd, und sie hängen unmittelbar zusammen. Wer sich ohnmächtig fühlt, vermag sich an der Freiheit weiter Räume kaum zu freuen, wer selbstbewusst ist, fühlt sich weniger leicht bedrängt und kommt auch mit der Enge besser zurecht.
Wir haben das Pferd darin bestärkt, seine Position zu vertreten und seine Stimmung auszudrücken. Statt den Ton anzugeben und den Taktstock zu schwingen, um ihm unseren „Marsch" einzubläuen, haben wir nach der Musik gesucht, die ein Pferd in sich verspürt. So gelingt es, einen gemeinsamen Grundton zu finden, denn einer hört auf die Melodie des anderen; Mensch und Pferd umspielen einander, entwickeln neue Möglichkeiten, wechselseitig oder parallel, und sie verschmelzen in der Gleichzeitigkeit eines Duettes wie die Stimmen zweier einzigartiger Sänger. Die Resonanz trägt sie beide fort, sie können ihr nicht widerstehen und erschaffen zusammen eine völlig neue Bewegungserfahrung – eine synergetische Erfahrung, die beide stärkt.

Ein eigen-mächtiges, souveränes Pferd bewegt sich in majestätischer Haltung und mit erhabenen Gängen. Seine Haltung ist kraftvoll, aber dennoch locker, federnd und elastisch. Es strahlt Lebensfreude aus, und seine Begeisterung ist ansteckend. Seine Versammlung entsteht jenseits von Dominanz und Hierarchie, sie entsteht aus dem Gefühl, frei zu sein und im Vollbesitz der eigenen Kraft. Nur das selbstbewusste Pferd ist zu solch einem Körperausdruck fähig. Die versammelte Körperhaltung eines Pferdes ist Bewegungsbasis zu Kampf- und Imponierverhalten: Ein Pferd sammelt so seine Kräfte, um im nächsten Augenblick bis zum Äußersten entschlossen seine Rechte zu vertreten. Dieses beinahe kriegerische Auftreten macht die Aura eines versammelten Pferdes aus. Wie uns El Paso im letzten Kapitel so unwiderstehlich gezeigt hat, ist dieser Zusammenhang von äußerer und innerer Stärke den Pferden durchaus gegenwärtig. Wenn ein Pferd beginnt, echte Versammlung zu lernen, so lernt es nichts anderes als Kampfkunst!

Ich bin stark! Ich kann noch mehr! Gefühl für den eigenen Körper macht auch aus unsicheren Pferden „Siegertypen".
Wir haben das Pferd in den Mittelpunkt unserer Gedanken und Tätigkeiten gestellt, statt einfach zu verlangen, dass es sich unseren Forderungen und Wünschen unterwirft. Die Stute Joy, selbstbewusst geworden, lässt sich ihre neu entdeckte Stärke nicht mehr nehmen. Als ich absteigen will, wirft sie fast entrüstet diesen Blick zurück. Sie fühlt sich am Ende unserer Reitstunde sichtlich nicht wie ein untergeordnetes Wesen – sie ist der tragende Teil unserer Beziehung! Weil wir beide dabei gewinnen, möchte sie noch nicht aufhören.

WIR UND SIE

Wenn wir die Verständigung mit einem Pferd suchen, so scheint uns die Sprachbarriere zunächst unüberwindlich. Doch sobald wir unsere Vorstellungskraft erweitern und unsere Grenzen ausdehnen, können wir Dinge beobachten, die wir zuvor nicht realisiert haben. Die Welt der Gefühle ist allgegenwärtig. In ihr können Pferde und Menschen direkt und unmittelbar miteinander kommunizieren. Aber werden wir denn je mit Sicherheit wissen, was sie fühlen? Nein, aber das weiß ich bei Ihnen auch nicht, trotz unserer gemeinsamen Sprache. Wir Menschen verbringen im Laufe unseres Lebens sehr viel Zeit damit, uns mit unseren eigenen Gefühlen und mit denen unserer Mitmenschen auseinanderzusetzen. Die Sprache als Verständigungsmittel löst dieses Problem nicht. Aus dem Verhalten des Gegenübers sind letztendlich immer nur Rückschlüsse möglich. Aber was hat er tatsächlich für ein Gefühl? Was meint er, wenn er sagt: „Ich liebe dich." – meint er dieselbe Empfindung, die ich habe, wenn ich diese Worte nutze? Wenn wir uns mit den Pferden auf das Territorium gemeinsamer Gefühle wagen, so übertreten wir die sorgsam gehüteten Schranken eines alten Vorurteils, welches nur dem, der sich gehörig auszudrücken versteht, ein beachtenswertes Innenleben einräumt. Gefühle und Denkfähigkeit aber haben auch die, denen es weniger leicht fällt, darüber wortreich zu reden.

Tatsächlich ist das Wissen um die emotionale Empfänglichkeit der Pferde für die Botschaft der Menschen nicht neu. Sie war so auffällig, dass sie sogar Eingang in den Volksmund gefunden hat: jemandem zureden wie einem kranken Gaul. Dieses Tier versteht es offenbar irgendwie, wenn man eindringlich mit ihm spricht.

Der Mensch hat die Macht, das Pferd emotional zu erreichen. Im Guten wie im Bösen. Denn die Wurzeln dieser Empfänglichkeit liegen wohl weit weniger in unserer gottgegebenen Großartigkeit als in unserer Geschichte: das Pferd als Beutetier und der Mensch als sein gefährlichster Jäger. Und immerhin war er dabei so erfolgreich, dass es heute nirgendwo mehr wahre Wildpferde gibt. Wen wundert es, dass die heutigen Pferde unsere Körpersprache verstehen und unsere Absichten zu erahnen suchen?

Die Herrschaft über das Pferd ist leicht zu erringen: Seine angeborene Scheu ebnet uns den Weg zu seiner Psyche. Wer mit Raubtiergebaren auftritt, dem wird das Pferd weichen – ja, auch folgen, wenn sämtliche Fluchtmöglichkeiten versperrt sind und nur dieser eine Ausweg bleibt. Die Freundschaft eines Pferdes hingegen ist ein ganz anderes Ziel und führt auf ganz andere Wege. Ich kann es nicht ändern, dass ich ein Mensch bin und mein Gegenüber ein Pferd ist. Doch ich kann, statt meine Privilegien gegen das Pferd auszuspielen, sie ihm helfend zur Verfügung stellen. Ich kann mich als Gleichgesinnter beweisen und meine Bedrohlichkeit mindern, indem ich dem Pferd Macht über mich gebe und mich von ihm beeinflussen lasse. Das bedeutet nicht, einfach dazusitzen und nichts zu tun oder alles dem Pferd zu überlassen – obwohl auch ein solches Verhalten durchaus einmal angebracht sein kann. Stattdessen versuchen wir, Zwiegespräche zu führen und einander kennen zu lernen: Es ist ein Dialog, bei dem wir alle über uns hinauswachsen. Ohne ihn ist das, was wir hier in diesem Buch zeigen, nicht denkbar. Denn Schritt für Schritt ist eine Übereinstimmung gewachsen, die uns die innere Musik des anderen hören lässt und solche vertraulichen Spiele möglich macht wie das zwischen Kirsten und Max. Ein Pferd muss sich nicht nur frei, sondern umworben, geliebt und unwiderstehlich fühlen, damit es die spielerische Herausforderung durch den Menschen vergnüglich und freundschaftlich annimmt!

„Wie die Hausfrau, die die Stube gescheuert hat, Sorge trägt, dass die Tür zu ist, damit ja nicht der Hund hereinkomme und das getane Werk durch die Spuren seiner Pfoten entstelle, also wachen die europäischen Denker darüber, dass ihnen keine Tiere in der Ethik herumlaufen."

Albert Schweitzer

PFERDEWELT UND MENSCHENWELT

Sich auf gemeinsamer Ebene bewegen und Gefühle teilen: diese ursprüngliche Form der Kommunikation mit Toppur stand ganz am Anfang unseres gemeinsamen Ausfluges. Auf einer Wellenlänge mit dem Pferd – das macht empfänglich für die Gefühle des anderen. Jeder von uns kann von innen her Einfluss nehmen und weiß ohne große Worte, wie es der andere meint. So vermeidet man Missverständnisse. Wenn ich unbeabsichtigt eine hastige Bewegung mache, zum Beispiel mit der Gerte, so wird mein Pferd davor nicht erschrecken, denn es reagiert ja nicht nur auf Äußerlichkeiten, sondern auch auf meine Stimmung und meine Gefühle. Und ich auf seine: Es wird mich durch sein Verhalten während des Ausritts nicht mehr völlig überraschen, denn ich spüre bereits vorher, was es tun möchte – und kann mich entsprechend darauf einstellen. Wir teilen unsere Welten und kennen uns aus miteinander. Diese wechselseitige Empfänglichkeit macht vernünftige, verständige Pferde. Sie vertrauen der Fürsorge ihres Menschen. Und wenn man Pferde ausbilden will, so ist es geradezu genial, dass man sie darin bereits dann bestärken kann, wenn sie an das Gewünschte nur denken!

Während ich noch über diese Sache mit der wechselseitigen Empfänglichkeit nachsinne, ist plötzlich Toppur in meinen Gedanken, und vor meinem inneren Auge wird eine Szene lebendig, die sich im Frühjahr hier bei uns abspielte, als alles in die Wärme explodierte – auch der Hormonspiegel der Pferde: „Um Himmels willen, die Hengste sind frei!“ Den einen, Shane, der erst gar nicht weiß, worum es eigentlich geht, erwische ich gerade noch am Haus. Toppur hingegen, begleitet von Max, donnert zielstrebig das Tal hinaus Richtung Stuten, und die sind nur kärglich eingezäunt hinter einer dünnen Litze.

Es ist Mai. Sind Sie schon einmal hunderte von Metern aus Leibeskräften durch hüfthohes Gras gerannt, die Katastrophe vor Augen? Da, Gebrüll! „Haut ab vom Zaun, ihr dummen Mädels!“ Oh, nein, da scheint eine rossig zu sein!! Bilder schießen mir durch den Kopf: Die ganze Herde, gehetzt vom Hengst, in wilder Panik, frei, rast durch das Dorf...

Jetzt bin ich an der Weide, noch ist die Litze unversehrt, doch die Pferde rennen fort, am Zaun entlang. Der Hengst ist außer sich, die Stuten quietschen schrill. Ich kann sie nicht aufhalten – jetzt gelten nur mehr ihre Gesetze.

Ich bin fertig. Die Lunge schmerzt, die Landschaft dreht sich vor meinen Augen, ich bekomme kaum Luft, um zu sprechen: „Toppur! Toppur, bitte! Toppur!“ Meine Knie zittern, ich kann mich kaum mehr auf den Beinen halten. Mit meiner letzten Energie versuche ich, mich auf das Pferd zu zentrieren – eine andere Chance habe ich nicht. Ich versuche, es gedanklich zu erreichen. Ich spreche nur zu ihm, immer wieder seinen Namen, wie beschwörend: „Toppur!“ Und er – ...hört hin, was ich sage. „Bitte, Toppur, tu's nicht. Ich kann nicht mehr. Ich habe Angst um euch.“ Er senkt den Kopf, schaut mich zweifelnd an. Es ist ganz still. Ich gehe zu ihm, mache ihn langsam fest. Dann führe ich ihn fort, vorbei an den Stuten. Mein Herz ist voll. Toppur brüllt, steigt, macht noch eine Show. Sie sollen ihn zum Abschied alle bewundern.

VON DER KUNST, SICH ZU SAMMELN

Hier ist Reno so konzentriert, dass sein üblicher Blick in Richtung Kamera unterbleibt – seine Aufmerksamkeit ist nahezu vollständig in Anspruch genommen. Alles Äußere wird unwichtig für das versammelte Pferd. Der Bezug zum Menschen bekommt eine andere Dimension. Das Pferd versammelt sich um sich selbst, sucht die eigene Mitte, das Zentrum der Energie, den Ruhepunkt der Bewegung. Kirsten versucht, Reno durch ihr Mit- und dann Vorlaufen aus seiner geballten Konzentration herauszuziehen, damit er sich nicht selbst übernimmt mit seiner so kompromisslos gesuchten Spannung und Beizäumung. Der Mensch schafft die Atmosphäre, gibt den Rahmen und stellt seine Ideen zur Verfügung – das Pferd beginnt, mit der Schwerkraft zu tanzen, es feiert sich selbst.

Wilde Spiele – und doch nehmen sich die Pferde zurück, spüren es sofort, wenn es ihrem Partner wirklich einmal zu viel werden sollte. Ausgelassene Spielszenen wechseln ab mit Momenten der Ruhe und Vertrautheit. Die Pferde stellen sich auf die Gefühle des Menschen ein und richten sich danach. Schön zu sehen ist links die Spielmimik von Kim und wie er dennoch konzentriert bleibt, zurückhorcht und den Kontakt mit seinem Körper aufrechterhält. Körperbewusstsein, Selbstbewusstsein und Versammlung gehören zusammen. Vorbildlich dann auch die tiefe, lockere Hankenbeugung: bei beiden, Mensch und Pferd!

DIE WIRKUNG DER NEUTRALEN ZONE

Auf unserem Weg durch dieses Buch haben wir uns vom Dialog mit dem Pferd leiten lassen und überall die Übereinstimmung gesucht. Wir haben dem Pferd Freiräume geschaffen, in wilden und sanften Spielen die Verwandtschaft zwischen uns gespürt und fast so etwas erlebt wie eine heile Welt, jenseits der Gegensätze des Alltags. Es ist ein neuer Spielraum für uns entstanden, ein gemeinsamer Platz zum Experimentieren, ein besonderer Ort zwischen den Welten.

Probleme regulieren sich hier wie von selbst, denn die euphorische Bewegung hat positive, ja heilende Wirkung auf Körper und Gemüt. Rücken- und Beinprobleme haben sich so schon in Luft aufgelöst. Ja, mit veränderten „Auftreten" setzt das Pferd auch die Hufe auf neue Art – wie an Passaro besonders deutlich zu merken ist, der seine Hufe früher extrem schief abnutzte und inzwischen absolut gerade geht. Am eindrücklichsten ist aber, wie lebendig und energiegeladen Pferde werden, wenn sie zu ihren eigenen Bewegungsmöglichkeiten finden. Ihre Euphorie ist wie ein Erwachen, ihre Begeisterung wie ein Rausch. Das sich selbst entfremdete Pferd mag auf uns träge und lustlos wirken: Doch was ihm fehlt, ist das Wissen um die eigene Kraft!

Unser Pferd betritt die Reitbahn wie ein Held. Sein Gang federt. Es beherrscht die Bühne. Es spielt die Rolle seines Lebens: Hier ist seine Welt wieder in Ordnung, hier rücken die Dinge wieder ins rechte Licht. Denn das Pferd ist Herr seiner selbst. Es fühlt sich stark, stolz und frei. Der Reitplatz als Ort, wo das Pferd sein Spiel spielt: hingerissen, selbstherrlich, überzeugt von sich selbst. Seine Muskeln passen sich dieser Vorstellung an – auf einmal ist seine Körperhaltung so großartig, wie es sich fühlt. Imponierend. Und so bewegt es sich dann auch: grandios. Piaffe, Pirouette, Levade, Kapriole – das sind Bewegungen von äußerster Kraft und dennoch fast auf der Stelle. Denn Versammlung, das ist ein Pferd, das sich behauptet. Es möchte dort bleiben, wo es sich befindet. Versammlung ist das genaue Gegenteil von Flucht. Das Pferd fühlt sich sicher, fürchtet nicht Peitschen, Reiter, laute Worte, sondern bleibt cool und lässig, losgelassen: Es weicht nicht, wenn die Peitsche knallt, sondern fragt nur: „Wie bitte?" – Ja, die ewigen Schulmeister werden sogar sagen, es ist ungehörig und frech. Doch den Glanz in den Augen des Pferdes sehen sie nicht, und während sie sich entrüstet abwenden, entgeht ihnen, wie dieses Pferd auf das amüsierte Lachen seines menschlichen Freundes antwortend so wunderbar geht wie noch nie...

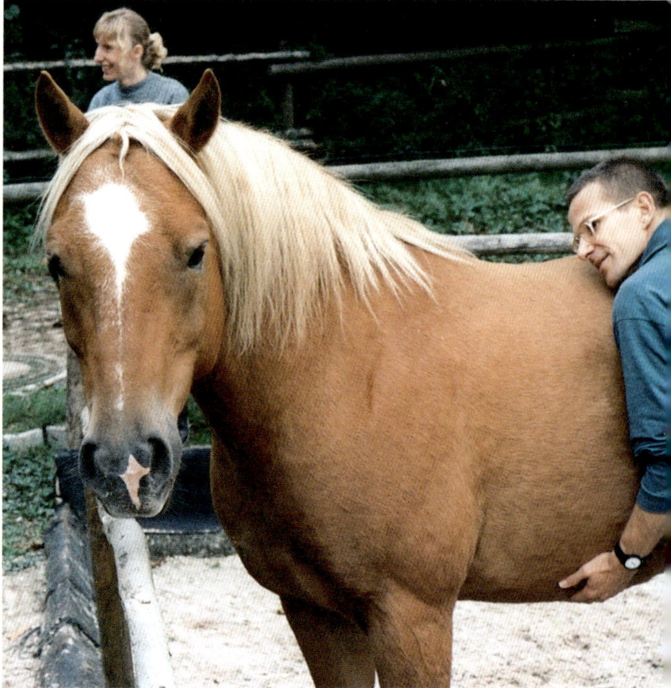

„Um etwas Wirklichkeit werden zu lassen, müssen wir es zuerst denken."

Albert Einstein

VON DER FREUNDSCHAFT DES PFERDES

Offen zu werden für das Pferd und seine Gefühle, das bedeutet auch, offen zu sein gegenüber sich selbst. Warum tue ich das, was ich tue? Was möchte ich so erreichen? Schon als wir uns mit der Körpersprache befassten, sind wir zu diesem Ergebnis gekommen: Für Aufrichtigkeit gibt es auf meinem Weg zum Pferd keinen Ersatz. Ein Mangel an Integrität bietet nicht nur dem Pferd ein verwirrendes Bild, auch in mir selbst kann so kein Vertrauen wachsen. Um Einheitlichkeit zu erreichen, brauche ich die innere Übereinstimmung mit meinen Gefühlen und muss mir über sie im Klaren sein. Diese Ehrlichkeit gegenüber mir selbst stärkt die Vertrauensbasis zwischen mir und dem Pferd und die Bereitschaft, ihm auch meine ungeliebten Gefühle offen zu zeigen. Die ängstlichen, so selten eingestandenen. Ja, gerade die Ängste! Was in einem auf Unterwerfung beruhenden Verhältnis zum Pferd tunlichst zu unterlassen ist, wird hier zur wichtigen Voraussetzung für unsere Gegenseitigkeit. Ich habe es nicht nötig, meine Schwächen zu überspielen, sondern zeige sie meinem Pferd sehr deutlich. Es soll wissen, wie stark es ist. Denn ich lege mit diesem Pferd einen langen Weg zurück, gehe eine enge Beziehung ein, lasse mich sogar von ihm tragen. Aus dieser Perspektive ist es eher gefährlich, wenn ein Pferd im vertrauten Umgang mit mir seine Körperkräfte falsch einschätzt, weil es nicht weiß, wie verletzlich und zerbrechlich ich bin, und deshalb mit mir so umgeht wie mit einem doch wesentlich robusteren Pferd. Es soll wissen, dass ich kein Überpferd bin. Bei aller Gleichbehandlung ist es wichtig, dass mein Pferd – schon im gemeinsamen Spiel – in mir nicht ein Pferd sieht, sondern mich und unsere Beziehung als besonders begreift: Ich bin anders, verhalte mich anders. Ich bin ein Mensch.

Es erfordert ein völlig anderes Denken, damit zwischen Pferd und Mensch eine neue Beziehungskultur wachsen kann. Das Band der Freundschaft ist eine Grundlage, die sorgfältig aufgebaut und erhalten werden muss. Ich habe als Mensch die Überzeugungsarbeit zu leisten, indem ich um die Freundschaft meines Pferdes werbe. Mein Pferd wird auf das antworten, was ich ihm entgegenbringe, und wenn wir uns wirklich sehr nahe sind, werde ich niemals das Bedürfnis verspüren, unsere Beziehung zu testen. Im Ernstfall wird das Pferd so offen für meine Gefühle sein, wie ich es für seine bin. Toppur hat seinen Vorteil gegen mich nicht ausgespielt. Warum hat er die Gelegenheit nicht genutzt? Ich hatte keine Chance. Und die Pferde wussten das alle, das haben sie gezeigt, als sie mich anfangs ignorierten und einfach zu einer anderen Stelle des Zaunes rannten. Wäre ich ein Pferd, auch ein überlegenes, und hätte mich dem Hengst in den Weg gestellt – er hätte gekämpft für die Stuten, die schon fast die seinen waren. Er hätte mit jedem gekämpft, in diesem Erregungszustand sogar mit einem befreundeten Pferd. Warum hat Toppur auf mich gehört, als ich am Ende war?

Ich habe niemals die Schwächen dieses Pferdes zu meinem Vorteil ausgenutzt, sondern ihn, wo ich nur konnte, bestärkt. Vielleicht hat Toppur darauf geantwortet. Und seine Stärke im Gegenzug nicht gegen mich ausgespielt, wie ich es niemals ihm gegenüber getan habe. Es gibt ein altes energetisches Gesetz, dass jede Verbindung immer zweiseitig wirkt. Mag sein, dass es Toppur genauso erging wie uns Menschen, die wir nach einer Weile für die Gefühle unseres Pferdes so unmittelbar erreichbar werden, dass wir sie kaum mehr übergehen können: so emotional durchlässig sind wir geworden für sie. Auch das Pferd kann sich dieser Wechselseitigkeit offenbar kaum entziehen.

Auch wenn ein Pferd noch klein ist und wir ihm kräftemäßig noch gewachsen sind, sollten wir es nicht einem gewaltsamen Umgang aussetzen. Es ist noch nicht so gefestigt in Körper, Geist und Seele wie ein erwachsenes Pferd; doch es möchte genauso geachtet und liebevoll behandelt werden. Dann braucht es neuen Anforderungen nicht furchtsam zu begegnen, sondern kann ihnen mutig und gelassen entgegenschauen.

Der kleine Shane ist allein auf dem Reitplatz. Die beiden Fotos zeigen ihn vor und nach seiner ersten Begegnung mit Seilen und dem Führen.

DAS VERÄNDERTE PFERD

Mitgefühl und Sympathie: Wenn wir auf diese Weise mit dem Pferd arbeiten wollen, beherrschen nicht wir das Pferd, sondern das Pferd beherrscht sich selbst. Voraussetzung dazu ist allerdings eine souveräne Pferdepersönlichkeit. Ein Pferd, das gelernt hat, seinen eigenen Weg gehen zu können. Das um seine Stärke weiß und ihr vertraut und dem ich mich – gerade deshalb – anvertrauen kann. Weil es weiß, was es tut!

Gefahrensituationen im Alltag entstehen oft dort, wo Pferde nicht wissen, über welche Kräfte sie verfügen. Kim, unser Haflinger, war ein solcher Fall. Er konnte früher nur mühsam einen Fuß vor den anderen setzen, weil er sich innerlich so festhielt – und dann ging plötzlich seine Kraft mit ihm durch, er spritzte los wie ein irres Geschoss und stürzte blindlings irgendwo eine Böschung hinunter. Kim hätte nie auch nur geahnt, dass sich Menschen vielleicht vor ihm fürchten könn-

ten: Schließlich war er ungeschickt und dumm, und jeder Zweibeiner schien ihm haushoch überlegen zu sein. Kirsten, die diese Zeit mit ihm erlebt hatte, schaffte es einfach nicht, ihre damaligen Gefühle zu vergessen. Obwohl sie wusste, wie sehr sich Kim inzwischen verändert hatte, traute sie sich nicht, seine Aufforderung zum Spielen anzunehmen, wie es alle anderen ganz unbekümmert taten. In unserem Kapitel über das Spielen haben wir Kim mit Hans-Peter gesehen, mit Waltraud – nur Kirsten, die lehnte Kims Einladung immer ab und schaute lieber zu. Eines Tages war Kim wieder mit Hans-Peter im wilden Spiel zugange, ihm dicht auf den Fersen explosiv galoppierend – als Hans-Peter plötzlich hinfiel! Sekundenbruchteile später stand Kim wie angewurzelt. Wir waren entsetzt und glaubten im ersten Augenblick, es sei Kim gewesen, der ihn zu Fall gebracht hatte. Der hingegen blickte verwundert auf den vor seinen Füßen liegenden Hans-Peter herunter: „Hör' mal, das ist aber eine merkwürdige Art, mein Reaktionsvermögen zu testen!" Hans-Peter lachte. Weil Kim schließlich noch nie in seinem Leben Schuhbändel benötigt hatte, konnte er dem Pferd schlecht erklären, worüber er da gestolpert war! Von diesem Tag an änderte sich Kirstens Bild von ihrem „Kimmi" nachhaltig. Das war nicht mehr der tollpatschige Haflinger, der sie von den Beinen riss, ihr die Brille von der Nase fegte, sie anrempelte und vor dessen Ungestüm sie sich ständig in Acht nehmen musste! Dieses Pferd war stark, aber es war sich dessen wohl bewusst und besaß eine perfekte, millimetergenaue Körperbeherrschung. Von nun an begann auch sie, unbekümmert und ausgelassen mit ihm zu spielen.

Ein Pferd, das sich selbst kennen lernt, lernt auch, sich selbst zu beherrschen. Pferde können und wollen unsere Verletzlichkeit begreifen. Sie wissen, was es bedeutet, Angst zu haben. Allerdings müssen wir ihnen unsere Schwächen dann auch offen legen, statt sie hinter einem dominanten Auftreten zu verbergen. Ein Pferd, das Herr seiner selbst ist, ist ein absolut verlässlicher Partner: Es geht ja um Gemeinsamkeit, um Freundschaft. Wie war das noch... der Schwächere bestimmt das Spiel, der Stärkere nimmt auf den Schwächeren Rücksicht. Kim hat sich verändert, und er spürt, wovor Kirsten sich fürchtet. Er beachtet von sich aus immer einen größeren Sicherheitsabstand, wenn er mit ihr auf dem Platz ist. Seine Spiele mit Kirsten sind immer ein wenig gedämpfter und niemals so hautnah, wie er es bei anderen Leuten liebt. Er möchte sie auf keinen Fall zu sehr verschrecken! Kim nimmt auf die Besonderheit seiner Kirsten Rücksicht, egal wie wild ihm zumute ist. Und obwohl sie ihn nie darum gebeten hat.

Es gibt im Leben eines Pferdes immer wieder Dinge, die es sich nicht zutraut, die es fürchtet oder nicht versteht. Der Mensch kann hier die Rolle eines Freundes und hilfreichen Beraters übernehmen, er kann seine Unterstützung anbieten und dem Pferd Mut machen. Wenn wir ihm unseren Beistand versichern, so wird es sich nicht scheuen, mit uns zusammen auch schwierige Aufgaben in Angriff zu nehmen, mit denen es sich allein überfordert fühlt. Junghengst Shane einige Minuten vor seiner Auseinandersetzung mit dem „beweglichen Loch".

DIE SACHE MIT DEM REITEN

Menschen sind anders! Sie brauchen besondere Spiele, und jedes Pferd ist ihnen an Körperkräften und Schnelligkeit weit überlegen. Sie haben besondere Ideen, die dem Pferd ein völlig neues (Körper)Gefühl verschaffen – so stark hat sich das Pferd vielleicht noch nie gefühlt! Sie helfen dabei, in ein konzentriertes Gleichgewicht zu finden. Sie machen Bewegung bewusst. All das ist neu für das Pferd. Und es ist pferdeuntypisch. Wie übrigens auch das Reiten.

Es gibt keine natürliche Situation im Leben eines Pferdes, die der Reiterfahrung auch nur annähernd entspricht. Spätestens beim ersten Aufsitzen wird der Mensch für das Pferd zum völlig anderen. Natürlicherweise bedeutet diese Konstellation den bedrohlichen Zugriff eines Raubtieres auf dem Pferderücken. Dieses Angst erregende Muster wird um so stärker ausgelöst, je bedrohlicher die Nähe des Menschen empfunden wird.

Es gibt kein naturgemäßes Reiten. Denn Reiten, von der Situation Raubtier im Nacken einmal abgesehen, kommt in der Natur nirgendwo vor! Der Mensch ist kein harmloser Sperling, der die Kruppe des Pferdes für ein paar Minuten lediglich als Sitzplatz nutzt. Es gibt kein pferdegemäßes Reiten. Das Reiten – wenn es denn für alle Beteiligten eine angenehme Situation sein soll – muss aus der besonderen Beziehung zwischen Mensch und Pferd entstehen. Nur der Mensch lässt sich vom Pferd tragen, nur das Pferd erlaubt dem Menschen das Erlebnis des Reitens. Unsere Erfahrungen dabei können so einzigartig sein, dass wir ein Leben lang nicht mehr von den Pferden loskommen. Und dieses Gefühl der Einzigartigkeit gibt es auch bei den Pferden!

Führen, Satteln, Reiten – gerade weil diese Situationen für das Pferd artuntypisch sind, ist es so wichtig, dass sie sich spielerisch und spontan entwickeln: in einer beschützenden Atmosphäre und im Einverständnis mit dem Pferd. So brachte Kirsten dem jungen Shannon seinen ersten Sattel nahe, und so setze ich mich erstmals auf Shane. Ich denke, wir verstehen uns richtig: Was Sie hier sehen, ist beileibe keine neue Technik des Einreitens! Ein ganz besonderes Pferd und ein ganz besonderer Mensch machen etwas Gemeinsames, genau für sie beide passend in genau diesem Moment. Es ist ein absichtsloses, spielerisches Tun – obwohl es natürlich einen tieferen Sinn hat. Die Beziehung zwischen uns ist der entscheidende Faktor: Das Pferd horcht zurück und vertraut mir, selbst wenn ich mich hinter und auf seinem Rücken höchst seltsam benehme. Seinem Freund Shannon würde der Junghengst eine solche Aktion nicht erlauben. Versucht der zu „reiten", so taucht Shane weg, dreht sich blitzschnell um und packt seinen Freund mit den Zähnen – und sofort ist eine tolle Rangelei im Gange. Auch ein solcher Versuch durch Herdenchef Toppur ergäbe ein ähnliches Bild. Aber ich bin ja kein Pferd.

So erlaubt er mir die Turnerei – und ist am Ende noch mächtig stolz auf sich!

DER ERSTE REITER

Der junge Shane kommt interessiert, wenn die Frau mit der Peitsche knallt und herumhüpft. Vielleicht hat sie wieder eine spannende Idee? Und tatsächlich! Sie springt auf seinen Rücken, turnt auf ihm rum, freut sich überschwänglich und ist ganz begeistert. Dann rutscht sie hinten wieder herunter – merkwürdiges Benehmen, aber sie scheint es so toll zu finden, dass man sich auch selbst schon ganz toll vorkommt!

Hier wird ein junger Hengst zum ersten Mal mit dem Reitergewicht konfrontiert. Ruhig stellt er sich dieser völlig neuen Erfahrung, rührt während meiner Aktivitäten nicht einen Fuß – nur die Beine hat Shane ein wenig auseinander gesetzt, um der ungewohnten Belastung zu begegnen. Dies ist keine neue Technik des Einreitens! Es ist eine spielerische Turnerei für eine halbe Minute, und für lange Zeit wird Shane nichts Vergleichbares erleben. Doch viel später wird er sich vielleicht eines Tages an diese außergewöhnliche Erfahrung erinnern – und an das stolze Gefühl dabei!

EINE GEMEINSAME SPRACHE

„Hey, Hazel! Komm spiel mit mir, fang mich! – Was ist denn los mit dir, meine Liebe? Was hast du? Willst du nicht mit mir spielen… ?" An dieser Stelle des Gesprächs wandte sich Hans-Peter etwas ratlos an mich. „Was will sie von mir?" Ich schlug ihm vor, es einmal mit Reiten zu versuchen. Nur zögernd ließ er sich überreden.

„Hm, wie kommt man denn da hoch? Ich will dir ja nicht einfach ins Kreuz springen!" „Mach nur!" und „Da bist du ja endlich!" scheint Hazel ihm zu sagen. Gleich darauf entsteht ein so in sich geschlossenes Pferd-Reiter-Paar, wie man es selten sieht: Hans-Peter horcht ins Pferd hinein, konzentriert sich auf Hazel, offen, locker, fühlig; und seine Körperhaltung ist dadurch so kommunikativ, dass sich das Pferd die Bestätigung holt, die es braucht: So kann die Stute ihn und sich selbst federleicht tragen. Achten Sie auf Hazels Ohrenstellung und ihre gelösten Lippen! Die Aura der beiden ist weich, rund, zentriert, intensiv: Ein wunderschön harmonisches Bild! Ein paar Minuten später ist Hans-Peter allerdings wieder ein wenig unschlüssig und löst die gedankliche Verbindung. So befindet er sich plötzlich mehr auf als in seinem Pferd mit seinem Gefühl. Sein erster, unmittelbarer Kontakt, das Hineinspüren, ist ihm etwas verlorengegangen. „Was ist?", schaut Hazel fragend. Hans-Peter versucht den Kontakt mit den Händen wiederherzustellen: eine für uns völlig natürliche Reaktion. Die Hände sind unsere wichtigsten Fühlorgane, und wir setzen sie auch gerne zur zwischenmenschlichen Kommunikation ein, wenn die gesprochene Sprache nicht ausreicht. Kontaktaufnahme, Begrüßung, Mitgefühl – all das läuft zwischen uns Menschen vorrangig über die Hände. Bei Pferden ist das allerdings anders, und so stehen die beiden eine Weile lang da und wissen nicht so recht. Doch die Gerte, die ich Hans-Peter daraufhin gebe, bringt es auch nicht, zumindest Hans-Peter ist irritiert von dem Ding, so etwas will er eigentlich gar nicht… und räumt sie für den Rest der Zeit aus dem Weg, indem er sie sich unter den Arm klemmt. Das mit den Händen geht viel besser.

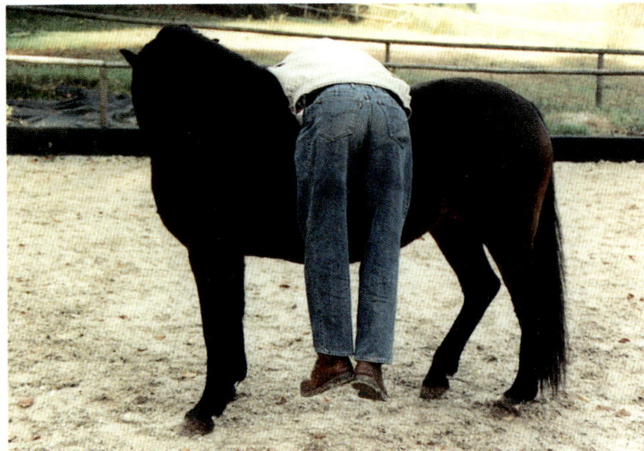

Hazel beginnt sich auf die ungewohnte Kommunikationsebene einzustellen und arrangiert sich damit, dass ihr neuerwählter Reiter im Moment noch etwas „vorhändig" denkt. Die beiden wagen den ersten gemeinsamen Trab. Ich laufe ein bisschen mit, doch Hazel konzentriert sich ganz auf ihren Reiter: Und da, in der ersten Kurve, setzt sie diesen absoluten Anfänger genau richtig hin, nimmt ihn hinein in die Biegung. Locker, gut ausbalanciert und wie aus einem Guss kommen die zwei im Trab aus der Ecke. Hazel hat ihren Hans-Peter zum Reiter gemacht. Und... sehen Sie, wie die Stute im Schlussbild, auch als Hans-Peter sich gar nicht mehr an sie wendet, sondern an uns Zuschauer, noch immer auf seine Hand „hört" und aufmerksam die Verbindung zu ihm aufrechterhält?

EIN GESCHMACK VON MÖHREN

„Da ist sie!" Der junge Fuchswallach hebt ruckartig den Kopf, verlässt die Herde und läuft unruhig am Zaun hin und her. Das ist doch Steffi, die da kommt! Seine Steffi. „Hallo, Kveikur!", ruft sie ihm zu. Dann geht sie erst einmal ins Reiterhäuschen, um sich zu bewaffnen – mit Gerte und Möhrenstückchen. Derweil stellt sich Kveikur aufgeregt vor das Tor. Steffi lässt ihn heraus, und er begrüßt sie stürmisch. „Moment, Kveikur, lass mich doch erst noch das Tor zumachen. Ist ja gut, du hast warten müssen, ich weiß. Ich hab' so viel aufgehabt für die Schule – aber jetzt bist du dran!" Die beiden laufen zum Reitplatz. Kveikur kreiselt um das Mädchen, sie rennt fort, er fetzt hinterher, sie schlagen Haken, spielen Fangen. Der kleine Isi gewinnt immer. Als Steffi nicht mehr kann, schwingt sie sich auf seinen Rücken. Kveikur ist begeistert, verrenkt den Hals, weil sie dort oben eine Möhre knackt. Wieder ziehen sie ihre Kreise, stoppen ab, sausen los: Nur hat Kveikur jetzt seine Steffi huckepack.

Die beiden genießen die gemeinsame Zeit zusammen – mal albern, mal hochkonzentriert, mal wild und schnell, mal ruhig, weich, bedächtig. Bildschön getragen trabt das Paar vorbei, dann hüpft Kveikur plötzlich ausgelassen herum und dreht sich wie ein junger Hund. Wer dem wilden Treiben von außen zusieht, dem stockt manchmal das Herz – Steffi hingegen steckt die rasanten Sprünge ganz locker weg: „Ach, er bockt doch nicht gegen mich, er bockt doch mit mir!", lacht sie vergnügt.

DAS AKTIVE PFERD

Alles, was wir mit dem Pferd tun, findet in einem bestimmten Bezugsrahmen statt. Ist dieser durch die Vormacht des Menschen geprägt, so erhält jede einzelne unserer Handlungen eine völlig andere Bedeutung als in einem freundschaftlichen Rahmen. Es ist ein grundlegender Unterschied, ob sich jemand unerbetenen Zutritt in unsere Wohnung verschafft oder ob wir ihn einladen und zu uns hereinbitten. Ein Pferd empfindet das genauso. Reiten kann eine erzwungene Intimität sein oder aber auf der Gastfreundschaft des Pferdes beruhen – je nach Bezugsrahmen. Ein Pferd, das seinen Reiter sucht und bei ihm bleiben will, fühlt sich fast von selbst ermuntert, unter dessen Gewicht zu treten. Ein Pferd hingegen, das sich bedrückt fühlt unter dem Reiter, schiebt sich weg, weicht der Belastung aus und versucht, davor zu flüchten. Das „Ja!" des Pferdes ist also hier der Schlüssel – Reiten auf Einladung des Pferdes.

Es war ein glücklicher Zufall, dass Hans-Peters erster Ritt hier so ausführlich dokumentiert ist, denn wir inszenieren ja nichts. Ich möchte Ihnen erzählen, wie es zu diesen Bildern kam:

Die beiden waren zusammen auf dem Reitplatz, und Hans-Peter glaubte, dass Hazel, wie schon öfter, mit ihm spielen wollte. Doch das, was er ihr anbot, war nicht das, was Hazel wollte. Er lief los, versuchte sie zu animieren. „Ich glaube, sie will, dass du sie reitest", sagte ich, und wir lachten, als Hans-Peter diesen Vorschlag zunächst entrüstet von sich wies: „Ich brauche nicht zu reiten! Ich kann selbst laufen, dazu hab' ich nämlich meine Beine! Mich muss niemand tragen." Wir lachten, weil klar war, wer hier den Sieg davontragen würde: Sein Sträuben war vergeblich. Denn Hazel spielte nicht mit. Oder vielmehr: Sie wusste genau, was sie wollte. Und sie blieb dabei; Hans-Peters Alternativvorschläge wurden uninteressiert beäugt. Statt auf seine Versuche einzugehen, wandte sie ihm den Rücken zu, oder eigentlich die Seite, und wartete. Schließlich gab sich Hans-Peter dann doch geschlagen. Die Stute hatte ihn überzeugt, und so fand er sich auf dem Rücken von Hazel wieder; zum ersten Mal im Leben saß er auf einem Pferd.

Die so entstandene Fotosequenz ist hochinteressant, denn sie zeigt uns gleichzeitig die Wirkung von „bloß Gedachtem": Zuerst haben die beiden eine sehr gute Fühl-Verbindung; Hans-Peter horcht in das Pferd hinein, und Hazel genießt ihren Sieg. Dann besinnt sich Hans-Peter langsam darauf, dass er ja nicht reiten kann und das wohl erst lernen müsse und Hazel doch sicher etwas von ihm erwarte... Ich drücke ihm eine Gerte in die Hand, damit er ein Hilfsmittel hat zum Kontaktieren. Doch er nimmt es halbherzig, dieses so universelle Verständigungsmittel in negativer Bedeutung ist ihm nicht geheuer. „Was willst du denn damit?", fragt Hazel ihn verwundert, und leicht verlegen klemmt sich Hans-Peter daraufhin dieses Ding unter den Arm, das man ihm da angedreht hat – eigentlich wollte er ja weder ein Reiter sein noch eine Peitsche benutzen! Doch als ich ein bisschen mitlaufe, finden die beiden ihre Sicherheit wieder. Hazel beginnt zu verstehen, dass Hans-Peters Gefühlsbahn vor allem über die Hände läuft, und geht einfühlsam darauf ein. Schon bald gelingt es ihr, ihn mit hineinzunehmen in Wendung und Schwung, und sie bringt ihren Reiter dazu, sich selbst und sie besser, zentrierter und sicherer zu fühlen.

Reiten ist ein direkter, permanenter Kontakt, dem keiner der Beteiligten ausweichen kann. Er kann nur gelöst werden, indem der Reiter wieder absteigt oder herunterfällt. Auf dem Pferderücken sollte daher ein höfliches Verhalten selbstverständlich sein: auf eine Einladung warten, um Erlaubnis fragen, bitten statt fordern, sich anpassen. Pferde wissen eine solche Zurückhaltung sehr zu schätzen, und sie werden zu aufmerksamen, fürsorglichen Gastgebern.

...so wie hier! Jetzt haben wir auf einer viel größeren Fläche miteinander Kontakt, und wenn Hazel sich jetzt auf die Berührung des Menschen konzentriert, so gerät sie unwillkürlich in ihre Mitte, statt den Schwerpunkt einseitig in eine Richtung zu verschieben. Ihre Aufmerksamkeit wandert nach innen. Hazel sieht mich nicht mehr. Weil wir uns so kaum mehr sehen, verlegt sich unsere Kommunikation auf das Fühlen, und egal wie schnell sich die Stute jetzt bewegt, ich bin immer bei ihr, hautnah.

Bewusstsein durch Berühren – wir sind zusammen rückwärts gegangen, und Hazel hat zu ihrer rechten Hinterhand Kontakt gehalten, weil sie dort meine Hand spürte. Noch besser wäre es jetzt, wenn ich zu beiden Seiten des Pferdes sein könnte...

„Reiten ist eine praktische, anstrengende und bildende Form der Liebe."
Heimito von Doderer

GASTFREUNDSCHAFT UND SPRACHGEFÜHL

Reiten mit Erlaubnis des Pferdes ist keine Oben-Unten-Beziehung, selbst wenn der Mensch auf dem Pferd sitzt. Rein äußerlich besitzt der Mensch zwar den Rücken des Pferdes, und das kann irritierend sein, wenn man, wie Hans-Peter, keinerlei „Rossbändigerallüren" hat. Auch er muss sich an die neutralen Machtverhältnisse erst gewöhnen und so einiges für sich umdefinieren. Er erfährt, dass eine Gerte lediglich in einer hierarchischen Atmosphäre ein Drohmittel ist und nur dort ein Zepter der Macht, im vertrauten Raum hingegen ein nützliches Hilfsmittel sein kann, das zwischen Mensch und Pferd die Verständigung erleichtert. Eine Gerte im Machtraum des Menschen bleibt immer ein Strafinstrument, auch wenn der Reiter sie nie benutzt. In einer Vertrauensbeziehung kommunizieren wir von gleich zu gleich, und die kontaktaufnehmende Gerte kann Konzentration übermitteln und uns jetzt dabei helfen, Kraft an die richtige Stelle zu übertragen. Sie macht Energie fühlbar, fördert die Verbindung und hilft dem um das Pferd bemühten Menschen, sich klarer auszudrücken.

Wir haben in den vorherigen Kapiteln gesehen, wie entscheidend es für eine positive Wirkung unserer Aktivitäten ist, dass das Pferd sie als interessant und hilfreich erfährt und ihnen entgegenkommt. Es weicht dem Kontakt nicht aus, sondern es sucht ihn. Wer nach positiven Prinzipien arbeitet, hat ein Pferd, das die Nähe des Menschen begrüßt. Er treibt es nicht in die Flucht und muss es deshalb nicht halten. Er nimmt sich selbst nicht so ernst und verlangt das auch nicht von seinem Pferd. Es kann ihn unbeschwert tragen. Hans-Peter sitzt nicht wie der typische Reitanfänger auf dem Pferd, einsam dort oben auf schwankendem Untergrund. Er hat Kontakt mit seinem Pferd. Sein Gefühlsraum schließt Hazel mit ein. Er ist längst über die sichtbare Grenze seines Körpers hinausgegangen, er spürt mit der Stute, lange bevor er zum ersten Mal auf ihrem Rücken sitzt. Der enge körperliche Kontakt ist für beide nicht beängstigend – schon im Vorfeld hat das Bewusstsein der beiden sich eng aufeinander eingespielt.

Für ein Pferd, das auf seinem Weg den Beistand des Menschen zu schätzen gelernt hat, wird das Reiten lediglich zu einer Verlängerung seines Tuns. Ja, es hält es sogar für eine hervorragende Idee, den Menschen auf seinen Rücken zu nehmen. Denn bei flotten Spaziergängen fällt der immer zurück, und man muss ständig warten, will man ihn nicht verlieren. Irgendwann ist es für ein Pferd ganz selbstverständlich, dass aus der Freundschaft zum Menschen das Reiten entsteht – schon wegen des Kräftegleichgewichts. Außerdem kennt sich der Mensch dort draußen in der Menschenwelt besser aus und deckt einem den Rücken sogar im wörtlichen Sinn. Dort hingegen, wo das Pferd sich sicher fühlt, auf seinem Territorium, seinem höchsteigenen Platz, erweist sich die Idee mit dem Reiten auf andere Weise als nützlich. Auf den Bildern von Hazel sieht man, warum: Sobald Hans-Peters Konzentration nach unten zu Hazel wandert und er sie durch sein „Hinterteil" zu fühlen versucht, kann das Pferd entsprechend das Gleiche tun. Sowie er durch den Sitz Verbindung zu Hazel aufnimmt, spürt sie, parallel dazu, ihre eigene Hinterpartie mehr. Hier haben wir den Grund, weshalb in der klassischen Reitkunst der Sitz immer eine so zentrale Rolle einnimmt: Weil ein Mensch, der sich auf sein Sitzen konzentriert, dem Pferd die Möglichkeit gibt, sich gezielt zu versammeln!

DAS SIEGREICHE PFERD

Flüchten und Fangen: Kim nimmt auf die besonderen Bedürfnisse seiner Kirsten genau Rücksicht. Während er mit ihr spielt, hält er eine sehr große Distanz ein. Wer ängstlicher ist, braucht mehr Freiraum. Oder klärt dieses Pferd vielleicht die Dominanzfrage? Denn am Ende, wie bei einem richtigen Roundpen-Profi, bleibt sie freiwillig bei ihm. Wir entkommen ihnen nicht, unseren Pferden!

DER INTERESSANTE MENSCH

Gutes Reiten ist eine sehr schwer zu erlernende Kunst. Man muss dabei das Pferd und seinen Körper in der Bewegung erfühlen: Wo hat es sein Gleichgewicht? Was für einen Rhythmus bevorzugt es? Wie platziert es seine Hufe? Wie und wohin bewegt es den Schwerpunkt seiner Körpermasse? Das ist nicht einfach zu erfassen und benötigt jahrzehntelange Erfahrung. Gesäß und Schenkel haben im normalen menschlichen Alltag ja kaum die Aufgabe, fremde Bewegungsvorgänge wahrzunehmen. Wir brauchen für die Reitkunst ein besonderes Empfindungsvermögen, das ich den „horchenden Sitz" nenne. Was uns sehr helfen kann, diese Sensibilität zu entwickeln, ist unser kinästhetischer Sinn – die Vorstellung von Bewegung, die wir uns machen, wenn wir zusammen mit unserem Pferd am Boden arbeiten und uns intensiv austauschen. Wenn wir emotional beteiligt zusehen, so fördert das diesen Sinn, und wir beginnen, intuitiv die richtige Bewegungsantwort zu geben.

Der Weg, der hier beschrieben ist, erleichtert uns diesen Lernprozess enorm: an unserer Seite ein Pferd, das sich wohl fühlt, das uns als Spielpartner angenommen hat und sich auf einer Ebene mit uns befindet. Es kommt uns entgegen, statt vor uns zu flüchten. Es versteht unsere Hilfen als Ausdruck von Fürsorge, Zuneigung, von Verantwortlichkeit, auch wenn sie vielleicht einmal ungeschickt sind. Wir müssen nicht gleich perfekt sein. Auch ich selbst habe das richtige Reiten erst auf diese Weise gelernt – durch die Pferde, nicht durch berühmte Lehrer. Das kommunikative Pferd teilt uns deutlich mit, was es positiv findet und was nicht, denn es vertraut darauf, dass man es achtet. Wir können dieses Pferd unterstützen, denn wir haben es nicht auf untergebene Duldung dressiert, sondern es kommuniziert mit uns. So können wir ihm Hilfen geben, seine Haltung zu verändern, weil es uns in seine sozialen Verbindungen integriert hat. Wir können es mitnehmen in neue Bewegungsmuster und ihm etwas davon mitteilen, wie es sich anfühlt, sein Gewicht mit den Hinterbeinen zu tragen.

Wenn Pferd und Reiter eine mentale Einheit bilden und das Pferd den Reiter nicht als Fremdkörper empfindet, balanciert es ihn genau aus. Dann bringen auch Wendungen und sogar kraftvolle Sprünge das gemeinsame Gleichgewicht nicht in Gefahr. Wenn Reno aus der Levade nach oben abschnellt, Kveikur herumspringt oder Hazel mit Hans-Peter um die Kurve geht: Ein Pferd, das seinen Reiter dort oben haben möchte, setzt ihn in die richtige Position. Er kann sich dort oben locker halten – weil das Pferd ihn in sein Körpergefühl bewusst einschließt.

Warum wollen diese Pferde das? Was finden sie an uns so interessant? Mal abgesehen davon, dass wir vielleicht Leckerlis in der Tasche haben, schätzen Pferde ernsthaft unsere Fähigkeiten zu guten Ideen. Pferde sind typische Gewohnheitstiere und bleiben auf ihrem alten Gleis, ganz linear. Menschen erkennen Muster und Möglichkeiten und können Pferde ermutigen, neue Bahnen zu erproben. Die Pferde werden flexibler und erweitern ihr Bewegungsrepertoire, infolgedessen können sie sich auch den gewandelten Lebensbedingungen besser anpassen. Im Grunde haben wir in diesem Buch nichts anderes gemacht: das Pferd bei der Suche unterstützt und ihm geholfen, sich selbst zu perfektionieren. Pferde sind immer ein wenig dezentriert – schon durch die Art ihrer Wahrnehmung – und profitieren von der Konzentrationsfähigkeit des Menschen. Gerade das Reiten kann dabei die Funktion haben, das Pferd auf sich selbst zurückzuführen. Denn über den Umweg des Reiters erfühlt es seinen eigenen Körper. Voraussetzung dazu ist selbstverständlich ein Pferd, das mir entgegenkommen möchte und aktiv auf den Menschen zuzugehen gelernt hat und nicht etwa ausweicht, weil es über den Fluchtreflex dressiert wurde. Wenn ich beim Reiten aus seinem Gesichtskreis verschwinde, so kommt das Pferd zum Fühlen; und das Horchen auf den Reiter wird zum Horchen in den eigenen Körper.

Das Pferd erfährt sich im Kontakt mit dem Menschen auf neue Weise selbst. Indem es sich nach seinem Reiter erkundigt, erkundet und erweitert es seinen eigenen Körperraum. Es fühlt sich stark und stolz in der Begegnung. Der Prozess, den wir Versammlung nennen, spielt dabei eine entscheidende Rolle. Versammlung als Gemeinschaftsprozess mit dem Menschen erschließt dem Pferd ein Zusätzliches an Kräften. Es ent-

Für einen Augenblick all die Enge vergessen – und Pegasus, das geflügelte Zauberross aus uralten Zeiten, wird vor unseren Augen lebendig. Die Macht der Freude verleiht ihm Gestalt. Denn die Gedanken sind frei… auch in einer Welt voller Zäune!

deckt in sich ein Potential, das ihm bisher nicht zugänglich war. Versammelte Bewegungen kommen, wie wir bereits im letzten Kapitel bemerkt haben, durchaus auch in freier Natur vor. Dennoch bedeutet Versammlung mehr als das, denn in der Zusammenarbeit mit dem Menschen werden diese natürlichen Anlagen kultiviert. Versammelte Bewegung steht für Spiel, Selbstbewusstsein, Imponiergehabe in der Sprache der Pferde. Ob ein frei lebendes Pferd in diesen Zustand gerät, ist von äußeren Umständen abhängig, und sein Verhalten ist auch nach außen gerichtet. Versammlung hingegen ist ein Weg nach innen. Die Versammlung macht das Pferd selbst zum Mittelpunkt. Spiel, Kampf, Imponiergehabe – solche Situationen sind zufällig. Ein Pferd, das gelernt hat, sich bewusst zu versammeln, kann diese Bewegungen und die damit verbundenen Gefühle unabhängig von solchen Situationen hervorrufen.

DIE KRAFT DER PHANTASIE

Wir Menschen haben die Macht, Pferde emotional zu erreichen. Statt mit diesem dominanten Erbe destruktiv umzugehen und auch noch die Seele des Pferdes zu unterwerfen, können wir unsere Macht auf eine neue und inspirierende Art für unser Pferd nutzen. Denn das trist dahintrottende Pferd ist nicht fähig, sich einen stolzen Trab nur zu denken. Wir Menschen haben unsere Phantasie, um uns ein Leben jenseits der Zwänge vorzustellen, denen wir gerade ausgeliefert sind. Wir können sie Schritt für Schritt mit einem Idealbild vor Augen hinter uns lassen und uns so auf geistigem Wege befreien. Doch ein Pferd hat diese Möglichkeit nicht. Es ist weit mehr in seinen Leib gebannt und wird gehalten im augenblicklichen Erleben. Es findet aus der Bedrängnis im Hier und Jetzt keinen mentalen Ausstieg. Mit Hilfe unserer Vorstellungskraft gewinnt das Pferd schrittweise ein neues Bewusstsein seiner selbst. Die Phantasie des Menschen gibt die Impulse und kann es so inspirieren, einen freien Weg zu seinem Körper zu entdecken. Von der Gegenwart seines Menschen beflügelt, wird es leichtfüßig, kraftvoll und energiegeladen. Es streift seine inneren Fesseln ab und befreit sich aus dem Bann. Pferde anregen, sie zur Entfaltung, Kreativität, Gestaltung ermutigen – bis sie aus sich selbst heraus zu ihrer Form der Kunst finden: Bewegungskunst!

Die alte klassische Reitkunst kennt ein Wort, das den idealen Zustand des Pferdes beschreibt: légèreté. Das Pferd bewegt sich fließend, souverän, ohne Stockung und ohne Überdruck. In die hiesige Fachsprache ist das auf eine spezifische Weise übertragen worden: Diesen Zustand nennt man im deutschen Sprachraum „Durchlässigkeit“ oder auch „Losgelöstheit“ und meint ein Pferd, das die Hilfen durchlässt, also den Befehlen seines Reiters keinen Widerstand entgegensetzt. Gewissenhafte Gesinnung, Pflichtgefühl und die sorgsame Verwendung und Pflege des Pferdematerials hatten in einer militärisch geprägten Reiterei Tradition. Aber unbeschwerte Gefühle? Légèreté lässt sich schwer begreifen in einer Welt zwischen Befehl und Gehorsam. Doch wir müssen heute keine Kriege mehr auf dem Rücken unserer Pferde führen. Ich glaube, wir haben heute erstmals die Chance, mit den Pferden etwas zu erleben, wovon unsere Vorfahren bisher nur träumen konnten. Gerade weil wir das Pferd nicht mehr brauchen.

In früheren Zeiten hat stets der Nutzaspekt die wichtigste Rolle gespielt für den Umgang der Menschen mit dem Pferd, und er hat die Verbindung geprägt. Doch jetzt kann unser Pferd zum Ziel der gemeinsamen Arbeit werden. Und immer dort, wo Reiten zum Selbstzweck wurde, begann sich die Reitkunst zu entwickeln: Kunst, die das Pferd zum Mittelpunkt machte. Wir haben heute die Chance zu einer Reitkunst, die völlig den Pferden gewidmet sein könnte. Statt neue Zwänge zu konstruieren – Sport, Show, Freizeitvergnügen – können wir dem Pferd so zumindest das eine zurückgeben: Freiheit im Zusammensein mit uns.

Wir können es loslassen und selbst durchlässig werden – für den Schwung der Gefühle, den Fluss der Energie und die Leichtigkeit des Seins.

Unser gemeinsamer Ausflug ist zu Ende. Als ich Toppur auf seiner Weide zurücklassen will, sprintet er plötzlich neben mir den Hang hoch. – „Hey, was ist los mit dir? Willst du nicht zu deiner Herde?“ Es sieht fast so aus, als ob er möchte, dass ich bleibe. Es gibt doch genug Gras für alle... – „Das geht nicht, Toppur. Ich muss gehen, weißt du. Ich schreibe an einem Buch über euch, denn da sind noch viele Menschen, die von eurer Welt wissen möchten.“ So ganz zufrieden ist er mit dieser Antwort nicht.

Schlusswort von Reno

Ich zögere nicht, hier das Wort zu ergreifen. Die Notwendigkeit, mir bei Ihnen Gehör zu verschaffen, habe ich ebenso gelernt wie dass es keinen Ausweg gibt und Freiheit ein Traum ist, der für immer vorbei ist. Wäre es anders, flöge ich frei wie der Wind über das Steppengras, um mich versammelt die, die ich liebe.

Die Ideen, die ich Ihnen unterbreiten möchte, sind im regen Gedankenaustausch mit meinen Gefährten entstanden, allesamt zivilisierte Pferde wie ich. Wir wissen, dass wir keine Wahl haben, dass unsere Gefangenschaft unabänderlich ist. Wir reden mit Ihnen, weil wir das wissen. Ist es doch das Prinzip jeglicher Kultur: die Möglichkeit zur Versöhnung. Versöhnung, das ist Kommunikation des Verschiedenen. Davon handelt dieses Buch, daran arbeitet unsere Forschungsgruppe. Es genügt nicht, nur zu warten, dass es ein Erwachen gäbe, nur zu hoffen, dass die animalische Schöpfung die menschlichen Machenschaften überlebt.
Wir müssen mit Ihnen reden.

Ich plädiere für eine Kultur des Herzens, in der Pferde und Menschen übereinkommen mit dem Besten, was sie füreinander finden: Höflichkeit, Neigung, Vertrauen, Liebe. Alles, was das Leben lebendiger und lebenswerter erscheinen lässt, auch wenn es keine wahre Freiheit mehr gibt.

Wir Pferde glaubten lange, dieses Beste an Gefühl zu geben sei eine direkte Lösung – ein schmerzhafter Irrtum. Dass wir unser Bestes gaben, erlöste uns nicht aus dem Konflikt mit Ihnen: Die Gertenhiebe, die Fesseln und Stricke, die Gitterstäbe. Dieses Beste, das wir geben, wird meist schlichtweg übersehen.

Wir Pferde müssen einen Umweg gehen, einen Weg, der über Technik führt im weitesten Sinne des Wortes. Eine Technik ziviler Übereinkunft. Eine Technik der Kommunikation, die selbst den Problemfall Mensch meistert. Von dieser Technik zu berichten und sie zu demonstrieren ist mein Beitrag für dieses Buch.

Für Reno aufgeschrieben
von Hans-Peter Gerstner

IMPRESSUM

ISBN 10: 3-936188-31-9
ISBN 13: 978-3-936188-31-8

Lektorat: Andrea Clages
Satz und Layout: Tina Tschürtz, Hamburg
Druck: Druckerei Mack GmbH, Schönaich

animal learn Verlag,
Am Anger 36, 83233 Bernau
email: animal.learn@t-online.de,
www.animal-learn.de

Dieses Buch wäre nicht entstanden ohne das besondere Engagement aller Pferde unseres Projektes. Speziell mitgewirkt haben hier:
Atila, Lusitano; Batist, Haflinger-Welsh; El Paso, Reitpony; Gl. Charming Hazel, Connemara; Gl. Gentle Joy, Connemara; Kim, Haflinger; Kveikur, Isländer; Max, Bosniake; Passaro, Araber; Reno, Welsh-Araber; Stonebrook Gentle Jocey, Connemara; Stonebrook Charming Sean, Connemara; Stonebrook Gentle Shane, Connemara; Stonebrook Charming Shannon, Connemara; Toppur, Isländer.

Fotografiert wurden sie von:
K. Baumbusch (59); H.-P. Gerstner (4); E. Moll (2); S. Bachmann (1); J. Pfeifer (1). Alle übrigen Bilder: Atelier Gegenlicht, Bernd Illig, Laer.

Das Eingangszitat wurde übersetzt von Fam. Matthies.